国家社科基金项目"基于语料库的中国文化英语表述中外对比研究"(项目号:13BYY019)资助

CORPUS AND RESEARCH ON THE
REPRESENTATION OF CHINESE CULTURE

语料库与中国文化
英语表述研究

李文中 著

中国社会科学出版社

图书在版编目（CIP）数据

语料库与中国文化英语表述研究/李文中著.—北京：中国社会科学出版社，2023.7

ISBN 978-7-5227-2265-8

Ⅰ.①语… Ⅱ.①李… Ⅲ.①中华文化—英语 Ⅳ.①K203

中国国家版本馆 CIP 数据核字（2023）第 133929 号

出 版 人	赵剑英	
责任编辑	夏　侠	
责任校对	李　妲	
责任印制	王　超	

出　　版	中国社会科学出版社	
社　　址	北京鼓楼西大街甲 158 号	
邮　　编	100720	
网　　址	http://www.csspw.cn	
发 行 部	010-84083685	
门 市 部	010-84029450	
经　　销	新华书店及其他书店	

印刷装订	三河市华骏印务包装有限公司	
版　　次	2023 年 7 月第 1 版	
印　　次	2023 年 7 月第 1 次印刷	

开　　本	710×1000　1/16	
印　　张	20.75	
字　　数	328 千字	
定　　价	108.00 元	

凡购买中国社会科学出版社图书，如有质量问题请与本社营销中心联系调换
电话：010-84083683
版权所有　侵权必究

前　　言

　　中国文化的英语表述是指使用英语对中国文化现象、价值观念与历史传承等进行描述和表达，旨在呈现中国文化风貌，通过与世界各国文化交流和融通，促进人类命运共同体。英语全球化的结果之一，就是英语成为一种国际通用语。然而，几乎与英语在全球扩张的同时，英语被使用者本土化的进程也悄然开始。对英语新的使用者而言，使用英语进行交际，在交际中表达自己的想法和需求是一种必然。根据 Statista 网站统计，如今全球使用英语的人数达到 15 亿，其中英语本族人不足四分之一。在这一巨大量变过程中，之前所谓的"本族英语"、"非本族英语"、"外语"、"标准英语"等概念在学界受到重新审视；英语与英语文化之间被视作理所当然的绑定关系受到挑战。由此涌现出一系列的问题包括：英语属于谁？什么是规范的英语？英语与文化之间的关系如何？二十世纪八十年代，美国学者 Kachru 提出了英语同心圆理论，把英语本族人和二语使用者划为内圈和外圈，是英语规范的主要来源，而广大的外语英语使用者被划在了所谓的扩展圈，只是规范的遵从者。Kachru 为非本族人的二语英语使用者争取了英语规范的制订权，却忽略了人数更多的扩展圈，算是一场不彻底的理论改良。之后兴起的国际通用英语理论彻底颠覆了以本族英语为核心的层级构架，对英语的属权问题、规范性，以及英语与文化的关系问题等给出了自己的解读。作者在本书中提出的立场是，中国人在使用英语的同时拥有该语言，并可以使用英语表述自己的文化生活、价值观点和历史传承。换言之，英语可以成为中国文化的载体和媒介，对中国文化在世界的传播做出自己的贡献。本研究以中国典籍英译为切入点，主要目的是探索语料库语言学在中国文化表述分析，尤其是典籍文本的翻译分析中的路径、方法和解释。

本书第一部分是文化表述理论研究，由三个部分组成，即国际通用英语理论研究作为中国文化英语表述的理据；语料库搭配研究、扩展意义单位分析，以及局部语法研究作为在文本中进行表述分析的学术思想和技术工作路径框架；释意理论研究为文化表述研究的意义解释提供理论基础。面向中国文化表述研究，基于语料库方法应用于整篇文本的分析实践，笔者提出"内文性假设"，即任何文本创造者都有意图，在意义表达中力图准确、明晰、可靠、稳定；这使得文本具有内在的凝聚性和稳定性；任何单篇文本都有要传递的意旨，而这些意旨是连贯地记录在文本内部的；文本意义是可知的；由此，同一文本内部在相似语境中使用的词语，其意义具有连通性，彼此可以互证。词语与语境共同创造意义：词语同现限制或凸显词义，词语及共文创造意义，语境约束意义解读。文本内意义互释（intra-textual meaning paraphrasing），即意义在文本内部得到解释，文本中所使用的词语总能通过其他词语或意义单位获得解释；在某一位置出现的词语会以相同或不同形态在其他位置出现，并通过语境化创造更丰富的意义，这种文本内释的特性构成了文本理解的基础，即内文性。文本的意义解读既需要考虑文本内部的一致性，也需要考虑文本与更广阔语境的互文性。内文理论为应用语料库方法分析整篇文本的意义提供了解释框架。

第二部分是案例分析。中国文化英语表述分析聚焦在中国传统文化中典籍的解读与翻译上，主要以《道德经》和《论语》为主要分析支点，重点分析文本的意义构建与英译对文本意义的表达。其中，对《道德经》和《论语》的分析主要围绕主题词和核心概念进行，对概念的释意、解读及文本验证应用语料库方法进行了深入的探讨。应用局部语法路径，细致描写和呈现中国典籍源文本与多译本之间存在的复杂关系，进而探讨了在译本中提取意义单位的路径。该局部语法是在 Sinclair 思想的基础上，结合分析实际进行了调节，并发现扩展意义单位五大构成元素的同时可现性，即在每一个位置上都可以同时分析这五个元素。此外，语义韵分析既是语料库语言学的重要概念，也是文化表述分析中的一个关键环节。本研究详细梳理了语义韵的理论概念和分析实践，主张语义韵是一种词项特征，而单个词语具有态度潜势，其实现和选择需要在真实的语言使用中才能发生。基于内文理论与局部

前　言

语法，笔者提出了文本解读的内文验证路径：任何文本的解读都不是完全自由的，都会受到文本自身内文性的约束，尽管内文意义永远不会成为意义解读的标准，但为评价解读提供了一种可行可靠的方法。

第三部分"意义的释意与处理"增加的一个内容是围绕课题组织了多轮次多形式的专题研讨（以在线组建群和电子邮件为主），就表述分析中诸环节，如语料库语言学思想、短语理论框架和局部语法等进行了深入的论辩和探讨。该部分呈现了研讨过程中提出的一些主要话题与核心论点。这种讨论具有很强的交互性和针对性，对语料库语言学的学术思想及语料库方法应用具有很好的启发意义。此外，尝试应用多种语体计量分析技术、词语向量空间模型（如 word 2vec、GloVe）及可 R 视化分析应用，对文本进行探究式研究。研究报告中呈现了部分成果。

最后，本书讨论了本研究的学术和应用价值。随着全球一体化，中国文化的英语表述日益增长，这不仅是中国文化走出去的主要路径之一，也是国际社会的期待。中国人使用英语表述自己的文化生活、价值观念，以及情感体验，不仅是一种正当的话语权力，还必将成为重要的语言文化资源。正视英语属权向使用者转移，对我国的英语使用和学习具有深刻的意义。在中国文化译出实践中，本研究提出，我们应当破除国内外学界针对译入译出的刻板论调，真正认识到翻译选择权、翻译表述与翻译评价也是一种话语权力，重视中国译者在译出实践中的地位和作用。然而，英语固然可以作为中国文化在国际表述的工具，但我们更应该重视中文作为新思想、新知识和新术语的原创表述，以及建立先进思想和知识文化的中文语言生态。

非常感谢中国社会科学出版社夏侠博士对本书提出了细致精当的修改建议，并通校了全书。上海交通大学杨惠中先生、甄凤超教授、浙江工商大学外语学院濮建忠教授、钱毓芳教授、吴进善博士、袁新华博士、张绵博士，以及安徽工程大学的刘运锋博士就本书的部分内容和观点多次讨论，本人受益匪浅；浙江工商大学外语学院杨菲校对了全书的内容、文献与文献目录，在此一并致谢！

李文中
2023 年 5 月 21 日
浙江工商大学

目 录

第一部分 语料库语言学意义研究与文化表述分析

第一章 绪论 ………………………………………………………… 3

1.1 人类命运共同体视角下的文化交流 …………………………… 3
1.2 术语界定 ………………………………………………………… 7
1.3 国际通用语语境下的中国文化表述 …………………………… 9
1.4 文本分析的基本理据 …………………………………………… 11
1.5 研究目的与研究问题 …………………………………………… 12
1.6 研究的理据与意义 ……………………………………………… 14

第二章 英语全球化语境下的中国文化英语表述 ………………… 17

2.1 引言 ……………………………………………………………… 17
2.2 关于英语的诸问题 ……………………………………………… 20
2.3 英语属权转移与文化对接 ……………………………………… 21
2.6 英语传播与中国文化表述 ……………………………………… 23
2.7 对英语学习的意义 ……………………………………………… 26
2.8 英语的再概念化 ………………………………………………… 27
2.9 国际通用英语 …………………………………………………… 30
2.10 语言能力与使用能力 …………………………………………… 36

· 1 ·

  2.11 有效教学：既重视意义又重视形式…………………… 37

第三章 文化表述分析框架…………………………………… 42

  3.1 语言教学中的语言标准与文化概念………………………… 42
  3.2 文本中的文化表述…………………………………………… 49
  3.3 短语理论框架………………………………………………… 53
    3.3.1 引论…………………………………………………… 53
    3.3.2 短语理论框架（Theoretical Framework of Phrases）… 54
    3.3.3 新元素与新术语……………………………………… 54
    3.3.4 意义与形式的统一体及适配………………………… 57
    3.3.5 局部语法……………………………………………… 58
    3.3.6 结论…………………………………………………… 65
  3.4 互文与内文…………………………………………………… 66
  3.5 收敛中整合：概念框架与内文假设………………………… 68
    3.5.1 话语对象的词语网络及其释意分析………………… 69
    3.5.2 基于话语对象的隐喻分析…………………………… 74
    3.5.3 内文假设及分析路径………………………………… 79

第四章 语料库语言学与文化表述…………………………… 85

  4.1 语料库搭配研究的学术演变………………………………… 85
    4.1.1 前语料库搭配研究：词语组合表达思想…………… 86
    4.1.2 弗斯理论：由搭配而知词义………………………… 88
    4.1.3 语料库搭配初始研究：意义存在于词语组合……… 91
  4.2 从搭配研究到扩展意义单位………………………………… 92
  4.3 文化表述索引分析…………………………………………… 94
    4.3.1 引言…………………………………………………… 94
    4.3.2 西方索引溯源………………………………………… 95
    4.3.3 基于主题的索引：中国古代的类书………………… 98
    4.3.4 中国近代的"堪靠灯"和"串珠"…………………… 102
    4.3.5 索引的语言学转向：语料库索引…………………… 104

4.3.6	索引技术创新与展望	106
4.4	结论	107
4.5	延伸讨论	108
4.5.1	关于语料库与社会文化研究	108
4.5.2	关于语料库的工具性	109
4.5.3	关于语料库研究两种路径	110
4.5.4	关于意义单位问题	111

第五章 方法、资源与数据处理 ············ 116

- 5.1 引言 ············ 116
- 5.2 中国历史、哲学双语对应语料库 ············ 118
- 5.3 中国文化英语表述语料库 ············ 121
- 5.4 国际读者对中国文化著作的评价资源抓取 ············ 122
- 5.5 讨论：数据和理论 ············ 127
- 5.6 小结 ············ 130

第二部分 中国典籍翻译与文化表述研究

第六章 典籍中的文化概念表述分析 ············ 135

- 6.1 文本的内部特征 ············ 136
- 6.2 文本的内文性与解读 ············ 137
- 6.3 内文假设应用 ············ 138
- 6.4 案例分析之一：《道德经》在英译中的表述 ············ 142
  - 6.4.1 英译探索分析 ············ 142
  - 6.4.2 老子"道可道"的内文表述研究及验证 ············ 146
  - 6.4.3 结语 ············ 163
- 6.5 案例分析之二：文化概念在英译中的表述演化 ············ 164
  - 6.5.1 引言 ············ 164
  - 6.5.2 研究问题和方法 ············ 166

  6.5.3 结果与分析 ································· 167

  6.5.4 讨论 ····································· 175

第七章 文化隐喻表述分析 ································· 177

 7.1 引言 ··· 177

 7.2 研究问题和方法 ································· 179

 7.3 分析与讨论 ····································· 180

  7.3.1 "道是母性"（DAO IS MOTHER） ············ 181

  7.3.2 "道"是水（DAO IS WATER） ················ 184

  7.3.3 "道"是谷（DAO IS VALLEY） ··············· 186

  7.3.4 讨论 ····································· 190

 7.4 结论 ··· 193

第八章 文化表述中局部语义韵与话语管理 ··············· 195

 8.1 语义韵理论存在的争议 ··························· 197

 8.2 语义韵与含意 ··································· 197

 8.3 语义韵与语义倾向 ······························· 199

 8.4 语义韵、话语韵与话语管理 ······················· 200

 8.5 讨论 ··· 202

 8.6 案例分析：《论语》中"色"的语义韵 ··············· 203

  8.6.1 研究问题 ································· 204

  8.6.2 方法和步骤 ······························· 204

  8.6.3 结果分析 ································· 204

  8.6.4 小结 ····································· 208

 8.7 结论 ··· 209

第九章 典籍复译中文化表述的局部语法路径 ··············· 211

 9.1 概述 ··· 211

 9.2 复译研究假设 ··································· 212

 9.3 问题设计及分析路径 ····························· 214

9.4　分析过程 ………………………………………………… 215
　　9.4.1　内文解读与验证 …………………………………… 215
　　9.4.2　语义韵的判断和确立 ……………………………… 227
9.5　讨论 …………………………………………………… 227

第三部分　意义的释意与处理

第十章　意义表述的理论与应用分析 …………………… 231

10.1　引言 …………………………………………………… 231
10.2　释意的界定及演变 …………………………………… 232
10.3　释意与局部语法分析 ………………………………… 236
10.4　难题与讨论 …………………………………………… 242
　　10.4.1　内文释意 ………………………………………… 243
　　10.4.2　互文释意 ………………………………………… 244
10.5　结论 …………………………………………………… 245
10.6　"释意"的延伸讨论 ………………………………… 246
　　10.6.1　确定界限，区分意义与语言意义 ………………… 247
　　10.6.2　字面义与隐含义（隐喻义）……………………… 247
　　10.6.3　言内、言外与言后 ……………………………… 248
　　10.6.4　语法意义、词汇意义 …………………………… 248
　　10.6.5　功能意义、指代意义 …………………………… 249
　　10.6.6　paraphrase "同一件事"？……………………… 250
　　10.6.7　作者意图（思想）、原作意义、解读 …………… 251
　　10.6.8　内文释意 ………………………………………… 252
　　10.6.9　互文释意 ………………………………………… 253
　　10.6.10　释意的范围 …………………………………… 254
　　10.6.11　图式、理解、解读 …………………………… 255

第十一章　国际读者对中国典籍文化评价定量探索研究 261

11.1　研究问题 261
11.2　结果分析与讨论 262
11.2.1　译本数量对比 262
11.2.2　书评评分分布 265
11.2.3　国家和地区的书评数量对比 266
11.2.4　主题表述词语网络探索 267
11.2.5　书评的情感分析 273
11.2.6　中外译者译本对比 276
11.3　小结 281

第十二章　结语 283

12.1　基本论点 283
12.2　语料库语言学学术观念 286
12.3　语料库研究与外语教学 287
12.4　中国文化的表述与译出 288
12.4.1　立场取向翻译 290
12.4.2　体验取向翻译 290
12.4.3　信息取向翻译 291
12.5　进一步研究路径 291

参考文献 293

图 目 录

图 3-1 语义空间、语义场与词语场 ······ 50
图 3-2 扩展意义单位分析模型 ······ 52
图 3-3 围绕话题而形成的话语对象网络 ······ 72
图 3-4 《道德经》中关键词作为话语对象及表述网络 ······ 72
图 3-5 《道德经》英译中"道"（*Tao*）的词语网络 ······ 73
图 3-6 基于相关性计算的隐喻关系图景 ······ 81
图 3-7 应用 Sinclair 的 PRD 框架组织分析 ······ 82
图 3-8 平行交锁结构分析 ······ 83
图 4-1 Clarke 的莎氏作品索引（1873） ······ 96
图 4-2 Luhn 的 KWIC 索引（1960） ······ 97
图 4-3 《北堂书钞》孔校本中国书店 1989 年版第一卷首页 ······ 98
图 5-1 利用 ABBYY Aligner 完成句子级对齐 ······ 119
图 5-2 对齐后输出的 TMX 文件 ······ 119
图 5-3 双语 CUC 索引分析平台界面（袁新华 2019） ······ 120
图 5-4 西方出版社出版的中国研究著作分布（样本） ······ 122
图 5-5 查询结果列表 ······ 124
图 5-6 书评信息位置及布局 ······ 124
图 5-7 《道德经》英译的书评数据结构 ······ 126
图 5-8 《论语》英译的书评数据结构 ······ 127
图 5-9 《庄子》英译的书评数据 ······ 127
图 6-1 文本网络与内文性 ······ 137
图 6-2 译本聚类：译者身份与年代的影响（1） ······ 143

· 1 ·

图 6-3　译者身份与年代的影响（2） …… 144
图 6-4　只使用实词的文本聚类 …… 144
图 6-5　只使用虚词的文本聚类 …… 145
图 6-6　主题词在跨距内与搭配词的群落关系 …… 145
图 6-7　《道德经》核心主题词网络 …… 146
图 6-8　"道"的索引实例 …… 154
图 6-9　《道德经》英译本初步统计（1868—2015） …… 160
图 6-10　《道德经》平行索引示例 …… 167
图 7-1　"母性"隐喻的英语表述索引行 …… 183
图 7-2　"水"隐喻的翻译表述 …… 185
图 7-3　《道德经》"谷"的索引行 …… 187
图 7-4　英语中的 valley 图片 …… 188
图 7-5　中文的"谷"图片 …… 188
图 7-6　valley 作为话语对象的索引行分析 …… 189
图 8-1　作为主语以及头名词的"色" …… 206
图 8-2　作为宾语的"色" …… 208
图 9-1　"道可道也"的不同表述 …… 216
图 9-2　首章 IPS 结构验证（1） …… 217
图 9-3　首章 IPS 结构验证（2） …… 217
图 9-4　"道可道"的 KWIC 交互双向树（1） …… 217
图 9-5　"非恒道"的 KWIC 交互双向树（2） …… 218
图 9-6　"名可名"的 KWIC …… 221
图 9-7　"名可名"的 KWIC 双向交互树 …… 221
图 9-8　"非恒名" KWIC 双向交互树 …… 221
图 9-9　"无名，天地之始" KWIC …… 222
图 9-10　"无，名天地之始"的 KWIC …… 223
图 9-11　"恒无欲，以观其妙"的 KWIC …… 225
图 9-12　"恒有欲，以观其徼"的 KWIC …… 225
图 9-13　"恒无，以观其妙"的 KWIC …… 226
图 10-1　语境指涉 …… 249

图 10-2　孝的各种释意 ·································· 259
图 11-1　《道德经》各种英译版的书评数量跨时间对比 ········ 262
图 11-2　《庄子》各种英译版的书评数量跨时间对比 ·········· 263
图 11-3　《论语》各种英译版的书评数量跨时间对比 ·········· 263
图 11-4　《道德经》译者的书评数量对比 ····················· 264
图 11-5　《庄子》译者的书评数量对比 ······················· 264
图 11-6　《道德经》英译版的评分分布 ······················· 265
图 11-7　《论语》英译版的评分分布 ························· 265
图 11-8　《庄子》英译版的评分分布 ························· 266
图 11-9　《道德经》英译版读者群的地域分布 ················· 266
图 11-10　《论语》英译版读者群的地域分布 ·················· 267
图 11-11　《庄子》英译版读者群的地域分布 ·················· 267
图 11-12　基于相关性统计的《道德经》英译书评词语网络图 ··· 269
图 11-13　基于相关性统计的《论语》英译书评词语网络图 ···· 271
图 11-14　基于相关性统计的《庄子》英译书评词语网络图 ···· 271
图 11-15　《道德经》英译版低评分书评词语网络图 ············ 272
图 11-16　《道德经》英译版高评分书评词语网络图 ············ 273
图 11-17　《道德经》书评中 8 种情感的历时对比 ············· 274
图 11-18　《道德经》英译书评中表达"joy"的词汇 ············ 275
图 11-19　《道德经》英译书评中表达"trust"的词汇 ·········· 276
图 11-20　基于 tf-idf 计算的《道德经》英译本个性词语对比 ········ 277
图 11-21　《道德经》英译文本中 5 词序列有向网络图 ········· 280
图 11-22　Mitchell 与刘殿爵译本主题词比较（上图为 Mitchell，下图为刘殿爵） ································· 281

表 目 录

表 3-1	型式（e）索引行实例（BNC）	64
表 4-1	"天"部的部分索引	100
表 5-1	平行语料库统计	120
表 5-2	中国文化英语表述资源库建设列表	121
表 6-1	"名"的索引句例	157
表 6-2	各译本对《道德经》首句的翻译	160
表 6-3	《道德经》汉语文本单字统计	167
表 6-4	"道可道，非常道"的对应英译历时索引	169
表 6-5	"道冲用之或不盈"英译的历时索引	170
表 6-6	"不窥牖，见天道"英译历时索引	171
表 6-7	"大道泛兮，其可左右"英译历时索引	173
表 6-8	"大道甚夷，而民好径"的英译历时索引	174
表 6-9	"道隐无名"的英译历时索引	175
表 7-1	"道"的英译统计	180
表 10-1	循环释意型式	237
表 10-2	释意否定型式	240
表 10-3	指涉释意型式	242
表 10-4	循环释意的变异型式	242

第一部分
语料库语言学意义研究与文化表述分析

　　本部分主要探讨语料库分析与文化表述分析有何基本关联，即：英语与中国文化对接的理据是什么，为什么通过语料库文本能获得文化表述的信息。本研究的主要观点是，英语全球化趋势使得英语逐渐脱离了与其母语文化的绑定，转而成为一种表达使用者社会生活和文化的有力工具；文本是人类经验、记忆、知识和智慧的基本载体，而记录在文本中的知识和经验具有不完整性、不确定性和局部性。因此，文本是文化主要的表述途径。语料库语言学的主要目标是研究语言使用意义，而对语言意义的研究是进一步分析文本知识信息的必要门径；语言中的习语、短语、搭配无不富含文化信息，通过语料库驱动方法可以有效检索、观察和分析语言对文化话语意义和形象的构建。

第一章 绪论[①]

本章概要：本章介绍中国文化英语表述研究的社会背景和学术背景，概述研究内容和基本话题，介绍研究目的和问题，并讨论该项研究的理据、价值和意义。

1.1 人类命运共同体视角下的文化交流

2012年，中国共产党的十八大提出"要倡导人类命运共同体意识"；2013年，中国国家主席习近平在莫斯科国际关系学院演讲时，明确提出："这个世界，各国相互联系、相互依存的程度空前加深，人类生活在同一个地球村里，生活在历史和现实交汇的同一个时空里，越来越成为你中有我、我中有你的命运共同体"[②]。"构建以合作共赢为核心的新型国际关系，打造人类命运共同体"[③]，是中国对人类不同文明相处和发展的基本判断，是中国对世界发展提出的宏大目标。在这一目标中，世界上不同的文化和文明"兼容并蓄"、"交流融合"。2017年10月习近平总书记在党的十九大报告中指出，"倡导构建人类命运共同体，促进全球治理体系变革。我国国际影响力、感召力、塑造力进一步提高，为世界和平与发展作出新的

[①] 本书部分内容与杨惠中先生、甄凤超、刘运锋、袁新华、李楠和宋亚军等讨论并得到他们宝贵建议，在此一并致谢。

[②] 《国家主席习近平在莫斯科国际关系学院的演讲（全文）》，新华社，2013年3月24日。

[③] 《人民日报》2015年9月29日02版。

重大贡献"。2022年10月，习近平总书记在党的二十大报告中进一步指出人类命运共同体的深刻意义，"构建人类命运共同体是世界各国人民前途所在"。习近平总书记所擘画的共同体思想具有深刻而宽宏的视野：人与人、民族与民族、人与社会、人与自然，乃至国家与国家都处于一个彼此相连共生、多样的共同体中。

在人类命运共同体视角下，中国文化以其悠久的历史传承、深厚丰富的内涵，宏远开放、兼容并包、融通共存的能力，将会在人类文化发展中担当越来越重要的角色，发挥更大的影响。中国文化融汇世界其他文化，在交流和互动中滋养和丰富世界文化。

2016年，党中央和国务院颁布《关于进一步加强和改进中华文化走出去工作的指导意见》，明确提出了到2025年的工作目标，强调指出要加强和改进中华文化走出去工作，创新内容形式和体制机制，拓展渠道平台，创新方法手段，增强中华文化亲和力、感染力、吸引力、竞争力，提高国家文化软实力。

文化的传播与交流的关键是语言。文化如何被表述，被何种语言表述，表述的内容是如何选择和决策的，决定了该文化在传播和交流中所呈现的样貌，进而影响受众对该文化的接受态度和认同效应。中国东晋葛洪《抱朴子·刺骄》曾言，"劳谦虚己，则附之者众；骄慢倨傲，则去之者多"。约瑟夫·奈（Joseph Nye）认为，一个国家除了军事、经济力量，还有更重要的第三维，即国家软实力（soft power），即国家通过文化传统、政治理念及价值观念吸引和说服他文化，使之想我所想，为我所欲为；国家软力量通过感召（appeal）和吸引（attraction），而不是通过强迫（coercion）塑造他国的选择倾向，而软力量的通货包括其文化、政治价值观与对外政策（Nye 1999, 2009, 2012）。

2013年8月20日，国家主席习近平在全国宣传思想工作会议做重要讲话：

> 对世界形势发展变化，对世界上出现的新事物新情况，对各国出现的新思想新观点新知识，我们要加强宣传报道，以利于积极借鉴人类文明创造的有益成果。要精心做好对外宣传工作，创新对外宣传方

式，着力打造融通中外的新概念新范畴新表述，讲好中国故事，传播好中国声音。

习近平同志的讲话体现出两个重要思想，一是对"世界形势发展变化"以及"新事物新情况"保持高度敏锐的感知，积极吸纳和融合源生于他文化和他语言中的"新思想新观点新知识"；二是在融合了世界先进成果的基础上创造中国文化原生的"新概念新范畴新表述"。这些思想对建设中国文化软实力，以及中国文化走出去战略都具有重要的指导意义。2018年8月21日，习近平总书记在全国宣传思想工作会议上指出，"优秀传统文化是中华民族的根脉，其思想观念和人文精神对解决人类问题有重要价值，需要将其精髓提炼展示。"2019年1月25日，习近平总书记在十九届中央政治局第十二次集体学习时进一步指出，"为了提升对外传播效果，我们需要在国际传播领域抓住移动化、社交化、可视化的趋势，下功夫构建易于接受和易于理解的对外传播话语体系，让更多国外受众听得懂、听得进、听得明白。"习近平总书记这一系列指示成为中国文化对外传播的重要指导性原则。

我国的对外文化传播有两大取向：一个是在国际交流中力争自己的话语权，提高影响力，营造良好和谐的国际环境；其二是通过国际交流吸纳融通他文化他语言的先进成果，反思和审视自身，进行文化创新，增强本国文化的吸引力和说服力，概而言之，就是"外塑形象，内求创新"。

中国文化跨语言跨文化的交流主要途径，一是中文推广，二是翻译，再就是外语写作。我们将研究后两个方面存在的问题，并尝试提出解决方案。

首先，翻译是一种文化表述。换言之，翻译活动实际上对源文本而言，也是一种解读的过程。作为解读的翻译在表述的自由上受各种因素约束，包括语言、源文本类型、译者身份、读者群体和市场变化。对此，我们很难应用一种尺度和标准，去评价和测量所有类型的翻译。从翻译的方向看，可分为译入和译出。译入即以他语言为源语言文本，翻译到自语言（目标语）的活动；译出即以自语言为源语言文本，翻译向他语言（目标语）的活动。由于传统的翻译实践往往把语言水平作为衡量翻译作品的主要标准，翻译形成了这样一种格局：译出（中文译为外文）主要由目标语使用者来承担，译入（外文译为中文）主要有中文母语者承担，而源语言（中文）使用者一般不承担译出。近年来，中国文化对外交流和传播无论在覆盖的广度上，还是在规模数量上，都是史无前例的（见后文的讨论），其中，由中国学者承担的中国学术文化译出逐步发挥愈来愈重要的作用。我们认为，文化表述，尤其是中国文化的英语表述，既是一种重要的文化和语言资源，也是一种具有战略性的话语权利。中国文化是人类命运共同体的重要组成部分，中国文化的英语表述是人类命运共同体构建过程中一个关键环节，选择哪些内容翻译、由谁来主持、如何传播，都深刻影响中国文化在国际社会的身份、形象和影响力。如此重要的话语权利，我们不能拱手出让。尤其在后现代主义语境下，我们更不能坐视他人对中国文化进行任意解读而无所作为。

其次，外语写出不失为一条有效的途径。近几十年，各高校和科研机构大力鼓励国际发表，促进学术国际交流，向国际分享和呈现一流的学术成果。但是，过度强调国际发表强化英语的优先性和优越性，会带来不可预知的风险。同时，过分偏重英语写作，也等于在国际市场上忽视并放弃潜在的语言红利。在学术领域，一个语言中原生的思想、概念、术语等，无不打上文化印记。其一，先进的思想和概念在某一语言中创立，与已有的思想和传承关联，形成良好的生态；任何思想或概念都不是孤立离散的，而是更大的图景中一个组成部分或节点；其二，一种语言中原创的思想和概念越多，语言的意义关系就越丰富，思想图景就越壮阔；其三，原创思想促进语言自身的成长。不断涌现的新思想、新概念、新术语刺激语言与话语的发展，促进其对他语言的吸收和包容能力，使之充分表述人类文明最前沿的思想和技术，成为联系全人类的纽带；其四，一种语言长期忽视原创，忽视先进思想和概念在语言自体上的创造，甘居他语言之下的附庸，其风险之一，就是会慢慢沦落为生活交际语言，缺乏对先进科技与思想文化的承载，而不能用于国际学术和思想交流。但是，上述观点并不是推动"文化表述地方化"或"学术本土化"，相反，我们主张的是，在英语全球化日益剧烈的语言竞争中，通过加强中文原创，提高中文对人类先进文明的承载力与通达力，使中国文化在国际传播与交流过程中，通过吸收和融通，不断重塑自身，获得更加强大的国际化能力，进而发挥更加积极的作用，简言之，就是提倡中文原创与英语写出并重，通过外语翻译表述传播和分享；坚持中国价值，开放国际表述。

1.2 术语界定

为避免歧义，便以展开讨论，本研究对以下术语进行界定。该界定既表明本研究对相关术语的理论构念（construct），也表示了在实证分析中，该术语的识别、测量以及与其他术语的关系。

中国文化。文化是人类的生活方式，自人类产生始，文化就开始存在。为了聚焦我们的话题并框定研究范围，在本课题研究中，中国文化主要指中国典籍中体现表达中国原生的哲学思想、伦理道德和社会关系的概念、术语和范畴，以及体现当代中国社会生活的专名、概念及话语，在多文本话语分析中，我们统一使用话语对象这个术语，通过话语对象的提取，分析其在话语中获得的各种释意。在单篇文本分析中，我们统一使用文本对象来描述我分析的焦点话题或词语。

英语表述。英语表述是对上述话语对象所进行的英语翻译或英语叙写而呈现的完整语言表述。

语料库数据。语料库作为一种语言大数据，由大量可机读和存储的完整电子文本收集而成；语料库中的生文本代表真实语言使用的语言事实样本。对语料文本外部信息，如来源、类型、产生日期、国别、作者等信息的记录和标记即语料库元数据，称作语料库标记（李文中 2012）；对文本内部语言特征应用某一语言学理论或范畴附加相应的解释信息，称作语料库标注。语料库文本是一种无结构的数据，通过特定的转换和分析，可以把语料库文本转换为结构化数据（structured data）；对结构化的语料库数据和特征进行计数统计、测量和分析，产生统计数据。在所有类型的语料库数据分析中，语料库生文本具有最高优先级。语料库文本中呈现各种语言使用原生特征，这些特征并不与任何给定的理论或范畴绑定。

语料库证据。语料库证据是指为支持或验证某一理论论断或假设，按照一定方法和技术从语料库中提取并呈现的实例。基于语料库研究把语料库当做实验场，从先存的假定或范畴出发，在语料库中提取证据（evidence），以验证或修正已有的理论或发现；由此，基于语料库的研究在语料库中寻找证据，并把证据当做数据（data）。语料库驱动研究把语料库看作语言事实和数据源，尽量避免或减少对研究对象的预设和范畴化，从文本观察出发，以期获得发现和解释。由此，语料库驱动的研究在语料库中观察事实获得数据，然后把数据用作证据。是把语料库证据当作数据使用，还是把语料库数据当作证据使用，是区分语料库两种不同分析路径的重要标识（李文中 2014a）。然而，在研究实践中，纯粹的语料库驱动研究是一种理想或取向，体现了一种对待数据的态度。尽管语料库驱动研究主张尽可能减少预设（Sinclair 2004a：23），但也不是说不需要任何研究问题就去观察文本。在我们面对语料库数据时，我们的经验、感知、概念范畴无不有所沾染，我们对文本的一切解读活动都不过是基于以往经验和已知，探索与发现新经验和未知。

语料库文本（text）：指可从语料库中检索、提取与分析的整篇文本或文本片段。

数据可视化（data visualization）：指基于语料库结构化数据，利用各种R[①]包函数构建表现数据形态、趋势、结构，或统计分析结果的图形。

话语对象（discourse objects）：指在多个文本构成的话语中对任何作为单个词语或短语进行分析的文本片段。

共文（cotext）：指围绕话语对象（节点词）所形成的完整表述，一般以句子为分析单位。

语境（context）：指文本中可分析的，围绕话语对象产生的场合、时间以及人物和事件关系。

图景（scenario）：指单篇文本的意义通过话语对象释意与关联构成的意义网络，图景维持了文本内部意义的和谐一致，以表达作者的意旨，传递经验和知识信息。

---

① R. Core Team（2020）. R: *A language and environment forstatistical computing*. R Foundation for Statistical Computing, Vienna, Austria. URL https：//www.R-project.org/.

1.3 国际通用语语境下的中国文化表述

英语全球化带来的影响，一是英语的使用呈现跨国别、跨文化、跨学科的特性；英语不仅是国际学术界通用语言，还是网络、经济贸易、文化教育、军事交流的主要语言，愈来愈变成一种强势语言，挤压其他语言的生存空间；其二是英语本身吸取他语言能力增强，逐渐向混合语发展，其语言标准由于新词汇、新语汇以及新语法的融入，变得多元而丰富，以往系统严谨、结构完整的语法标准出现了更多的变异性和拓展性；其三是英语与英语本族文化的关系越来越松散，英语变得更加中性，工具性加强。英语在不同文化语境中落地，接受不同文化的移入。

对我国而言，由于网络媒体的普及，虚拟交流成为主流模式，中国经济和文化融入全球并深入发展，国民与国际民众的交往通过旅游、商务及定居也更加频繁，规模也更大，传统以国别和地域为依据的交际划分已不能概括目前的交流现实。例如，中国的英文媒体的国内受众可能包括大量在中国旅游、工作或定居的非中国人口；同理，其国外受众当然也包括数量巨大的在海外旅游、工作、定居的中国人。当中国人用英语表述中国，会产生大量独特的词汇和表达，这些词汇和表达是对中国传统文化和急剧变化的社会现实的描述和刻画。英语不再是挟英美强势文化汹涌而来的猛兽，而是在中国落地，承载中国文化、政治和经济的传播介体，我们面临的，不是把英语当作外来语言和文化，去思考如何抵制和消除其负面影响，而是把英语当成自己的第二选择语言，思考如何使用它更好地表达自己。

在文化强国建设目标驱动下，在人类命运共同体这一宏大视野中，我们需要重新审视英语作为国际通用语为中国文化建设带来的挑战与机遇，考察一些固有的语言学与社会语言学概念，思考这些术语和概念的应用。

首先，中英两种语言交汇，形成语言文化界面。其一，两种语言都具有独立的文化语言体系，承载丰富的文明和知识信息；其二，受使用者体量和经济文化发展水平的支撑，中文成为抗衡英语独霸全球的主要力量；

同理，英语对中文在短期内不会形成碾压式的优势；其三，中英两种语言互动，互相浸入和交叉，大量的英语词汇、文化概念、专有名词和技术术语通过翻译进入中文语言，同样，大量的中文概念、范畴、表述也会通过翻译或语言使用直接进入英语，甚至形成更强大的潮流。

第二，在国际通用语语境下，对语言学习和语言使用的范畴化传统划分，大多是在应用语言学视角或社会语言学视角下进行的，如本族语、二语、外语等概念。区分本族语、二语和外语，基本上是以本族语使用者为基准，以语言标准为支撑的，通过划分语言使用水平把语言使用者层次化和等级化，如强调本族语使用者是语言标准的确立者，而把二语及外语使用者放置在遵从的位置。二十世纪八十年代兴起的世界英语理论，以及由此而起的各种论战（如 Quirk 与 Kachru），不过是在本族英语标准的框架下，强调了二语使用者对英语标准的贡献及确立标准的地位，但仍然把外语使用者放置在遵从者的位置。世界英语研究者提出一套变体"文典化"的标准，并使用该标准去判断哪个区域或国别的英语应该算作变体，哪些区域或国别的英语还达不到变体的地位。这种裁决者角色是自诩的，既缺乏学理的有效性，又浸透了某种自恃英语标准的傲慢。英语国际通用语（English as a Lingua Franca，简称 ELF）理论则彻底颠覆了这些有关标准的假设，完全根据语言的交际使用来确定英语的规范性和适用性（adaptability）。在国际通用语视野下，英语与英语本族人的文化和历史传统纽带不再是理所当然，英语本族人的语言标准也不是唯一的规范，甚至不是必需的。

第三，ELF 理论在欧洲的兴起具有深刻的文化和地缘政治背景。欧盟成员国语言各异，文化也各具特色，英语成为各成员国通用的交流语言，欧盟实际上是经济全球化时代成立的跨国利益体。在这一语境下，始终挥之不去的担忧是，世界英语理论所主张的外语使用者对英语本族语标准的遵从，会形成某种语言霸权，语言的遵从演变为文化的遵从。由此，英语必须与其本族文化及标准脱钩，在另一种使用环境中落地，并确立自己的规范。这是 ELF 形成的基本动因，也是为什么 ELF 愈来愈远离语言自身的研究，而与社会政治及话语权力研究越走越近。

第四，ELF 理论对我们定位中国的英语使用具有很大的启发意义：既然英语与所谓英语本族文化之间的天然联系已失去学理的支持，英语在中国落地，以其庞大的使用者和学习者群体，融入中国文化并成为其一部分；英语与中国文化联结，成为表述和承载中国文化媒介之一。在这一过程中，中国英语使用者构建自己的文化身份，确立中国文化话语，并在国际文化共同体中掌控与分享该话语权力，为世界文化做出自己的贡献。

因此，对比和研究中外对中国文化的表述，在内容和表达模式两个层面上研究中国文化的英语表述，具有重大的理论价值和实践意义。

1.4 文本分析的基本理据

语言是人类的生存方式之一（Wittgenstein 1967）。人们通过语言与他人、周边环境、社会及世界交互，也使用语言进行自我对话，因此语言使用既是过程，即分享自身经验、沟通个人或群体意图、构建意义的基本动态，也是产品，一切说出和写出的东西都可视作语言产品，而文本则是语言使用的记录。文本中记录了使用者有关世界和社会的一切经验和知识。二十多年前，Sinclair（Sinclair 1996，2004a）提出"信任文本"，他实际上是在告诫语言研究者，文本中富含各种意义特征和关系，远超研究者个人直觉经验的感知；作为语言研究者，我们应当敞开心扉，放下各种未经验证的声言和个人的傲慢，去面对文本中呈现的东西。

当人们使用词语表达某一思想或事物时，该思想或事物即变成了文本（话语）中的话语对象。按照 Teubert（Teubert 2010）的观点，文本中包含了给定话语对象所有的释意（paraphrases），即释意内容（paraphrastic content）。维特根斯坦（Wittgenstein 1967：179）在他的《哲学调查》中有一句被人广为引用的断言，"词语的意义即其在语言中的使用"。通过分析特定的文本或文本群落，我们可以获得有关话题或知识经验的表述和不断叠加的解读（interpretations），进而分析某一话语对象是如何被定义、解释、阐述、驳斥甚至否定的。这为语料库文本分析提供了一个基本理据，无论我们试图分析何种对象，唯一可靠的途径就是观察和分析文本。在大数据时代，获取电子文本的途径以及获取的数量都有极大的拓展和提升，而海量的文本对传统的文本处理理念和技术提出了诸多挑战。之前，Sinclair曾言，"当一下子看到很多（文本）时，语言显得大不一样"（Sinclair 1991：100），三十年后的今天，这句话变成了"我们所看到的语言是什么样子，取决于我们能看到多少文本"。因此，文本收集、文本数据结构化、文本分析技术路径及可视化方法是语言文本探索和分析中必须解决的问题。

在意义单位分析中，切入点是节点词（node word），同时节点词也是我们对文本的文化表述分析的抓手，这些节点词往往是核心文化概念或表述。由于索引分析从节点词开始，先左右观察跨距内的搭配词，这就给人一种把节点包围在中间的印象，这就是义核（core）的基本意思。但是尚不能把节点词理解为一个意义单位的核心。考察还需要深入到具体的文本和意义单位中，再判断节点词在意义单位中的角色和地位。一个更深入的问题是，节点不是永不变化的。

在我们的研究中，我们把扩展意义单位分析看成是一种分析路径（approach），是一套发现意义单位的技术和方法。按照这个路径，去观察意义的型式序列，进而分析完整的表述单位以及该单位包含的文化信息。

1.5　研究目的与研究问题

本研究综合利用语料库与大数据前沿技术和方法，应用网络数据挖掘技术，以整合中国文化英语表述资源为基础手段，以理论研究为前导，以中国典籍的文化核心概念英语表述为基本案例，主要包括《道德经》《论语》、中国历史文化以及儒家思想核心概念的英语翻译及表述，工作目标包括（1）资源搜集与整理；（2）平行语料库建设及主题语料库建设；（3）基于语料库的文本研究理论构建及国际英语理论研究；（4）文本分析及中国典籍文化关键词研究。课题研究回答以下四个问题：

（1）基于语料库的中国文化英语表述分析的理论及概念框架有哪些组成元素其工作流程如何构建？

（2）语料库文本挖掘与网页抓取、文本的数据结构化转换、基于可视化的探索分析以及主题建模分析的技术应用与基本路径是什么？通过文本数据挖掘和网页抓取而创建的各种主题相关语料库需要哪些创新理念和技术？

（3）基于中国文化英语表述描述研究案例分析，英语表述呈现哪些特征？这些特征的分布与历时变迁及主题变化存在何种相关关系？

（4）中国文化典籍的英文表述对国际受众产生哪些影响？

在结构上，以上内容相互依托和支持，以话题为焦点，研究和描述的层次分别为理论研究、文化表述描述和分析以及大数据方法和技术研究。

通过理论研究和描述研究，探讨中国文化的英语表述基本构架和模式，进而分析中国文化的英语传播效果以及在话语模式上与国际英语话语的对接及错位，以期为提升中国文化的国际传播效果提供依据和反馈。同时，本研究分析中国文化在国际文化话语中的传播途径、其在国际英语中的身份和地位，以期为中国文化的英语表述提供可靠依据，为相关学术研究开拓路径，并对中国英语教育提供有益的启示。研究基于语料库和网络，重点观察中国历史人文传承、哲学思想典籍以及传统文化的英语翻译文本和原创文本，重点分析中国文化在当代国际社会的传播和影响，研究焦点在于关注的话题、表达方式及阐释模式。在研究的维度和层面上，本课题的研究主要分为以下几个层面：一是在英语全球化的框架下，以中国文化走出去战略为出发点，从中国文化的英语表述入手，主要研究中国社会文化与英语的融合，及其在国际英语的地位。在国际多语言和多文化语境中汉英界面的观照下，分析中国文化的英语传播途径和模式，以及传播的广度和深度；分析和研究在国际英语交流中，中国英语的使用者如何确立个人的文化身份，并分享深植于中国文化之中的个人信仰、价值观念，以及生活方式；探索中国文化的英语表述及相关资源对于中国英语教育的启示，研究其对英语学习理念、内容和方法上的理论意义和实践价值。二是语言学描述和分析，即应用语料库方法和短语学视角，观察和描述在英语文本中，中国文化的核心概念、预制性表达以及话语特征，重点分析表达中国社会特有事物、概念及思想的词语、短语序列与篇章结构；描述和分析上述特征在文本中的分布及其对文本可读性的关系；基于双语语料库，应用描述研究方法，分析中国文化概念的英语翻译实践和模式；基于话题和事件，跟踪分析中国流行文化在全球的传播和影响以及国际社会在媒体中对给定话题和事件的响应和反馈。三是中国文化的英语表述对比分析，即应用网络语料挖掘技术，基于话题和事件，对比和分析中外对中国话题及事件的英语表述，在保持中国立场和价值观念的前提下，审视和评价中国文化自我表述在国际社会的效度与可接受性，分析中西方对中国文化在表述视角、兴趣焦点及认同程度的共性和个性，实现"中国立场，国际表达"，以期为中国经济社会文化的英语表述和翻译提供积极反馈。

我们尝试建立这样一种分析链条：（1）在理论研究中建立文本中意义分析与文化表述分析的概念框架和分析路径，构建从意义单位、表述单位到文本语篇，乃至文本群落分析的内在关联；（2）在技术和方法上，顺应大数据时代的要求，着重解决文本定向抓取、数据结构化、探索可视化及分析整合化问题，规范"语料库文本——数据资源——文本"一体化过程，实现文本增量分析（incremental analysis）设想；（3）充分吸取和融合邻近学科，如数据科学、自然语言处理、人工智能等所取得先进成果和技术方法，使之成为增量分析的组成部分。

1.6　研究的理据与意义

在传统的文化理念中，语言文化与国家地理概念紧密相连，而在国际英语理论框架中，国际上非英语本族语的使用者不仅拥有英语的语言主权，还能够把本国文化语境与英语结合起来，并在国际多语言多文化语境中凸显个人和社团文化身份和价值观念，在文化多样性中追求和谐共存。二十世纪八十年代初，国家就提出了"让中国走向世界，让世界了解中国"的宏观战略。如今，在国际政治、经济和文化格局中，中国的政治经济影响力举足轻重，中国的话语权日趋增强。近年来，一个长期存在的认识误区是，仅仅把英语看成是一种对外交流的语言，而英语背后只能是强势的英语本族文化，似乎唯有强化中文的推广，才能抵抗外来强势文化负面影响。由于英语全球化的发展，英语已成为国际通用语；人数众多的中国英语学习者和使用者，使英语与中国经济社会文化融合，并能成为其传播自己的载体和媒介。因此，研究中国经济社会文化、社会生活以及价值观念对英语的移入，以及中国如何响应和理解国际英语文化，在国际交流中既能欣赏他文化的缤纷异彩，又能贡献和分享自文化的独特魅力，以获得国际社会理解和欣赏，并使其对中国文化产生主动介入、学习和传播的内驱力；中国经济社会文化在国际交流中也会不断审视和调整自身的表达方式，这对中国走出去战略，强化中文的传播效应，提高国人在国际经济社会中语言和文化冲突中应对能力，都具有重要的价值和意义。

基于语料库和网络，以当代中国英文媒体为时间和空间维度，以中国文化的英语表述为焦点，研究中国文化融入英语语言，分析中国文化在国际文化交流中的承载能力，不仅具有重要的文化意义，也具有重要的语言学意义。中国文化的英语表述研究具有长期的实践基础和丰富的资源。在国际文化多样性语境中，中国的文化成就，包括体制改革、思想制度、科技发展、旅游地理、风俗习惯以及商务贸易，在国内外媒体中愈来愈成为热门话题，存在大量的英文著述、介绍和翻译作品。中国文化的对外表述，不仅仅是文化与语言的对接，更是中国哲学思想理念、文化价值观，以及经济社会话语在国际文化中的介入和融合；中国文化在国际外向传播的同时，也内向吸纳国际异质文化，增强自身在国际文化语境中的共生共存能力。

描述和分析中国文化的英语表述，对确立中国英语使用者的文化归属和个人身份，增强使用英语的信心和能力以及对提高中国的英语学习效率，都具有重要的理论价值和实践意义。在中国外语教学中，应使外语学习与学生的生活和职业需求有机结合起来，强化英语的交流功能，有效地与中国本土的外语学习环境相结合，主动吸收本国社会文化资源，使英语学习生活化和交际化，从而提高使用外语的真实感和体验性。在国际英语视角下，将本国社会文化和历史传承有效融入外语学习，与国际异质文化资源，尤其是国际英语使用者所归属的文化资源并行不悖。此外，本国文化资源的应用，能够有效缓解长期困扰外语教学的真实性难题，使学习者与所属文化融为一体，在国际交流中具备充分信心和舒适感。

开展中国文化的英语表述研究，对英语全球化理论及国际英语理论是一项重要的贡献，具有重要的学术价值。国际英语理论研究由于研究语境、目的及应用不同，重点关注语言标准、多语言主义及国际通用语特征。本项研究从中国文化英语表述入手，探讨中国文化对英语的移入，强调本国文化与作为国际通用语的英语对接，通过观察语言事实和实证描述，探索国际交流有效性，是对国际英语理论研究的重要补充和贡献。同时，该方向的研究也是国内外语教学研究的一个新的增长点。

第二章　英语全球化语境下的中国文化英语表述

本章概要：本章重点论述中国英语使用者使用英语表述中国文化在学理上的正当性和必要性。正视国际英语与中国文化的对接，关注学习者对中国文化表达能力的训练和培养，对中国文化走出去，乃至中国学习者英语运用能力的提高，都有重要的意义。

2.1　引言

早在 2013 年英国文化委员会发布的《英语效应》中就提到，全球 2020 年将有 20 亿人使用英语，占世界总人口的四分之一。根据 Statisfa 2022 年的统计数据，全球有 15 亿人使用英语。在英语全球化过程中，其中一个主要发展趋势是，英语逐渐与使用者本地文化和社会生活对接，在交际中不但发挥交流知识信息和行事的功能，同时还对使用者的个人身份、人格及人际关系起到构建和确立作用。英语的全球化结果就是英语成为一种国际通用语（English as a Lingua Franca）。在信息和大数据时代，国际通用英语的崛起，对国家语言文化、民族传统、历史传承以及英语使用者的社会文化心理都提出了诸多挑战：在英语教育和传播中，本国语言的弱化和"失语"，在国际文化和学术交流中的"话语逆差"和"词汇逆差"，以及由于科研评价体系对国际英语发表的追捧，致使本国语言从高阶学术领域消退，语言使用面临"降维"危机等，由此而生发的焦虑催生了国际通用英语的研究。

本章旨在讨论在英语全球化背景下，中国文化与作为国际通用语的英语的对接及融合，并通过量化描述研究，深入探讨中国文化的英语表述对"让世界了解中国"战略中作用和意义。英语全球化的影响，一是英语的使用呈现跨国别、跨文化、跨族群的特性；英语愈来愈变成一种强势语言，挤压其他语言的生存空间；其二是英语本身吸取他语言能力增强，逐渐向通用语发展，其语言标准由于新词汇、新语汇以及新语法的融入，变得多元而丰富，以往系统严谨、结构完整的语法标准出现更多的变异性和拓展性；其三是英语与英语本族文化的关系越来越松散，英语变得更加中性，工具性加强；英语在不同文化语境中落地，接受不同文化的移入。

英语全球化在国际上影响形成两个主要张力，一个是体现国家利益的各国政治经济与科技领域合作与冲突并存的硬张力，另一个就是英语作为强势语言与各国本土语言文化融合与排斥共现的软张力。因此，学术界对英语全球化的研究从一开始就与政治、意识形态、经济文化，以及语言教育密不可分。国际英语研究从二十世纪八十年代初至今，经历了三个重要阶段，每一阶段都跟当时的国际政治经济格局以及社会文化发展紧密相关：（1）以标准英语之争为滥觞。二十世纪八十年代初，Kachru（1985）与 Quirk（1982）就标准英语展开论战，后者坚持英语本族语标准，而前者提出'同心圆'理论，认为本族语提供标准，扩展圈遵守标准，而外圈也能发展并提供新标准。Kachru 的理论对标准英语的唯一性提出了挑战，但同时也认可了本族英语的核心地位，否定扩展圈形成标准的可能性。早期的标准英语讨论基本取向社会语言学研究，其焦点是标准英语。（2）英语所有权讨论。二十世纪九十年代初，以 Widdowson（1994），Smith（1976，1983），McKay（2002）为代表的学者基于应用语言学理论，把国际英语使用者看作不同的话语共同体，进一步提出英语的所有权问题，其主要观点是，"在国际英语背景下，英语已脱离所谓本族语者的掌控，而为所有英语使用者所拥有"（李文中 2015a：2，引自 Widdowson）。这一颠覆性的观点使得所有相关的理论和实践问题都需要重新审视和考量。与此同时，以 Pennycook（1994，2001，2012）和 Philipson（1996）为代表的学者认为国际英语与其说是语言问题，不如说是社会政治问题。国际英语研究体现出一种文化与话语转向。（3）语用策略研究。从二十一世纪初至今，以欧洲学者 Seidlhofer（2004，2001）、Jenkins（2003，2006）、Cogo & Dewey（2012）等为代表的学者注重研究英语作为国际通用语（ELF）的语用策略及文化身份问题。而美国学者 Kramsch（1998）及 Canagarajah（2006）等更关注多语语境下英语使用者的多文化资源和个人身份问题的研究。这一时期研究的主要特征是，一些学者开始应用大规模语料库，以量化方法描述和分析具体语言共同体的国际通用英语语用特征，并试图把其研究成果应用到英语教育中去。纵观西方对国际英语的研究，主要有以下核心论题和进展：（1）单标准论被多标准论取代，如 Karchru（1985）；Widdowson（1994）；McKay（2002）；Seidlhofer（2001）；Jenkins（2003，2006）；Canagarajah（2006）（引自李文中 2015a），Kachru（1985）的同心圆理论受到国际通用英语理论（Seidlhofer 2004，2001；Jenkins 2003，2006）批评。（2）本族人不再独享英语所有权，非英语本族人也同样享有其所有权。（3）英语与本族语文化的天然联系已断裂。英语语言的文化负荷由于本土化作用，与英语本族文化渐行渐远，愈来愈与不同母语和文化的英语使用者所属的文化传承结合在一起（李文中 2015a：4）。在后现代主义视角中，文化即话语，即能够确立个人在社会网络中身份的语言使用、感觉、信仰、价值及行动方式（Gee 1991；Norton 1997；Kramsch 1998）。

国内学界对中国英语的关注肇始于二十世纪八九十年代，而当时所说的中国英语主要指中国人使用的英语中所呈现大量表达中国独有事物和概念的语言特征，人们开始反思，这些独具中国特色的英语表达不能被简单标签为"中国式英语"或错误而否定（如葛传椝 1990；汪榕培 1991；李文中 1993）。此后，不少学者对中国英语表现出积极的态度（如贾冠杰 & 向明友 1997；杜争鸣 1998；杜瑞清 & 姜亚军 2003；金惠康 2008 等）。也有学者开始研究中国外语学习者身份认同（如边永卫 & 高一虹 2006，周燕、高一虹等 2011）。李文中（2015a）认为，中国英语研究的主要议题有两个：一个是中国文化对外传播中，如何满足国际需求，在内容选择和表达手段上与国际接轨；另一个是如何弥补中国英语教育中的本国文化缺失问题（如从丛 2000；李文中 2003；文秋芳等 2003；高超 2006；李少华 2006）。国内的国际英语研究主要呈现以下特征：（1）更关注国际英语背景下英语在中国的本土化及其在英语教育中的涵义，对中国英语的态度变得更为积极，但对中国英语在英语教育中的应用仍然审慎；(2) 从讨论中国外语教育中的本土文化缺失入手，积极探讨中国文化与英语学习的对接；(3) 深入研究英语学习者的个人身份认知问题；(4) 开始应用语料库方法，描述和分析中国英语本土材料，并关注英语在国际交流中对中国文化的传播作用，其基本观点是，"英语可以作为中国文化的承载媒介，对中国文化在世界范围的传播发挥重要作用。在国际英语这个大框架下，英语使用与中国本土文化身份的确立并行不悖"（李文中 2015a：5）。

2.2 关于英语的诸问题

二十世纪中叶，号称日不落的大英帝国随着各个殖民地纷纷宣布独立，日渐衰落，辉煌不再，但有一样东西没有随之衰落，那就是英语。到如今，全球大约有4亿人把英语作为第一语言，近5亿人把英语作为官方语言（或二语），而超过10亿人把英语作为外语使用或学习（Wikipedia）。用欧洲学者赛德郝菲尔（B. Seidlhofer）的话说，全球有四分之一的人至少会使用一点英语，而在使用英语的人群中，有四分之三的人不是英语本族人。如今，英语成了国际主要通用语。"非英语本族人怕英语挤占其母语的位置，威胁其语言和文化的生存。这种恐惧的预设是，英语挟其价值文化汹汹而来，压迫本地文化和语言"（李文中 2014a：952）。而一些英语本族人正好相反，"害怕英语在传播中会解体或堕落，不同的使用者会慢慢把英语变成另一种语言"（Ibid.）。正如赵毅衡在他的《有个半岛叫欧洲》中提到的，互联网就像一个语言"屠宰场"，一门语言使用人数越多，所受到的创伤越大。而相反的观点是，"英语在全球传播中本族色彩太浓，过于强调基于本族人的语言'标准'，全球四分之三的英语使用者成为弱势群体，在能力和人格上受到伤害"（Ibid.），因此提出对英语"再概念化"，主张放弃英语本族语标准。在社会政治文化方面，一些欧洲学者警惕英语的传播是一种新式的"语言沙文主义"，主张多语言主义或多文化主义；而一些北美学者更关注非英语本族人的多语优势和人格确立问题。

2.3 英语属权转移与文化对接

"一门语言属于谁,谁就能设定标准,并能够评价和判断其他不拥有该语言的使用者"(李文中 2014a:952)。那么,英语是谁的?这个问题最早的答案是,英语是英国人的,后来变成英语是英语本族人的,包括英国、美国、加拿大、澳大利亚、尼日利亚、爱尔兰、南非、新西兰等。到了二十个世纪八十年代,印裔美国学者 Kachru(1985)首先挑战英语本族人的权威,把全球英语划分为内圈(本族英语区)、外圈(二语英语区)和扩展圈(外语英语区),提出不独英语本族人设定标准,二语英语使用者也正在形成并提供标准。但是 Kachru 的同心圆理论存在严重问题。其一是他虽然主张二语英语使用者分享英语的所有权,但把所谓的外语使用者排除在外:他们不能设定或形成标准,只能遵从内圈的标准。其二是英语本族人作为同心圆的核心,既是英语的拥有者,又是标准的提供者。世界英语理论值得称道的是,对英语变体的主张在英语本族人标准的外壳上打裂了一条缝,提醒人们关注不断涌现的新英语,并牵涉出英语属权问题、英语与文化问题,为打破英语的单一标准统治铺平了道路,突破了英语教学的本族语思想禁锢。但世界英语理论也存在严重缺陷和不足:它虽然挑战了英语本族语标准的权威,为二语英语(英国前殖民地)挣得一席之地,但同时道貌岸然地排斥外语英语的权利,罔顾其他更大地域上英语被更多人使用的现实。变体理论一方面承认英语在不同的语言文化背景中落地,会产生新特征和新语用,却同时为这种变化设置了门槛,而这个门槛正是来自那些坚持英语标准的理论,于是就有了什么"体制化"、"文典化"等变体标准。所以该学说虽然影响很大,但并没有真正改变传统的标准英语属性。之后不久,就有学者开始深入探讨这个话题,提出英语不再属于本族人,任何使用英语的人都有权拥有它。有趣的是,提出这些革命性观点的正是那些来自内圈的学者,如西方应用语言学界领军人物 Widdowson(1994)等。在 Parmegiani(2010)看来,"语言不单纯是政治上中性的交际媒介,而是一种决定权力关系、塑造主体性的社会实践。语言的法理不是由语言内部语言特征决定的，而是由权力关系决定的：精英阶层的语言被强加为规范，并获得守门人的功能"（引自李文中 2015a：3）。他认为改变主导语言的所有权态度也同样重要，提出英语所有权从'出生权范式'转向'分用模式'。到了二十一世纪初，以 Seidlhofer 为代表的一些欧洲学者再进一步，提出英语通用语（English as Lingua Franca，简称 ELF）这个概念，把所有传统上划分为扩展圈的英语统统包括进来，并提出一系列激动人心的主张：英语作为一种通用语不是任何人的母语，英语通用语使用者不仅不需要英语本族人的标准，还可以形成自己的特征和标准，而英语本族人如果参与 ELF 的交际，那就请熟悉 ELF 吧。就像菲律宾诗人阿伯德所说的，"英语归我们了。我们把英语殖民了。"英语不再是"外语"，是"他们"的，也是"我们"的。与滥觞与英语同心圆理论的世界英语理论相比，ELF 的革命似乎来得更彻底：拥有不同母语背景的人使用英语交际，其各自的母语文化背景成为一种得天独厚的优势，比那些只懂英语的本族人更强，而英语本族语标准不再相关；交际比语言（结构、语法、语篇等）更重要，更注重交际效应、使用者身份、多文化、多语言贡献。

但 ELF 只是在否定本族人标准的基础上建立自己的理论，对原来秩序井然的世界英语理论彻底掀了桌子，在"无规范"（non-normativeness）、"不遵从"（non-conformity）的路上走得太远了：凡是标准英语提倡的，ELF 坚决反对。你注意看 ELF 怎么说话，都是先说"不"，再说主张什么。比如它主张交际不在正确性，而在互相能懂（mutual intelligibility）。这种基于反对而提出的理论不免根底浅薄，尤其是当 ELF 提倡者试图把自己的主张推行到英语教学中时，更令人警惕。

对中国英语研究者而言，ELF 理论有助于突破之前的思想羁绊，本族语标准不再是唯一的选项，此前曾经争论不休的"中国英语是否存在"似乎找到了一个落脚点：中国英语真的可以有。不少人把"中国英语"看成是一种干扰变体，其理据仍然是本族语的标准英语。李少华（《读书》2010 第 4 期）对国人的标准英语情结不无揶揄，嘲讽其为语言上的"傍大款"，是一种"洁癖"。作为国际交流中英语通用语使用者，中国人当然拥有自己的地位和身份，中国英语也可以形成自己的规范特征。

从学理上看，国际通用英语是英语全球化与本土化两种力量平衡的结果，语言在呈现多元化特征的同时，总体结构由于交际功能的强化而保持稳定；而英语再概念化的结果，一是彻底转变人们对英语所有权及标准的态度和观念，再就是对一系列相关理论和实践的重新定位和思考。此外，关于英语属权的讨论，以及英语属权归于使用者的思想理念，也为使用英语表述不同文化提供了学术上的理据，为英语与中国文化的对接理清了思路。

2.6　英语传播与中国文化表述

近年来，学界对英语全球化的发生机缘存在两种对立的观点："阴谋论"认为这是英帝国主动推动的结果，是一种新的"语言帝国主义"，而"发生论"则认为这一切都是自然发生的。英国报纸《观察家》2000年10月29日的一篇文章指出，"使英语成为国际通用语的直接推手是托尼·布莱尔"。Seidlhofer引用英国文化协会1987-1988年的年度报告说，英国真正的"黑金"是英语，而不是北海石油。"它长期以来一直是我们文化之根，如今已快速成长为商业和信息业的全球语言。我们面临的挑战是如何充分地利用它。"10年后，该协会在一份会议报告中又说，"英语巨大的成功是英国最大的财富。它提升了英国的形象：现代范儿、动感十足，它为英国及我们的伙伴们带来了影响深远的政治、经济与文化优势。"英国文化委员会英语与考试主任罗伯逊（Mark Robson）在《英语效应》(*The English Effect*) 的序言中说，"英语或许是英国最大但最少为人认可的国际财产。它是我们身份的基石"，英语为"英国的繁荣做出来主要的经济贡献。成千上万的留学生来英国学习英语，每年为全国地方与区域经济带来20亿英镑的收入"，英语是"英国赠予世界与世界共同语言最伟大的礼物"，"英国必须继续对英语投资，以使其为我们的贸易、文化和人民带来利益、机遇与价值"（British Council 2013：4）。澳大利亚学者帕尼库克（A. Pennycook）批评"英语在第三世界发展中国家的传播使信息单向流动，侵害了当地国家主权、文化身份和政治独立性"（李文中 2015a：3）。也有学者认为英语的传播最初来自英国在全球的殖民，而在第二次世界大战以后则是由于美国的崛起以及其他国家对英语主动引入和学习。根据索顿（C. Sowden）2012年发表在《英语语言教学》（ELT）的文章"长在蘑菇上的国际通用语"回顾，第二次世界大战以后，英国前殖民地国家急于摆脱英国语言文化影响，试图使用自己的本族语替代英语，如1967年印度《官方语言法案》（Official Language Act of 1967）规定，印地语（Hindi）作为官方语言替代英语，招致印度南方泰米尔语区的不满，不得不在该地区撤销该法律；1965年马来西亚联邦以马来语取代英语，导致新加坡的分离，因为华人在当地是少数民族，害怕被边缘化；尼日利亚、赞比亚独立后，选择使用自己本族语作为官方语言和教育语言，引起其他语种使用者的不满。由于本地语言教育资源的不足，富人会选择将孩子送到不强迫使用本地语言教学的私立学校；1983年，孟加拉国实施《孟加拉语应用法》，导致高校教育水平和英语水平下降，最后不得不修改该法案，英语重新成为大学教学语言，同时作为与孟加拉语并行的官方语言。如今看来，无论最初因何使用或停止使用英文，英语全球化已成为不可逆转的现实，对许多非英语母语国家而言，学习和使用英语参与国际交流，已经不再是如何抉择的问题，而是如何应对的问题。

与英语所有权紧密相连的另一个关键问题是文化。克拉姆齐（C. Kramsch）认为，"现代主义视角中的文化与本族人联接在一起，包括同质同源的国家共同体、风俗习惯和生活方式。人文概念中的文化是学校学习的权威书面语言产品，几乎与文学艺术知识同义，又称之为大写C文化（'big C' culture）"（李文中2015a：3），用国家标准语言教授历史、机构、文学和艺术，使其嵌入到语言中，以保证国家团体的连续性，并赋予其意义和价值，强调文学的学习。而在社会语言学概念中，自二十世纪八十年代后，开始提倡小写c文化（"little c" culture），或称日常生活小文化，"包括本族人的行为方式、吃饭、说话、居住，以及习俗、信仰及价值观，强调真实文化环境中的跨文化语用和社会语言的得体性、适当性"（Ibid.）。在后现代主义视角中，文化即话语，即文化学者吉伊所说的"能够确立个人在社会网络中身份的使用语言的方式、思考方式、感觉方式、信仰方式、价值方式和行动方式"。在国际通用英语框架下，英语既已脱离本族人的掌控，英语语言与英语文化之间的天然纽带也戛然断裂。如此看来，中国人在使用英语时，既表达地方意义，也能传播本土文化。中国英语的概念化不仅意味着大量本土特色的词语和表达进入英语，主要还是中国社会生活及价值观与英语的对接。在国际交流和对外传播中，我们除了汉语之外，多了一个重要的表达手段和渠道。在国际语境下，国人的双语能力将能证明更具竞争力，并获得更好的交际效果。所以，欧美的国际英语学者认为，多语主义是一种优势，在使用国际英语进行交流时，由于具有多语文化优势，交际更具交互性和多元性。

在我国，似乎存在两种极端的态度：一种是坚持标准英语观点，主张英语与英美文化联接在一起，在英语教育中不但主张英语本族文化学习，甚至强调"英语思维"。在这种观念下，地道的英语不仅是英美式的发音，还包括饱受英美文化熏染的思维方式和行为模式。另一种则是由于全民学英语，认为汉语的生存空间被挤压，外来文化侵害了中国本土文化，主张弱化英语学习，回到以往"了解世界靠翻译"的模式。与此遥相呼应的，是"纯洁汉语"主义，主张全面抵制外来语言对汉语的影响，彻底排除这种影响带来的干扰和污染。所以，一些人的"洁癖"不仅针对英语，也同样针对汉语。现在看来，我们固然可以用英语跟"老外"谈谈莎士比亚、狄更斯、伦敦桥、大本钟什么的，当然也可以聊聊老子、孔子、长城和故宫，更可以说说"人类命运共同体"、"科学发展观"、"中国梦"，他们可能对中国的事情更感兴趣。如果说英语只能承载英美文化，那么使用英语不免成为文化买办，就如同我们如果坚持英语本族标准，我们将永远是二流的英语使用者。同理，如果我们承认并选择英语承载与传播中国文化，英语不仅没有挤压汉语，还是汉语传播的极好助力，同时也是中国文化表达在语言上极大的拓展。所以，对英语一味排斥和推拒不可取。国际通用英语对我们来说既是资源又是机遇，我们不能再把它拱手送给别人，这种事对我们无益。至于语际影响，只要有语言接触，语际影响就必然发生。世界上没有哪一种语言因为受其他语言影响而衰落或消亡，一种语言消亡往往是由于其使用者消失。如果外来语言影响对汉语是一种污染，则汉语早就不纯洁了：佛经用语、阿拉伯数字、标点符号等都是外来语言。以后随着汉语在国际上的传播，更多的外来语言会在汉语中留下痕迹，汉语会变得越来越混杂，但也会变得越来越丰富和茁壮。

2.7 对英语学习的意义

国际通用英语理论研究一直热闹不断，观点不断出新，基本范式一变再变，从二十世纪八十年代中期的各种新英语变体之争，到九十年代的英语所有权讨论，直至如今的国际通用英语理论，非英语本族的英语使用者争得了越来越多的语言掌控权利。然而，这种语言理论的热闹，与英语教育实践的固守和冷静形成了鲜明的对比。不少把英语作为外语使用的国家，在英语教学中仍然坚持本族标准。大多数教学专家同情和理解国际通用英语的主张，但对国际通用英语引入英语教学中忧心忡忡。其主要纠结就是，既然说英语本族标准已失去理据，如何去学国际通用英语？按照英国著名学者 R. Quirk（1982）的说法，一种语言变体地位的确立，主要靠两个因素：即体制化（institutionalization）和文典化（codification），体制化是说该变体在教育、政府、媒体中得到应用和公认；文典化是指该变体在学术、词典、文学艺术中得到描述和规范。本族英语在上述"两化"中已经非常成熟，且标准英语思想在人们的心目中已根深蒂固。在国内，坚持标准英语使我们陷入了一种逻辑怪圈：最好的英语是本族人英语，我们作为非本族人的使用者只能沦落为终生的标准追随者，永远不可能自己创造标准。因此，对于国际通用英语，学者和教师更为实际的担忧可能是，过去我们以英语本族语为标准，并依此制订教学计划和要求，我们的英语教育尚不能取得令人满意的效果，如果降低标准，那就更不得了。这种心态是我们处于永久的焦虑和愧疚中，并在焦虑和愧疚中对同胞的英语永远持挑剔和批评态度：他的语音有问题，有地方口音，有语法错误，他说得不流利。我们嘲笑别人，同时也在否定自己。此外，这种思维模式也同样影响到教材的编写和教学实践：排斥本土文化，追求语言的"正确性"，排除母语及文化对英语的影响，因为这种影响被认为是"负迁移"，是干扰。其后果之一，就是学者从丛所言的"本土文化失语"；再就是英语学习的"去母语"效应：学了英语，却扔了母语；明明说着汉语，却要夹杂英语单词，学外语变成了一锅夹生饭。实际上，语言中的词语搭配和短语具有很强的文化依赖性和语境敏感性；中国人使用英语说中国的事，或以中国人的视角谈论国际上的事，肯定会形成自己的特色，这种特色英语本族人没有，与其他国际通用英语使用者的特征也不一样。随着国际通用英语研究的深入，对于表述中国文化生活、价值观念的英语使用，人们会越来越宽容甚至赞许中国特色的英语表达。在英语教学中，我们需要在标准规范和文化个性之间取得一种平衡。

2.8 英语的再概念化

由于世界英语与国际通用英语研究的推动，二十世纪九十年代以来，围绕英语浮现了众多的术语和理念，列举如下：

（1）英语作为国际语言（English as an International Language）：Kachru（1991）区分用于内部交际二语环境的 ESL，以及用于国际交际外语环境的 EIL；Mckay（2002）则用 EIL 这个术语指以上两个语言使用环境中的 EIL。Smith（1976）使用 International Language 这个术语指不同国家的使用者使用英语进行交际。Kckay 则认为，如果 EIL 是指跨语言跨文化使用英语，则这种语言和文化的界限不一定与国境吻合。McKay（2002）讨论说，EIL 在外语国家用于内部交际，不是使英语"去国家化"了，而是其所有权"再国家化"。

（2）世界各体英语（World Englishes）：Jenkins（2003，2006a）和 Seidlhofer（2001，2004）用这个术语只指外圈（二语英语）的英语使用，而对扩展圈的英语使用，则使用 English as a Lingua Franca 这个术语。在他们的讨论中，有时 EIL 和 ELF 交替使用，指同一样东西。

（3）英语作为国际辅助语言（English as an International Auxiliary Language）：Larry Smith（1983）用这个术语指外圈（二语圈）英语及英语本族语的混合特征。

（4）核心英语（Nuclear English）：Quirk（1982）用来指英语本族语英语的简化形式。

（5）世界标准口语英语（World Standard Spoken English，简称

WSSE）：Crystal（2003）认为不同区域英语最终会形成一种全球标准语言，能够为英语本族人和非本族人所理解。这和 Modiano（1999a，1999b）的 EIL 界定相似。

Kachru 和 Quirk 不一致的观点：Kachru 认为外圈的英语术语标准形成圈，其特征应与内圈一样被接受，而不是被看成错误或中介语；Quirk 认为只有内圈的标准才是标准。

两人的观点一致，即：扩展圈的英语必须依赖内圈标准。Seidlhofer 和 Jenkins 不赞同二人的观点，认为扩展圈的英语也可以形成自己的标准。

（6）国际通用英语（English as a Lingua Franca）：Jenkins 认为这个术语可以替代 EFL。学外语是为了与英语本族人交际，遵从英语本族人的标准；学 ELF 是为了与其他的 ELF 使用者交流，不必遵从本族人的标准，可以有自己的标准。Jenkins（2003）提倡使用 Lingua Franca Core，并教给学生。这种急于把语言描述尚未完成的产品直接用于教学，是一种不成熟的思想。

（7）普通英语（General English）：Ahulu（1997）说，Quirk 是不对的，不应该把二语特征说成是错误，Kachru 也不对，把二语特征当成新变体也不现实。应该怎么做呢？那就让本族语标准吸取二语特征，弄成一个 General English，不就皆大欢喜了吗？这种观点估计两边都不讨好，纯粹是玩概念。本族人是否会吸取二语特征甚至外语特征，不会听语言学家的，如果他们觉得有必要，肯定会吸取一些特征的，但这是形成性的、发生性的，不是规约性的。二语特征的内核仍然是本族标准，你让他说成 GE，他是该扔掉点自己的特征呢，还是学点别的二语特征？

（8）英语作为语言家族（English as a family of languages）：Canagarajah（2006）的英语大家族说是一个更不靠谱的理论，如果说同心圆理论不对，因为那样就把英语本族语弄成核心了。按照 Canagarajah 的说法大家都是英语大家庭的一员，不分大小，"排排坐，吃果果"。

（9）界定语言能力。

单标准论，包括 Crystal（2003）的 WSSE；Modiano 的国际英语；(Languapedia Project)：英语能力包括精通两种英语变体的能力，使用者还要能够在自己的地方变体与国际英语中转换自如。难题是，Crystal 对他提

第二章　英语全球化语境下的中国文化英语表述

出的 WSSE 到底会是什么样，他自己也没把握，"这一变体会变成什么样，现在确定还为时过早。"（It is too early to be definite about the way this variety (WSSE) will develop.）Modiano 的 EIL 难就难在，他没说清楚哪些变体算核心变体，哪些不算。Acar 认为，这些理论还需要实证研究的进一步证据，这个很难说，理论都没讲清，证据拿来证明什么？

另一个就是 Ahulu 的普遍英语说，按他的理论推下去，就是要精通本族人标准，加上各个变体的特征，说是一个，学起来肯定是很多个。英语本族人也要学英语了，当然很累，非本族人更累，学会了英国英语、美国英语等本族英语后，别着急，还有 50 多种英语变体等着呢，你真要学全了，算你是"全能神"。

多标准论：按 Canagarajah 说的，跟 Ahulu 异曲同工，英语能力就是多方言能力，不论哪个变体都得学，不学你是看不起人。当然，Canagarajah 说，也不一定全学，至少你得有这个意识，那些听起来像火星语的英语也是地道的英语，听不懂时你得会跟人忽悠（negotiation skills），不管对方的英语怎么怪异，你都能游刃有余（shuttling between different varieties of English）。

动态标准论：按 Jenkins 的观点，扩展圈的标准还是用英语本族人的，但也不是说方方面面都学本族人，在语用层和话语层都可以有自己的标准。英语能力就是跟非本族人讲英语的能力，正如当年 Widdowson（1994）说的，怎么说是我的事，听懂听不懂是你的事。还有就是，如何把语用和话语特征跟语言特征分开，词语搭配、短语、片语、表述方式可以有地方特征吗？要求使用者至少精通一种变体，能理解多种变体，能让其他变体的使用者听懂自己的变体。

对 ELF 的定义，Jenkins（2012）认为，ELF 是来自不同一语背景人的交际手段。ELF 不是传统意义上的单一的语言变体。把英语作为母语的人同样需要学习 ELF，尽管其过程不太繁难。在她看来，本族人也必须调整自己的语言习惯，以适应 ELF 交际，对他们而言，ELF 是一种"附加习得"。

Cogo（2012）认为，她不能同意这种观点：说英语的全球化不但影响英语的使用方法及英语的概念化，还会影响到英语教学。传统的概念是，变体与语言团体互向依赖,即使用某一变体的团体是单一的、可识别的、地域性的,其使用的变体也具有清晰可辨的特征。某一个变体只为某一语言团体使用。ELF情况比较复杂,在网络时代,英语使用的团体边界不清晰,地域难以辨识,也无法形成一个单一的稳定的变体特征体系。所以,这个团体只能笼统地描述为"使用团体(community of practice)"。EFL多变,速变,特征复杂,富于创造性。ELF既不中立,也不value-free,反之,它的文化感更丰富,资源更多。这个反驳很有力。人们越来越趋于欣赏文化的多元性,对英语的拥有感也更强了。

Sowden(2012)不同意使用ELF代替本族英语,而主张一种更为折中的态度,既要尊重当地语言和文化的价值,又不削弱其学习的内容。

双语主义的文化问题:尽管双语主义有很多优势,但一个可能的后果是,双语使用者可能最终只熟悉一种文化,就是母语文化,否则,就必须承认语言与本族文化存在天然联系。对ELF在教学中的态度:师生们会很勉强,因为掌握高阶标准的语言往往意味着社会地位的提高和升迁机会(Blommaert 2010:96)。他们担心如果降低这种标准,会削弱自己在职场中的竞争能力。所以他们的态度就是,如果国际通用英语是一个稳定的正在形成的现象,它可以继续形成,标准英语继续教下去(Larsen-Freeman & Cameron 2008:226)。

2.9 国际通用英语[①]

Barbara Seidlhofer是奥地利维也纳大学英语与应用语言学教授,其主要研究领域为语料库语言学、社会语言学、话语分析、语用学等在语言教师教育中的应用;她创建了"维也纳—牛津国际英语语料库"(以下简称VOICE),旨在为描述国际通用英语提供基本资源;在2012年她与芬兰赫尔辛基大学的Anna Mauranen教授共同创建了首个以"国际通用英语"

---

① 本节基于作者发表的论文《〈理解国际通用英语〉(Understanding English as Lingna Franca)述评》(《外语教学与研究》2014年第6期)修改完成。

（English as a Lingua Franca，以下简称 ELF）命名的学术期刊《国际通用英语期刊》并担任主编。2011 年 5 月，"第四届国际通用英语大会"在香港召开，Seidlhofer 在大会上被称作"国际通用英语研究创建之母"。《理解国际通用英语》是她 2011 年出版的首部专著（本书由牛津大学出版社出版），可以说是集她多年（如 Seidlhofer 2001，2007，2009）国际通用英语研究之大成。本节基于该著作，着重评述 ELF 的学术思想，讨论其核心观点的价值和意义，以及 ELF 在思想和方法上存在的难题。

该专著共分八章，第一章至第四章分别为"这个叫英语的东西是什么？"（pp. 1-27）、"假定与推测"（pp. 28-41）、"标准英语与真实英语"（pp. 42-63）、"'英语'的再概念化"（pp. 64-93）。这四章主要基于英语全球化语境，以国际英语研究的概念和术语为焦点，从国际通用英语视角出发，系统梳理了相关研究在学理、立场和观点的发展脉络，目的在于确立国际通用英语的概念和学术地位，并澄清 ELF 这一概念本身存在的分歧，同时提出建立国际通用英语语料库，进而基于语料库描述和分析 ELF 的必要性和应用价值。第五章"ELF 用法的动态性"（pp. 94-123）和第六章"ELF 中的形式与功能"（pp. 124-151）应用实证方法，基于 VOICE 语料库，描述和解释 ELF 的用法和功能特征，可视作对前四章所设定的理论框架和基本观点的实证支撑。第七章"设计国际英语"和第八章"ELF 与英语语言教学"（pp. 175-210）重新回到 ELF 理论和原则的应用讨论，重点阐述 ELF 与英语教学的接口设计，并提出一系列应用原则。从整体构架来看，全书结构层次清晰，前四章设定理论框架，梳理概念，作出立场陈述，奠定 ELF 理论基础，随后两章以实证描述解释和说明，最后两章通过设计和原则阐发，以体现作者意图。

第一章"这个叫英语的东西是什么？"通过英语全球化，讨论英语在世界传播中所呈现的重大变化：一个是范围和规模上数量的增长，所引起的英语使用格局的变化，即非英语本族人的英语使用者远超英语本族人；另外一个就是英语的使用主体和功能的转变，使英语语言自身发生质的改变，即英语作为国际通用语，在使用过程中逐渐形成独特的语用特征和用法特征。本章的焦点在于重新界定了 ELF 这一概念，它是"不同第一语言的人之间选择用作交际媒介的任何英语应用"（p. 7）。Seidlhofer 这个定义包含了三个核心观念：(1) 与其他 ELF 研究者的定义相比,"不同第一语言的人"所包含的群体更为宽泛,不但包括所有非英语本族语的英语使用者,也包括本族英语使用者。而此前的 ELF 主要是指传统上划分的外语英语,英语本族人并不包括在内,如 Firth 把 ELF 定义为非本族英语的使用者,而对 House 来说,ELF 是那些非英语母语的人使用的英语,二者都不能脱本族英语的窠臼,同时也把英语本族人排除在 ELF 之外。在 Seidlhofer 定义下,ELF 不但是所有不同第一语言使用者的共享的交际媒介,还是英语本族人'附加语言',其重要的含义是,对英语本族人来说,ELF 同样是一门需要学习和掌握的交际语言,而不是他们"当然就会"的。在这里,英语本族人既不是标准的制定者或裁决者,也不比其他 ELF 使用者具有更多的语言优势。(2) ELF 的功能是交际,而交际的要件是"可理解性"和"得当性"。果如 Seidlhofer 所言,ELF 是一种"自然发生的"自成体系的语言,那么 ELF 的可理解性和得当性标准也会变得多元而丰富。(3) "任何英语使用"意义比较含混,它既可以指 ELF 在使用过程中所呈现的各种特征,也可以指对这些特征所持的包容和欣赏态度。Seidlhofer 在第八章进一步阐发了这一理念,把 ELF 的使用与学习看成是一体,"当他们（学习者）从教室走到外面使用环境时,ELF 的学习者就变成了 ELF 使用者"（p.187）。本章另一个重要内容,就是厘清 ELF 与一些主流概念的差异,为 ELF 的立场陈述开辟道路：外语英语（EFL）、二语英语（ESL）、本族英语（ENL）,以及国际英语（EIL）的共同点,都是以本族英语为标准和核心。ELF 不是由于学习者偏离本族英语标准而石化的中介语,而是合法的英语运用。此外,Seidlhofer 指出,ELF 并没有真正进入人们的意识,成为英语一个新的选择,这就是她所说的"概念沟"（conceptual gap）,而她的研究目的,一是消弭这种概念沟,再就是描述 ELF 的应用特征。

　　第二章"假定与推测"主要讨论英语本族人对英语的权利问题。在英语与英语学习中,存在一系列假定：(1) 无论使用者是谁,还是在什么场合使用,英语语言是英语本族人的财产,其含义是英语本族人不仅独占英语的所有权,还有"权利和义务去保护它"（p.30）;英语本族人是英语标准的保有者和守护者；(2) 学习英语的目的在于与英语本族人交流；(3)

英语与英语文化存在某种必然的联系。在这些假定和态度的背后，英语成为一种唯一的、属性统一的、保持恒定状态的静态语言。在 Seidlhofer 看来，这些观念如此根深蒂固，就连那些学养深厚的社会语言学家（如 Peter Trudgill），以及那些对英语扩张持强烈批判态度的学者（如 Robert Phillipson 等），都未能意识到这些假定的谬误和悖论。英语霸权论的基础，就是假定英语在传播过程中，不以使用者和语境的变化而变化；英语不会为适应使用者交际需求而改变自身。"一旦这种变化真的出现了，则被视作难题"（p.33），也就是说，偏离本族英语标准的英语使用没有任何价值。如此一来，非本族英语的使用者被置身于必输无赢的境地：他们要么顺从本族人的权威和标准，永远难以达到本族人的水平，要么起而反抗英语霸权主义，然后被告知自己又错了，因为他们根本不是英语本族人（p.34）。Seidlhofer 通过多个实例说明，由于英语本族人或英语语言专家往往以一种挑剔的眼光看待非本族英语的使用，那些本来准确而得当的用法也被看成了错误。本章试图说明 ELF 研究所存在的悖论，一方面是高调宣扬非英语本族人同样拥有英语所有权，并强调 ELF 的合法性和适应性，另一方面，对待本族英语标准的态度仍参透到 ELF 研究中，影响学者们对 ELF 学习和使用的判断。Seidlhofer 的目的在于，先清理 ELF 研究中在本族英语标准方面思想上的混乱，在下一章继续讨论标准英语问题。第三章"标准英语与真实英语"就本族英语标准问题进行更深入的讨论。Seidlhofer 提出三个观点：（1）所谓"标准英语"是一个界定含混的概念；（2）"标准英语"并不等于本族英语，大多数英语本族人并不使用"标准英语"；（3）对于英语学习与教学而言，关于"真实英语"的研究和描述未能摆脱本族英语的藩篱，严重忽略了 ELF 的使用语境和实际需求。实际上，对"标准英语"的批评已不算一个新话题，最早的讨论可追溯到二十世纪八十年代。Braj Kachru（1985）在他的"同心圆"理论中主张，除"内圈"的英语本族人外，"外圈"的二语英语使用者也同样在形成自己的标准。但 Seidlhofer 对"标准英语"的批评视角主要基于 ELF 的使用现实，在英语本族人缺席的大多数英语交际中，所谓"标准英语"或本族英语不再是必需的参照指标；而应用语言学界对"真实英语"的描述和研究不过是强化了本族英语标准，对 ELF 的使用者而言，真正需要的，是对 ELF 的描述和研究。

"'英语'的再概念化"（第四章）可视作全书的核心章节，体现了 Seidlhofer 对英语再概念化的基本内容，是对前三章的理论概括和总结，也是 Seidlhofer 对 ELF 思想的立场陈述。Seidlhofer 围绕 ELF 这一概念提出了四个核心观点：(1) ELF 的使用者为实现自己的交际意图，满足自己的交际需要，"整改"（adapted）了英语，而不是"领用"（adopted）了英语，其意义在于，原有的本族英语标准对于 ELF 交际而言，既不"适用"（appropriate），也不"充分"（sufficient）。(2) 由于英语的全球化程度前所未有，传统上以本族英语为参照标准的主流概念，如英语变体、交际社团，以及交际能力等概念需要重新考量。(3) 英语变体（English varieties）、"世界各体英语"（World Englishes）、外语英语（EFL）、二语英语（ESL），以及国际英语（EIL）等概念基于本族英语视角看待其他英语使用，如今已不适合用来描述和研究 ELF 的应用现实；而"交际社团"概念囿于传统的地理和国别划分，也不再适用于互联网环境下，地理和国别界限日趋模糊的英语交际实践，为此她提出"虚拟社团"这一概念来描述 ELF 的使用。(4) 以目的语（本族英语）语言内容和英语本族人语言行为模式为目标的"交际能力"概念需要重新界定；英语学习的目的不再是语言形式，而是英语的交际功能和策略。可以说，Seidlhofer 的 ELF 理论和思想，对现有的英语理论体系而言，是一种彻底的颠覆和解构：她甚至不主张把 ELF 描述为一种新的英语变体，就如之前一些外语英语研究者所做的那样，通过确立外语英语的变体地位，争取分享英语属权和标准设定权。相反，她通过否定本族英语的相关性，抽掉了传统英语理论体系的基石，进而质疑英语变体这一概念的合法性。在她看来，学者们通过对变体的研究，把变体设定为一种静态的语言，而实际上，语言只是一个持续变化的连续体（p.73）。在术语上，Seidlhofer 也不认同 Canagarajah 用 LFE（Lingua Franca English）来替代 ELF 的提议，认为这一术语使人把 ELF 与其他英语变体相提并论，其含义是具有相同社会文化背景的使用者共享英语属权，并拥有自己的语言特征，而 ELF "不是一种英语变体，而是一种可变的英语使用"（p.77）。

随后两章"英语用法的动态性"与"ELF 的形式与功能"基于 VOICE

语料库描述 ELF 的语用特征，通过实际例证说明 ELF 的使用者如何创造性地应用语言资源，满足个人交际需求，以获得最佳交际效果。Seidlhofer 从四个方面论证了 ELF 的运用机制：（1）在语言能力方面，Seidlhofer 参照 Widdowson 的"虚拟语言"（virtual language）理论，认为 ELF 的使用者与本族英语的使用者都具有"虚拟能力"（virtual capacity），即可用来生成具体言语的编码能力，但使用该能力生成言语的过程却完全不同，英语本族人按照调控性语言规范而进行语言编码，所以是一种遵从与领用的过程，而 ELF 的使用者则通过充分利用自己虚拟能力中的语言与语用资源，为达到交际目的而创新和调整语言形式，所以是一种创造和适应的社会心理过程；此外，这种虚拟语言也构成了 ELF 的共核，可以用来解释 ELF 运用的混合性、流动性和差异性。（2）由于 ELF 的交际功能是第一位的，其语言形式的准确性或语法的正确性不是有效交际的先决条件。（3）从交际视角看，ELF 的使用者创新性使用重复、释义、冗余削减与扩展，以及意义澄清等语用策略，以适应交际的语境与需求，呈现出一种动态的"语化"（languaging）过程。（4）在 ELF 的交互中，使用习语可以增强语言的流利度，但与英语本族语不同的是，ELF 的使用者不是选择使用现成的、静态的习语进行自我表达，而是根据语境，通过交互动态地合作创造新习语或新隐喻，以表达共享的意义，Seidlhofer 把这个过程称作"习语化"（idiomatising）及"隐喻化"（metaphorising）。

第七章"设计国际英语"和第八章"ELF 与英语语言教学"讨论 ELF 及其理论对英语教学与英语教师教育的意义和价值。实际上，英语学习和教学是 Seidlhofer 在本书的落脚点，同时也是她研究 ELF 的根本动机：从 ELF 理论构建，到实证描述，最终归结于教学应用。Seidlhofer 重点阐述了几个重要关系，其一，从内容上看，ELF 不同于以往那些规定性的简化的教学材料，而是起源于自下而上的、自然发生的过程，所以是描述性的；其二，学习的目标及学习者的能力标准不必依从本族英语标准；教学不再以语言形式为重点，而是以语言的功能和使用过程为中心，语言的形式与功能相互依存；其三，ELF 学习与使用是同时发生的，课堂上 ELF 的学习者，在课堂外的"虚拟社团"中就变成了 ELF 的使用者；其四，教学中关键的问题不是输入，而是学习者如何利用语言资源及"虚拟语言"，以实现"语化"的过程；最后，Seidlhofer 期望英语教师教育的目标是，既要注重语言，如语言意识、跨文化交际、交际策略，又要注重关于使用语言的知识和过程。

综观全书，Seidlhofer 在这本专著中的主要贡献有两个着力点，一是对 ELF 理论的构建，二是基于语料库对 ELF 的语用特征进行了细致的描述。其理论阐述深刻细致，具有高度的内在一致性，真正达到了其宣称的目的，即通过英语的再概念化，确立了 ELF 的理论地位与合法身份。在她的描述分析中，通过应用真实自然的 ELF 运用实例，获得了具有说服力的发现，对其主要论点提供了极好的支撑和验证。但是，我们感到，Seidlhofer 对 ELF 在英语教学和学习中的应用主张，既缺乏理论的内在效度，又缺少教学应用的实践基础。基于实证描述的语言理论，以及所获得的语言特征，与该语言的学习目标和内容，并没有直接和必要的关系。Seidlhofer 试图把自己的 ELF 理论与英语教学对接起来，似乎需要更充分的理据和准备，这也使得本书最后一章的内容和观点极具争议性。此外，她对于 Widdowson "虚拟语言" 理论的阐释和应用，沿袭了乔姆斯基对语言能力与运用的二元划分理念，与语料库语言学研究兼容性差。最后，Seidlhofer 过份拘泥于 ELF 与本族英语的割裂，反而使她所主张的 ELF 面目模糊，在语言描述中缺乏纵深。尽管 Seidlhofer 把自己的理论落脚点放在英语教学上，但对教学的一系列环节和问题，并没有打算提供任何有效的操作途径。但是 Seidlhofer 的 ELF 思想立场鲜明，视野开阔，发人深省。对应用语言学者和英语教师而言，阅读本书当能开阔眼界，激发思考，从一个全新的视角理解 ELF 的价值与意义。

2.10　语言能力与使用能力

语言学习和教学中所强调的使用能力，与乔姆斯基所说的语言能力（competence）是不同的，这个"不同"体现在以下几个方面：（1）对语言本体的认知不同；（2）研究目标和路径不同；（3）应用取向不同。一般学科都需要回答两个基本问题，一个是本体论的，即"什么是 X？"另一个是认识论的,即"如何了解 X?"乔姆斯基学说认为语言是一种心理现实,具有生物学属性。这是一种本体论立场。而对第二个问题的回答,则是通过重构语言生成的心理认知过程,以解释和构建语言。这实际是一种语言发生学研究,对语言学习和教学有间接的启迪意义,但其语言学理论和语法并不能直接用于教学和学习,这一点乔姆斯基本人并不否认,甚至反对把自己的语言理论直接用于语言教学。在乔姆斯基的学说中,competence 实际上一种泛在的语法能力,即判断语言正误与正确使用语言的能力,是对人类语言能力的概括和抽象,是一种形而上的研究,应与语言学习和教学中所提的"能力"严格区分。语言教学中所提的语言使用能力是一种社会构念,是对具体的语言使用的得当性、充分性和有效性的测量和概括。所以二者只是"不同",就像数据分析中类型数据,虽然也可以因子化,甚至用"1、2、3、4"来表示,但并不意味着"1<2<3<4",只是不同。"摆脱生成语言学的羁绊",就是不能把这些不同的东西搅合在一起,做成一锅乱炖。应用语言学有自己独立的研究对象,在"应用"中生发学科体系,而不是简单地把现成的语言学理论"应用"到各相应学科中。但是知易行难,至今仍有不少学者试图统摄各种语言学理论,搞出所谓的"理论建模",似乎画个示意图就是模型了,这要么是无知无畏,要么就是故意忽悠人。

2.11 有效教学:既重视意义又重视形式

如果纯粹从交际的视角出发,那么交际意图的实现最为重要,其次才是意义,然后是形式。因为从交际意图实现来考量,语言只是手段之一,其次还有语言选择问题。比如一个人参与国际交流,第一不一定使用语言,第二不一定使用英语,第三不一定使用语法正确的英语。所以极端强调交际的结果,就是英语和语言都可以舍弃。但语言学习和教学不同,没有语言或者没有英语都不能称之为英语教学;只强调意义传递,忽略形式准确,要教学何用?此外,形式不准确,意义表达或理解能准确吗?所以,应用语言学家与社会语言学家、语言政治家的诉求是不一样的。一些社会语言学的观点不能直接用于应用语言学。

偏重型式练习和结构学习的行为主义理论和视听教学法固然有其不足之处，交际教学路径挑战这一经典理论和方法，提出了发人深省的问题，打中了行为主义和视听教学的软肋，但提出的方案并不能真正解决所提出的问题。国内外应用语言学界有很多提法和做法有点想当然。好像语言交际就是语言运用，语言运用仅限于语言交际。语言运用的内涵要比语言交际丰富得多。我们需要反思交际语言教学，回到语言学习和教学的基本问题上来。比如我们到底是要教学生"交际能力"，还是语言应用能力？语言交际能力是否能使用单一的静态框架就能解决问题？如根据交际教学原则，学习内容要取决于交际需求，那么出国劳务语言培训要满足学员的"交际生存"问题，而研究生的专业英语学习则要解决学术发表和国际学术交流问题，用一套框架肯定解决不了。有效教学应是内容和形式、意义和结构的有机统一。

对现象、行为、实例的观察和研究必须是实证的，虽然不排除案例性的、质性的研究，但在具备了充分的可得数据、方法和工具的当今，故意忽略实证研究则是一种不正当的行为。孤立的体验、个性化的经验和思辨固然能提出一些有意义的问题，但真正获得可靠的结论仍然需要实证：严谨的数据收集和处理步骤、可验证可重复的发现必须通过实证的路径。

视听教学法是语言教学成法的巅峰，具有坚实的理论、完整的体系、精细的设计，以及范围广大、旷日持久的教学实践。

语言理论的基石是结构主义，对语言的体系性和结构性具有坚定的信仰：这是一种架构宏大、野心勃勃的理论体系，即认为存在一种严密而超然的语言体系，该体系支配或实现为具体的语言使用。与此相应的，是结构化的语言系统可以被进一步分割，直至成为更为灵活的碎片。语言学习者通过学习并掌握这些碎片，在使用中组装或重构他们。

在语言学习理论上，视听教学法基于行为主义：学习的过程被认为是一种正确习惯形成的过程，该过程通过对刺激—响应的强化，使学习内容成为学习者自身的一种行为习惯。在行为主义视角下，学习者的语言错误往往是一种干扰，如果不能及时消除，会永久驻留在学习者的语言行为中，即所谓的"石化"现象；由于初始刺激条件十分关键，正确标准的输入就非常重要。因此，准则化的语法系统、正确的语言标准、反复的记忆和练习构成了外语教学的重要目标。

在教学设计上，视听教学法的特征是层次分明、梯次步进的教学目标、次序井然的教学进程，以及大量重复的替代练习。视听教学法的世界是坚实稳定的、权威至上的、秩序分明的，就像工业化时代的生产线：每个环节只完成一个部件，最后组装成产品。

视听教学法在西方二十世纪七十年代中期以后就已经开始衰落，交际语言教学理论逆势而上，逐渐变成新的时髦。严格地讲，交际语言教学是一套原则、一种路径，最后演变为在相似原则指导下各自为战的国际性运动。而在中国，二十世纪六十年代中期至七十年代中期的中国外语教学奄奄一息，更谈不上什么法。改革开放以后，中国外语教学开始睁大眼睛看西方，学的第一件东西就是视听教学法。此时，西方的外语教学已经开始转向交际语言教学了，而中国直到九十年代以后才开始热炒"交际教学法"。当时，中国外语教学界一些学者误把交际语言教学当成一种可以替代视听教学法的新方法，殊不知交际语言教学的根基就是颠覆以视听教学法为代表的教学法成法，而代之以"法无定法"，强调具体分析学习者自身的需求、学习目标、环境设置等，并依此制定教学和学习的目标、内容、方法和程序。因此，交际语言教学不但不是一种教学法，也不是简单地否定视听教学法，还在于它从根本上颠覆了教学成法的存在理由：没有好的教学法，只有合适的教学法。在交际教学视野下，只要能满足学习者需求，任何教学法的理念或技巧都可以拿来使用，不拘一格。自上而下的教学法构建无法解决学习的环境化和多元性。传统的完整结实的教学法体系如今破裂为碎片，教师可根据自己学生的具体情况，随取随用。从另一方面讲，对教学法更为雪上加霜的是，外语教学研究的主流从教师与教学转向学习者与学习过程：学习者要学什么以及怎么学是核心的、关键的，教师教什么以及怎么教只是辅助性的、促成性的。在交际教学这杆大旗下，围绕学习者和学习过程的各种主张和实验层出不穷，逐渐成为一种国际化运动。由此可见，交际教学不是法，但也不是无法，它坚持的是"教学法非法"，自交际教学路径提出以后，国际上再无成套教学法出炉。把交际教学称作为一种"教学法"，不过是一种思维的惯性，它来自对西方教学理论发展的一知半解。

交际语言教学提出了一系列问题和原则，但国际上对这些问题和原则的解读与响应却是百花齐放。

问题1：有意义原则（meaningfulness principle）。交际教学主张一切学习活动必须是有意义的，即语言学习不能"为学习而学习"，而必须向真实语言交际意义传达信息，实现某种社会功能。这个原则主要是针对视听教学法中的"句型练习"而提出的，因为句型替代练习是"无意义的"、"枯燥乏味的"。但什么样的活动才算是"有意义的"？大家的答案各有不同：

（1）不做句型练习就是有意义的；（2）只要有信息就有意义；（3）玩游戏就是有意义的。其实交际教学这个"有意义原则"是跟另一个原则相关联的，即"真实原则"（the principle of authenticity），这两个原则可以互相定义和解释。

问题2：真实原则。这个原则非常简单直接，就是语言课堂学的东西必须是真实发生的，不能是为了学习而编造的。对这个原则最初的解读似乎也非常简单直接：只要是语言交际实际发生的就是真实的；而要寻找实际的英语交际，就要到英语本族人的语言使用中去找。但是很快，这个简单的问题就变得很不简单。那就是对这一原则的追问：对谁真实？毫无疑问，对英语本族人而言，英语的某种使用是实际发生的、真实可靠的、反映他们生活的。但对把英语作为外语学习的学生而言，这些语言仍然是真实的吗？简而言之，对于天天穿行于校园的中国学生而言，一堂关于英国鸡尾酒会的教学真实吗？由此可见，上述两个原则听上去很美，但真正操作起来并不容易。相比这两个原则，另一个原则的操作性就要强得多，即基于任务原则。

视听教学法的衰落标志了教学法成法时代一去不复返：即期望以一种单一的方法或路径，通过自上而下的设计，以解决所有语境中外语教学与学习的所有问题不可行。值得反思的是，当英语教学由于追捧交际语言教学、彻底抛弃视听教学法时，就像推倒了旧的大楼，新楼却永远没能建起来。视听教学法中模仿与背诵、句型操练等这些行之有效的学习技巧被不加思索地抛弃了。

对于中国英语学习者而言,其所身处的社会生活、文化习俗、世界经验、人生故事以及价值观念都是真实的语言使用材料。只有把英语学习与中国文化对接起来,才能真正解决真实语言材料问题。正视国际英语与中国文化的对接,关注学习者对中国文化表达能力的训练和培养,对中国文化走出去,乃至中国学习者英语运用能力的提高,都有重要的意义。

第三章 文化表述分析框架

本章概要：我们把文化表述研究严格限定在中国典籍文本分析中，同时，应用语料库语言学基本视角和方法，观察和分析文本中表达文化意义的词语和文本片段。本章试图建立一种基于语料库文本的文化分析框架和路径，并尝试基于该路径分析和研究中国文化的英语表述。

3.1 语言教学中的语言标准与文化概念

在传统的外语教学，尤其是英语教学中，目标语（target language）与目标语文化具有天然的联系，外语学习必须包含文化学习，如在二十世纪八十年代《高等学校英语专业基础阶段英语教学大纲》中要求专业基础阶段的学生"熟悉所学语言国家的社会和文化背景知识"（戴炜栋 1987：1），在高级阶段课程设置中，英美文学和英美概括是有机组成部分。二十世纪七十年代以后，英语语言教学转向交际，在教学中强调交际的真实性与基于任务的教学活动，英语语料库的兴起也大多关注英语学习中的真实材料问题。在交际语言教学推动的初期，语言与文化的关联似乎是稳定而紧密的，语言教学的文化选择也不存在问题。第二次世界大战以后，英语全球化势头渐起，英国前殖民地独立后的文化意识与语言意识开始觉醒，不少学者开始审视语言标准与语言文化问题。

关于英语在全球的传播和作用，国际学界自二十世纪八十年代产生多次论争，概括如下：

(1) 标准英语与本族英语；

(2) 英语标准与非本族英语；

(3) 否定标准英语还是否定标准？抑或是否定英语？

(4) 是社会语言学视角、政治视角，还是教育视角？

(5) 平等重要还是公平重要？

标准英语与英语标准。二十世纪八十年代至九十年代初对英语标准的论争，主要代表人物为 R. Quirk（1985，1990）与 B. Kachru（1983，1986，1991，1992a，1992b），争论焦点为"什么是标准英语"？"谁决定英语的标准"以及"标准英语的形成机制有哪些"？

以 Quirk 为代表的学者坚持标准英语即英语本族人使用的规范英语，英语标准的形成必须满足以下条件：（1）英语作为本族语或第一语言；（2）体制化，即用于政治、商业、教育等领域的规范语言；（3）文典化，即对该语言拥有系统的研究，如词典、语法、文学创作和科研学术；（4）文化传承。Kachru 以使用者和国别为依据，把英语在全球的使用划分为共处在一个同心圆的三个圈：把英语作为本族语的内圈（inner circle），包括英国、美国、加拿大、澳大利亚、新西兰等国；把英语作为二语的外圈（outer circle），包括印度、新加坡等，以及把英语作为外语的扩展圈（expanding circle）。其核心观点是，内圈的英语本族人是英语标准的主要提供者，而外圈的二语英语使用者也在形成自己的特征，这些特征应该作为标准英语的一部分，扩展圈的英语使用者没有自己的标准，只能遵从内圈和外圈的英语标准。这场论争影响深远，体现在社会语言学界对各种英语变体（World englishes）的研究热潮，一方面是对英国旧殖民地的英语变体的描述和研究，另一方面是对一些新英语变体的形成特征和确立所进行的研究，与之相随的是对语言权利、语言与文化、多语主义诸问题的研究。对二语使用者而言，所争的是"我也是规范"。此外，在英语语言教学研究中，同样存在语言规约主义与描述主义、真实性（authenticity）材料与教学应用、行为主义与建构主义的讨论。纵观该时期的讨论，其焦点是本族英语作为唯一标准的传统受到质疑，本族英语一统天下的地位发生动摇；所谓真实材料即是本族人所使用的真实自然（与生造编制相对）语言材料；但本族英语作为主要标准来源和参照系统的观点并未受到挑战；英语语言仍然以国别和文化来划定。然而，有关英语标准和语言权利的讨论，以及对英语学习中真实材料问题的研究，为以后更进一步的理论突破埋下了伏笔。

英语属权论争。自二十世纪九十年代初，以 Widdowson（1994，1997）为代表的学者把英语标准的讨论焦点引向英语的属权问题：英语属于谁？其他学者有 Larry Smith（1976，1992），David Crystal（2005）等。其核心论点是英语不是英语本族人租赁给其他非本族人的，英语在全球使用过程中，英语本族人并不保有守护英语标准的权利，无论谁使用英语，使用者同时获得拥有该语言的权利。该观点含义在于，只有真正拥有一门语言，才能深入语言内部，并在使用中形成自己的规范。与八十年代英语标准讨论相比，对英语属权的讨论更进一步，突破了原有的内圈和外圈的限制，认为所有的英语使用者都有权分享英语的所有权。此外，Widdowson 认为交际的可理解性责任在于听话人，而不是言说者，这就为不同的英语使用者所表现的各种语言变异特征，提供了理论的依据。该时期的讨论也为英语学习中的真实材料问题提出了自己的解决方案，即所谓的真实性，既不取决于该语言的历史属性（作为母语的英语），也不取决于该语言的国别或民族属性（作为本族语的英语），而是取决于语言的使用：与使用者所处的社会文化价值、身份认同、生活活动以及具体交际语境密切相关的语言材料才是真实的。与此同时，批评语言学思潮异军突起，以 Philipson（1992，2010）、Pennycook（2016）为代表的学者对英语全球化提出批评性反思，认为这是帝国主义在语言文化上的进一步扩张，主张抵制英语的全球化，提倡语言和文化的多样性。

综观英语属权的论争和研究，该时期可视作英语标准论战的延续，通过确立英语使用者对该语言的所有权，来论证全世界各种英语使用的合法性。但研究的基本框架仍然建立在英语本族人与非本族人的二元划分，承认英语本族人在其属权上的核心地位，提出非本族人分享这一权利。即便是那些批评语言学学者，也是在假定的英语本族主义基础上展开批评，其批评的对象，不是英语的本族主义态度，而是英语使用本身。在英语教学研究领域，开始出现英语本族主义与非本族主义的争论，表明非本族英语的使用获得越来越多的关注，其地位开始与本族英语平起平坐。九十年代中期以后，开始有学者提出"国际英语"（EIL：English as an International

English）以及与此相似的"世界英语"（WE：World English）与"全球英语"（GE：Global English）概念，以概括以本族英语为核心，其他非英语本族的英语使用者共享其所有权，共同参与其规范构建的全球英语使用现实。

英语作为国际通用语。二十一世纪初，以 Barbara Seidlhofer（2011），Jennifer Jenkins（2012），以及 Anna Mauranen（2012，2017，2018）为代表的欧洲学者开始提出更为激进的观点，认为非本族英语的使用者已成为多数群体，使用英语的重心在于有效交际，而不是语言形式，英语成为一种 Lingua Franca（汉译为"通用语"）；这种为不同第一语言背景共同选择使用的英语与本族英语关联不大。ELF 的主张实际上是对以前有关讨论的颠覆：不仅不承认本族英语的标准属性，还彻底否认本族英语对 ELF 的关联性，虽然 ELF 交际不排斥英语本族人的参与，但对于英语本族人而言，ELF 是一门需要重新学习的语言，是一种"额外的习得"。

二十世纪八十年代至九十年代的英语标准之争是一场不彻底的改良：在承认英语本族人标准的同时，力争二语英语的标准确立权，继续否认范围更大、潜势更强的所谓"外语"使用者的标准确立权，受其视野的局限，主张世界各种英语变体（World englishes）的学者大多专注于变体特征的研究，并像当初坚持标准英语者一样，开始提出甄别英语变体的标准。二十世纪九十年代开始的英语属权的讨论具有真正的颠覆性，在这场讨论中，英语语言与英美标准、英美文化之间的关联被切断，国际各个使用英语的群体的自主权得到确立，他们不必再为自己五花八门的英语口音以及各有特色的表达感到内疚或羞愧。英语在使用者所在的地域或文化落地，并承担新的职能。然而，我们也应该看到，英语属权分享论为国际英语使用者提供了一种心理抚慰，使他们对自己的英语使用获得某种掌控感和自豪感。至此，英语全球化打破了最后一道障碍，扩张的道路变得更加宽广。但是，高调而华丽的声言和论断，并不能改变规矩森严的英语语言体制，用英语出版和发表、正式场合的交流时，对语言标准的追求仍一如既往。到了英语通用语理论，相关理论超越语言自身，似乎只与态度和立场相关。在以往，无论单一标准还是多标准，单中心还是多中心，总是有个标准，总是有个中心。标准的多元性或多中心论，并不是无标准或者无中心。但是 ELF 抛弃了语言标准，抛弃了语言变体学说，连带着把相关变体研究的其他理论也一并抛弃，如变体的分层：上层方言、中层方言、下层方言（acrolect, mesolect, basilect）。ELF 以交际为唯一标准，可以没有标准，甚至也可以没有语言。更引人关注的是，ELF 似乎把这种不成熟的理论和观念引入到语言教学中去，言称语言学习者就是使用者；学习者不再有错误，只有特征。这种主张"既缺乏理论的内在效度，有缺乏教学应用的实践基础"（李文中 2014a：953）。此外，ELF 学者们通过研究英语学习者语料库，提取了一些学习者语言特征，就断言 ELF 使用者已经形成了一套特征，并通过规约成为准则（codied）；这些特征不但 ELF 需要遵从，本族人也需要遵从。问题是，在语料库中具有统计学意义的特征就是普遍特征吗？抑或是不过是某些英语能力较差的学生个性特征？是谁把他们变成了准则或典律？如何让 ELF 使用者去遵从？需要教学与训练吗？即便是在 ELF 的使用群体中，这些所谓的特征与准则也只是少数人的特征：（1）这些特征可能是个别团体内部的变异特征，其分布并不广泛；（2）这些特征在其他语言使用团体中并不存在，而这些'其他'团体的变异特征可能完全不一样；（3）迫使其他团体的 ELF 使用者遵从某一个 ELF 使用团体的个别特征，无论在理论还是在实践中都是行不通的。对此，Prodromou（2007：51）的观点非常犀利，他认为"把标准英语与本族人标准完全等同是错误的，就像把那些以本族人为中心的习语或发音施加给 ELF 的使用者也是错误的。通过提倡 ELF 的共核而限制核心标准英语的教学，就是把语音和习语的'洗澡水'连同语法'孩子'一块泼出去了。"在国际英语使用中，英语是多元的，规范性也是多元的。其中，ELF 也好，标准英语也好，都是多元中的一元。ELF 要对语言学习或教学有意义，必须具有更加开放的心态，而不是在否定本族人和标准英语的基础上提出自己的理论，也不是以否定英语本族语为前提，提出另一套标准；它还需要一个对这种多元性具有描述力和解释力的理论体系。否则，试图为这种多元的语言使用描述出单一的特征，并努力使这种特征称为英语学习和教学的目标，都会被证明是徒劳的。在外语教学领域盲目推行一种并不成熟的主张，无视语言使用现实，是一种莽撞而危险的行为。这就像精英阶层的人对那些普通民众说，我们这套东西反正你们学不会，你们就学点能学会的东西吧。但同时，社会流行的标准仍然是精英们所掌握的标准。ELF 的教学主张可能会导致国际英语教育的语言标准的区域化或地方化，从而导致因教育促进而产生的社会流动趋缓并停滞，受教育者的社会权益受到侵害；ELF 强调的不同母语的英语交际语用特征只是反映了某一特定语境下某一临时社团的口头交际情况，而其中大部分的参与者正处于二语能力发展过程中，其语言使用特征处于一种极不稳定的状态；大量的二语使用者在其他层面的语言交际或使用活动并未得到充分的研究：如学术口头交流、专业学术写作、商业、旅游等。而这些领域的英语使用正是二语学习的目的所在。

然而，有关英语标准、属权与文化关联的讨论却颇具开阔视野，解放思想之功效：（1）我们不必再纠结中国英语是否具有英语变体的地位，中国人在使用英语时，同时也获得该语言的所有权，当中国人使用英语呈现出与英美人不一致的特征时，不需要再被判定是错误或怪异；（2）英语可以被用来表述和传播中国文化，而翻译只是其中的一种表述途径；这种表述不仅具有深厚的历史渊源，更有广阔的发展前景；（3）中国文化的英语表述不仅表现为对中国文化所独有的事物、现象、行为等单体概念或名称的表达，还表现为对中国文化的经验、知识、历史传承、信仰、意义关系、思想及价值观念的表达、解读和叙述；（4）通过收集英语表述的文本（包括原创、翻译或转写文本）构建语料库，并基于语料库分析研究文化表述的语言特征、型式及话语意义（李文中 2015a：2）。

文化的界定与表述[①]。首先，"跨文化交际"（cross-cultural communication）强调语言学习中的文化维度，是一种趋向目标语文化的主张，认为在学习目标语的同时，识别和采用本族人的话语行为，从而掌握本族人的思维方式、价值观和世界观；这种文化交际观认为语言学习的过程也是文化同化与价值观转换的过程，目标语本族语者的语言、文化和价值是终极学习目标；而"文化间交际"（intercultural communication）则强调拥有不同历史、价值和世界观的学习者在语内或语际交际中对自我文化的表达和

[①] 本节根据已发表论文《李文中谈基于语料库的文化表述研究》（《语料库语言学》2015 年第 2 卷第 1 期）改写。

解释能力（李文中 2015a：3），这种文化交际观坚持立足学习者自身文化，强调文化表述和分享。Kramsch（2006）研究了各种不同的文化定义，并按视角把文化定义划分为现代主义和后现代主义两种。现代主义视角下的文化与其语言本族人联接在一起，文化即同质同源的国家社团、风俗习惯和生活方式，既可以指学校学习的权威书面语言产品，与文学艺术知识同义，称之为大写 C 文化（"big C"culture），又可以指日常生活小文化（"small c"culture），包括本族人的行为方式、吃饭、说话、居住，以及习俗、信仰及价值观，强调真实文化环境中的跨文化（cross-cultural）语用和社会语言的得体性、适当性。在现代主义语言学习中，目标语言与其原生国文化是绑定的，语言、文化与国家的概念都是对应的。但随着经济政治全球化，信息技术强化了文化交流，同时文化选择问题变得错综复杂。后现代主义视角中的文化概念排除了宏大的叙事结构，文化既是社交网络中个人话语（Gee 1990）与身份（Norton 1997）。在这种视角下，社会团体的成员资格和身份是多元的，相互冲突的，并且是动态的（Atkinson 1999：647）。因此，英语是多国家的，无先天文化负荷的，任何人都拥有它，并用来表达地方意义（Kramsch 2006）。第二、英语教育中的语言与文化研究。主要探讨英语教学中的文化角色，以及语言使用中个人社会身份与语言的关系，如 Parmegiani（2010）认为，语言不是政治上单纯的中性交际媒介，而是一种决定权力关系，塑造主体性的社会实践。语言的法理不是由语言内部语言特征决定的，而是由权力关系决定的：精英阶层的语言被强加为规范，并获得守门人的功能。Norton（1997）认为社会身份是由多文化中语言身份界定的，研究个人身份主要审视以下几个方面：主体的多重和非统一属性；主体性为斗争的场所；主体性随时变化。还有学者主张在界定文化和语言属性时，应撤销中心，允许边缘教师和学生用自己的意义解释英语与文化。Pennycook（1994）批评英语在第三世界发展中国家的传播使信息单向流动，侵害了当地国家主权、文化身份和政治独立性。同时他认为，第三世界国家并不是被动的信息接受者。通过"写回"过程，表达自己的价值和愿望，被边缘化的人们赢得自己的声音。每一种语言都负载一种文明。教学是一种政治介入，课程设置应基于对学生具有社会关联的主题。

文化际交际交际的观点为语言教学视野下的文化表述提供了合理性和正当性论断。对英语学习者而言，除了了解和把握目标语文化的能力，获得流畅表达自己母语文化的能力也至关重要。

3.2 文本中的文化表述

"基于语料库的中国文化英语表述研究，既包括源语言文本或母语文本对具有中国文化个性的概念、事物或现象的表述，也包括英语翻译或原创文本对同一文化概念、事物或现象的表述，以及二者的对比和对应研究。"（李文中 2015：5）对于文本中文化表述研究按切入的视角可划分为三类：

（1）单个词语或概念分析。词语不但表达了某一文化对于所生存的世界和社会的知识，还体现了获得或建立该知识的视角和途径。文化关键词研究通过识别和分析语言中文化信息负载的关键词语，分析其来源、语义及演变，并进行解读。在 Williams（1976，1983）对定义中，文化关键词既包括那些"表达某些活动及对这些活动解释的那些重要的绑定性词语"，也包括"表达某种思维方式重要的说明性词语"（Williams1983：15）。从这个定义可以看出，Williams 所聚焦的文化关键词一是表达具体事物和行为的词语，再就是表达抽象概念和范畴的词汇。Williams 的著作产生了极大的影响，有学者主张除了研究词源与意义演变，还应研究文化词语的语用与行为；Bennett 等（2005）按照 Williams 著作的体例，编写了《新关键词：文化与社会修订词汇》。

在语料库文本分析中，在单篇或多篇相同话题的文本中，通过统计对比而筛选出来的一组具有超高频数的词语，该词语与文本主题和内容密切相关，称作主题词。其理据就是，把各种体裁与话题的文本收集在一起，构成一个超大型通用语料库（如>5亿词），利用该语料库生成一个词表，该词表中的词语频率及分布被视作词语使用的常态分布。对一个给定话题的文本统计词表，由于表达主题和内容的需要，一些特定的词语被选择，而这些词语的频率与其'常态'使用频率相比，具有显著的高频率；把这些具有超高频率的词语提取出来，可视为该文本的主题词表（keyword list）。

按照 McCarthy（1990：21）的观点，我们用词语表达对真实世界的知识，而词语知识是一种层级性的谱系关系。具体的词语是更高层级的词语场的实现，多层次的词语场是更高层级更抽象的语义场的具体实现，而语义场又实现为不同的词语场（lexical fields），表达知识和概念。我们在表达某个主题，会选择与该主题相关的词语。换言之，我们在文本中使用的词语，表现了我们对某个话题的知识。把多个相同或相似主题的文本集中在一起，分别统计主题词表，然后再把主题词表放在一起，生成一个新词表，统计主题词在各个主题词表中的频数，得到各个主题词在文本群中的覆盖率。这就是关键主题词（Scott 2023，1996）。

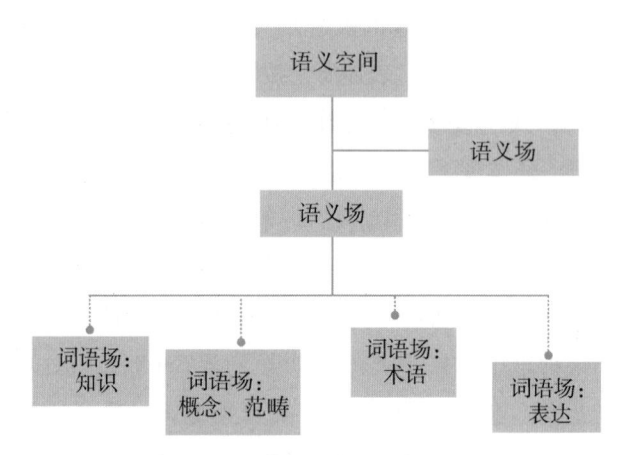

图 3-1 语义空间、语义场与词语场

在主题词测量和分析技术中，主要有两个取向，一是通过共性确定主题词，如 Key word analysis，key key word analysis 等，二是通过个性确定主题词，如 LDA、tf-idf 方法。

基于单个词语的主题词分析假设文本由词语构成，且不考虑词语之间的组合序列，也不考虑其出现的顺序，称作"词袋模型"。

（2）搭配与短语序列分析。2000 年，Sinclair 在一本不起眼的期刊上发表了一篇重要论文 *Lexical Grammar*，重点提出了以下观点：一是语料库分析发现，意义更多地驻留在多词构成的短语序列中，短语分析成为语言学研究的中心；极个别单个词语也独立承载意义，大部分为术语，但属于一种边缘性现象；二是词语语法（exical grammar）以词语为中心，词语在使用中生发语法关系；词语语法与韩礼德词语法（lexico-grammar）不一样，后者只是在语法系统中嵌入了词语；三是词语搭配研究对意义敏感，但对结构不敏感，句法对结构敏感，但对意义不敏感。我们需要一种既对意义敏感，又对结构敏感的语法；四是把语法与词语分开，并坚持语法优先于词语，这是语言学分析的传统做法，语言学研究需要以更开放的心态，直面语料库呈现的语言证据，并努力去描述和解释它们。Stubbs（1996，2001）在词语搭配研究中关注到词语中蕴含的文化意义和意识形态涵义，他提出，"我们有关某一语言的知识不仅是单个词语的知识，还包括有关这些词语可预测的各种组合的知识，以及这些组合经常蕴含的文化知识"（Stubbs 2001：10）。Sinclair 在意义分析中逐步形成了一套完整的路径，称作扩展意义单位分析（Extended Unit of Meaning），该路径是一套动态而严谨的序列分析程序，从分析对象（节点词或短语）入手，按顺序逐个位置分析。

　　Sinclair（2004）发现，语言使用中存在两大竞争性的组织原则。在语言使用中，一些词语出现总会预示另外一些词语也会出现，这种词语相互吸引，结伴出现的现象，反映了人类的行为和言语习惯，总结出来就是习语原则（idiom principle），代表一种词语使用的短语倾向。与此相对应的，是词语在使用中可以自由组合，只受语法结构的约束，这种现象可总结为开放选择原则（open choice principle），代表一种术语倾向。纯粹的习语与纯粹自由的单个词语代表了两极，其中是各种具有渐变性的丰富用法，主要有两大类型，一是以词语搭配为核心的词项，二是以虚词为框架的具有变异性的单位，Renouf & Sinclair（2004）先称之为搭配框架，后来又改称为短语项（Sinclair 2008b）。扩展意义单位分析主要分析这两类。扩展意义单位分析的目的是通过观察索引行，分析以搭配为核心的意义单位，称作词项（lexical item）。索引分析以节点为起点，每次向左右观察一个位置上的词，主要看垂直方向的重复。节点，又称节点词、搜索词、关键词，指任何要在语料库文本中检索的字符序列。以节点词为焦点，向左右数个位置上观察词语出现的情况，左右最远距离的观察位置之间构成了跨距（span），跨距是可以设定的；在给定跨距内各个位置上出现的词语称作节点的搭配备选词（candidate collocates），在跨距内某一位置上出现的词与节点而言称作同现（co-occurrence），同现是可观察的，同现的词语在该位置重复出现（>2）称作复现（recurrence），通过分析同现词语可确定词语之间相互选择和吸引的关系，称作互选或共选（co-selection），共选是一种关系，是分析出来的结果。每次分析到一个位置，垂直观察该位置上是否有复现的词语。就所有索引行而言，某一位置上重复较多的词语与节点形成了强型式（strong pattern），重复最多的几个强型式称作统领型式（dominant patterns）（参见 Sinclair 2003）。

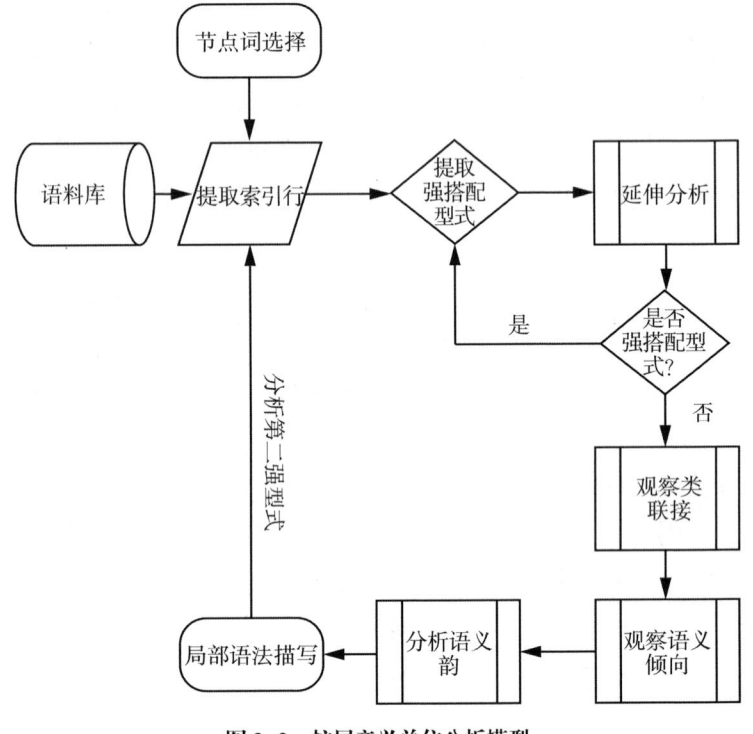

图 3-2　扩展意义单位分析模型

从弗斯为语言学研究设定目标（Firth 1957：145），到 Sinclair 的语料库语言学研究实践（Sinclair 1991，1996，2004a，2004b，2004c），意义分析一直处于核心地位。意义分析这个目标设定为语言研究带来了独特的视角，改变其原有的观察视野和实践惯性。首先，语言意义不能脱离具体的使用和语境而独立存在，不能孤立地去讨论意义的发生、内容和解释，要依据文本讨论意义；其二，意义是局部的、语境化的、解读性的，不是一种想当然的普遍存在；其三，语言意义是语言表述出来的，其解读也同样是语言表述，任何试图表达或解释意义的方式或技术都不过是语言表述的变异型式，而这些型式必须最终能表现为自然语言表述；其四，语言意义研究终究是对人自身研究的一部分，只要人类不灭，语言研究就不可能被机器彻底接管，所以我们不能指望人工智能解决意义研究的所有问题，最终创造意义并解读意义的还会是、也必须是人。由此，语料库扩展意义单位分析的意义在于，（1）描述和解释自然文本中的意义；（2）服务于语言教学；（3）对自然文本中意义的自动识别和处理。Sinclair（1996，2004）通过 COBUILD 语料库实例分析[①]，建立了一整套从节点词出发，到语义韵结束的分析路径，他称之为扩展意义单位或复合词项。自 Sinclair 提出扩展意义单位分析至今已有二十多年，语料库体量的大幅度增长以及计算机与网络技术的发展，为索引行的提取和意义单位分析提出了诸多挑战。

3.3　短语理论框架[②]

3.3.1　引论

Sinclair 在他去世的当年发表了两篇重要文献（Sinclair 2008a：407-410，2010：37-48）。Sinclair（2008a：408）声称"一种更适应我们有关短语知识的理论框架正在成形"，该理论框架共有三层，最顶层由"语境

[①]　Sinclair（2004：31）分析时间为 1995 年年中，当时的 Bank of English 语料库成为世界最大的语料库，容量为 2 亿 1 千 1 百万词，以 naked eye 为节点，从语料库中提取了 151 行索引行。

[②]　本节基于作者发表的论文《短语理论框架综论》（《外语教学与研究》2018 年第 1 期）修改完成。

设置"（contextual settings）构成，主要是指涉人称、时间、地点等词语参照点的指定或配置，以及文类的各种惯例的配置；第二层为短语项（phraseological items），之前被称作"搭配框架"（collocational frameworks）（Renouf &Sinclair 1991），这些短语项作为完整短语的语言骨架，主要由语法词序列构成一种准语法框架，而在此框架内一些尚无法进行语义倾向分类的词语词被选择（Sinclair 2004a：7）；第三层就是词项（lexical items）。在该理论框架中，"短语在语言描述中占据中心并关键地位，在短语中各种结构被设计安排，以使意义发生"（Sinclair 2008a：408），短语项与词项既有联系，又有区分。

第一篇论文仅有短短四页，作为全书的跋附在论文集的最后，可视作Sinclair对自己一生学术思想的整理和阐发，具有重要的价值和意义。但由于其内容非常凝练，语言表述简洁而又蕴意丰富，要想真正读懂并理解它并不容易，必须参照 Sinclair 本人在二十世纪九十年代之后，尤其是他2004 年前后一系列论著，才能把握其精髓。本文试从该篇文献入手，结合Sinclair 的其他相关文献，并引述国内外相关学者对该问题的讨论，深入解读 Sinclair 的短语框架理论。

3.3.2 短语理论框架（Theoretical Framework of Phrases）

Sinclair 首次正式为自己的理论命名为"短语理论框架"。自二十世纪七十年代始，Sinclair 以意义研究为目标，开始从搭配入手研究意义单位（Sinclair, Jones, & Daley 1970），到八十、九十年代基于语料库的词典编纂，以搭配为核心开展扩展意义单位分析，并发现语言使用的两大组织原则，即习语原则和开放选择原则，2000 年以后致力于词语语法（Lexical Grammar）（Sinclair 2000），并发展其局部语法理论，直到他在辞世前总其成，提出短语理论框架（Sinclair 2008a）。

3.3.3 新元素与新术语

短语理论框架既有对以往理论的整合，如搭配框架、扩展意义单位分析、词语语法,又有新添加的元素和新的表述:语境设置是对弗斯语境概念的简化和细化,主要由文类配置与人称、时间,以及场所指涉所构成,其主要作用是在分析中对以上各个元素进行参数化匹配,使文本语境变得可识别、可操作,一切分析都在文本内部发生。该元素的添加使短语分析在某种可确定文类和话题的文本或文本群中展开。由此,卫乃兴认为 Sinclair 的语境要素"蕴含了一种新的观点,即社会语境和文本所现是互延的(coextensive)①,即我们不需要跑到文本之外去确定社会语境,在文本之内即可确定"(个人通信,2016 年 7 月 1 日)。在第二层,Sinclair 把之前的搭配框架重新命名为短语项,其核心是非连续性语法词或功能词的共现,并形成紧密的共选关系,仅空位上的词语词允许有限的替换。

第三层就是词项。在 Sinclair 的共选连续统中,一端是共选相对固定的习语,紧接着的是"具有内部变异的词项",然后是搭配,另一端是单个词语作为词项(通常为术语),基本不吸引搭配型式(Sinclair 2004a)。由此可见,在 Sinclair 之前的理论中,习语、搭配框架、以搭配为核心的扩展意义单位,以及作为词项的单个词语都是词项,如下:

Idioms → lexical items with internal variations → lexical items with, collocations → single words as lexical items

但在短语理论框架中,词项作为一个特定的术语,其外延缩小了,仅仅用来指原来连续统中的第三个元素,即"带搭配的词项",并与短语项区分开来。短语项和词项是 Sinclair 语言分析的焦点,也是他所提出的局部语法着力解决的问题。那么,处在共选连续统两端的习语与单个词语是否包括在短语理论框架中呢?Sinclair 认为,"主要负载意义的单位是短语,而不是单个词语,作为词项的单个词语只是短语的极限情况,在意义描述中并无其他地位"(Sinclair 2008a:409)。因此,单个词语及固定习语由于缺乏变异,不需要局部语法(Sinclair 2010:42)。这样一来,短语理论

---

① 濮建忠与笔者在 2016 年 7 月 2 日通信中建议译为"同延"或"共延",并认为"文本延伸到哪里,我们的认识(即我们认识的世界)便延伸到哪里"。

框架的主要构架就变得非常清晰：

contextual settings ⋐phraseological items ⋐lexical items

在分析过程中，首先需要把握所分析文本的文类特征，并识别各种指称词的参照点，以完成语境设置；对之后两种短语单位的分析是随着分析步骤依次展开的，对二者的识别和选择取决于文本的实际呈现。Stubbs 强调认为，第二层短语项必须由 Sinclair 的短语单位模型来解决，它表明"词语是如何渐变为语法，语法渐变为语义，语义渐变为语用"①（个人通信 2016 年 7 月 17 日），这一解读耐人寻味。实际上，在 Sinclair 的观点中，"短语单位"包括短语项和词项两大元素。在讨论词项分析时，Sinclair 有专门论述：

在第三层词语和语法分别进行分析。在语法面，短语单位与语法的完整选择序列适配，其中各种抽象的型式的分析优先于意义分析；在词语面，对词项的描述则按照其创造的意义进行细节分析（Sinclair 2008a：408）。

与扩展意义单位分析相比，短语理论框架中的词项分析出现了新的变化，即把词语和语法分开进行分析。那么，如何理解"词语和语法分别进行分析"这句话？又如何理解在语法分析中语法型式优先于意义分析？我们需要深入到 Sinclair 的学术理念以及实际的分析案例，以了解这种分别进行的词语和语法分析是如何操作的。此外，Sinclair 所提出的短语理论框架与之前的学术思想有何内在联系？其发展脉络又是怎样的？我们认为，Sinclair 的短语理论框架，尤其是他对词项分析的论断，实际上就是阐述了他对局部语法的基本分析思想，之于他一直奉行的学术理念而言，既是总成式的概括，又有新的拓展。下文将分别讨论短语理论框架的思想渊源及发展脉络。

---

① Stubbs 与笔者 2016 年 7 月 17 日通信中提到的观点。

3.3.4 意义与形式的统一体及适配

Sinclair 的短语理论框架是以搭配为核心的。在他早期的搭配研究中，Sinclair 重新审视了弗斯的词语搭配理论，并提出了一整套基于真实语料的搭配分析程序，界定了诸如"节点词"、"跨距"、"搭配力"等一系列术语，并尝试使用统计检验的方法来测定搭配词与节点词相互吸引的力度（Sinclair 1966；Sinclair et al. 1970）。他还发现，"词语和语法决难分开"（Sinclair 2004c：168），"一个语言单位的形式和意义不过是观察同一事件的两种视角"，二者是同一个东西，"与其他形式联系起来考量，一个词项就是一种形式；与其他意义联系起来考量，该词项就是意义"（Ibid.：139）。杨惠中在讨论统一体这个概念时明确指出，"就语言这个统一体而言，意义与形式互为存在的条件，缺一就不成为语言"（个人通信 2016 年 8 月 26 日）。因此，在语料库语言学研究中，Sinclair 提出的基本假设就是，"意义在两个轴上被创造出来"（Sinclair 2004c：170）。那么，如何在语言分析中解决这一问题呢？Sinclair 所提出的理论模型，目的就在于使语言选择聚合与组合两大维度在每一个选择点上适配（reconcile）。既然型式与意义彼此对应，那么在语言描述中就应尽可能使两大轴相互关联（Ibid：164-170）。杨惠中还特别强调了"适配"这一概念，认为聚合选择是开放的，而组合关系则通过共选约束了词语的选择。卫乃兴认为，"语法的限制与词汇选择存在张力，二者必须调和（适配）、折中。最后选择出来的是词项"（个人通信 2016 年 7 月 1 日）。由此，当词语结构创造的意义与语法分析整合，就可提出各种局部语法去描述各种变异型式，以使计算机在文本中自动识别它们（Ibid：175）。这就是 Sinclair 为意义单位分析所提出的基本构想，该构想在他后来的短语理论框架中得到进一步整合，原来的搭配框架成为短语项，而扩展意义单位分析成为词项，二者同属于短语单位（phraseological units），在分析中共同参照语境设置。

3.3.5 局部语法

局部语法中有关短语和局部语境的思想较早可追溯到二十世纪初 Jespersen 和弗斯有关论述。Jespersen（1904）强调词语组合对思想的表达功能，否定孤立词汇的意义表达作用，同时，他通过一系列研究，确立了词语组合的语法功能、交际功能和心理功能。而弗斯强调情景语境对意义的决定作用，"当一个词被用于一个新的语境时，它便成为另外一个全新的词，这是一条通用的规则"（Firth 1957a：190）；此外，弗斯坚持语言学应研究具体的或限制性语言，而这种语言是多结构多系统的（Firth 1957b：200）；他还把搭配大致划分为"通用搭配"和"限制性的技术或者个性搭配"，并重点论述了后者。这些思想或多或少地影响到后来的部分语言学者研究视野，使他们越来越关注那些特定的、具有显著局部特征的语言使用。

二十世纪八十年代，杨惠中在对科技英语术语的研究中，提出科技语提取的三个区分标准，即语域（register）、文类（genre）和主题（topic）、信息流或概念结构（Yang 1986：101-102），这实际强调了术语因语域、文类及主题而呈现的局部性和特异性，而这种特异性可通过跨文类或者跨主题对比实现自动提取；他还指出术语的提取和监控可以通过计算机编程自动实现，并通过对比自动识别新术语；此外，还可以进行自动摘要编写。这些思想与后来九十年代出现的局部语法思想多有吻合之处，只是没有明确使用"局部语法"这一术语。1993 年，Gross 作为一个计算语言学家，深感乔氏形式语法在计算机自然语言处理中举步维艰，尤其是对一些'副语言'特征毫无作为，遂提出局部语法，专门处理副语言（sub-languages），用于有限自动机处理（Gross 1993，1997）。Gross 的局部语法在自然语言处理界产生了很大的影响，这里不再赘述。

局部语法（local grammars）[①] 是相对于一般语法（general grammar，或

---

① Local grammars 作为术语使用时，通常是复数，表示多种局部语法的集合；在表示针对某一词项或功能描述的单套局部语法时，一般使用 a local grammar of X 这种说法，如 a local grammar of definition, a local grammar of evaluation 等。

称为 Global grammar, universal grammar, conventional grammar) 提出的。语料库研究发现，语言使用中存在大量一般语法不能解释、不能预测、无法处理的语言个性特征，如习语、言语表征、命名、地址、头衔、货币数量等 (Hunston &Sinclair 2000: 76)。这就需要局部语法来解决。如果说一般语法从规则出发，着眼于语言整体规则和论断，而局部语法则从语言的基本事实出发，着手解决语言使用中的个性问题。规则与个性往往是对称的 (Laporte 2007: 4)，即有多少规则，就有多少与之相对应的个性。因此，局部语法在语言研究中是一种"具体问题具体分析"的主张。局部语法中所谓的"具体问题"是指语言在交际中产生的各种局部功能。然而，正如 Laporte 所言，规则与个性的对称性为我们提出了一个有趣的问题：如果一般规则正确可用，就用不上解决个性问题的局部语法，反之亦然 (Ibid)。那么，Sinclair 又是如何看待这一问题的呢？

Sinclair 关注到局部语法的思想，感到与自己的词项理论多有契合，并指导自己的博士生 Barnbrook 以 Collins COBUILD 词典为蓝本，对其中的整句定义进行了定义的局部语法描述 (Barnbrook 2002; Barnbrook &Sinclair 2001)。之后，Allen 对语言中因果表述进行了局部语法描述 (Allen 2006)。值得注意的是，Sinclair 的起手点是不一样的，Gross 着眼于副语言特征，而 Sinclair 则关心的是功能。Sinclair 考虑的是，把语言分为一般语言和副语言是值得怀疑的，因为一般语言与副语言混合在一起，很难分得开，对二者的划分只是观察视角的不同，而不是语言本身的属性 (Hunston &Sinclair 2000: 78)。在 Sinclair 之后的研究中，他自觉摒弃了所谓副语言局部语法这一说法，在他和 Barnbrook，以及 Hunston 和 Sinclair 合作的局部语法论著中，其着眼点是交际的话语功能，而不是副语言。可以说，Sinclair 把局部语法推到了更宽宏的视野，并为局部语法找到了更有价值的支点，即词项分析。更重要的是，他把局部语法路径与自己的词项理论结合在一起，使其在语言分析上更具可操作性，"每一个包含各种变量的词项都有自己的局部语法，而简单的词项——单个的词语——以及固定习语由于缺乏变异性，是不需要局部语法的" (Sinclair 2010: 42)。由此可见，Sinclair 所主张的局部语法主要是集中处理词项，上述连续统上的习语由于形式固定，在文本分析中可单独识别，而另一端作为词项的单个词语则应用一般语法规则去处理,他的设想是,建立各种局部语法档案,包括两个组成部分,一个是输入过滤器,只接受那些能够被局部语法所处理的句子,另一个是局部语法分析器,用以分析句子的意义构建过程。经过局部语法分析之后,句子中剩余的部分由一般语法规则来处理。对此,濮建忠认为,"走向语法一端,就是语言学家认为的语法选择决定意义,如肯定 vs 否定、主动 vs 被动……而走向词汇一端,则就是 Sinclair 所说的词项,包括搭配、类联接、语义和语义韵等要素(其中义核和语义韵不可缺)。前者是否可以理解为语法解读;后者是否可以理解为词汇或词项解读。……能用词项来解读就用词项解读,若不行再用语法来解读"(个人通信 2016 年 7 月 1 日)。因此,局部语法的数量和类型并不确定,也不求全方位覆盖,其目标是解决一般语法不能、不方便或不擅长解决的问题(Sinclair 2004a:6)。由此可见,Sinclair 并不完全否定一般语法结构规则的可用性,局部语法与一般语法是相互协作的,而不是相互排斥的。

3.3.5.1 局部语法的设计特征

语料库局部语法的研究可分为三种主要应用取向:(1)面向词典编纂和语言学习,描述词项使用的典范形式;(2)面向话语分析,描述具体话语功能;(3)取向语言处理,描述文本中特定的语言特征(卫乃兴 2017:10)。其一,局部语法的基本着眼点是语言的使用功能,词项所有的使用功能都有自己独特的共文型式和语境。所以,局部语法分析的理论预设是词项在文本内部的局部功能和局部语境,即"词汇在一类或几类具体语域文本的局部环境下频繁发生的共选型式所实现的功能或意义(卫乃兴 2015:15)"。其二,每一功能在语言使用中又可描述为多种变异型式,如句法结构与词语序列内部的变异。其三,局部语法分词语与语法两层描写,在词语层使用的是词项分析,即原来的扩展意义单位分析,分别包括节点词元词、类联接、语义倾向等,在语法层使用的是描述性的简单的语法范畴,既可以从传统的语法中借用,也可以随时根据具体特征来设置。Sinclair 基于语料库对动词 *sever* 的局部语法描写充分体现了这一思想:

（a）指定性的

Lexis： *sever*　　［*all*］　　　［POSSADJ］ SEMPREF

（with | to | between | from）

Grammar：predicator pre-deictic deictic　　head　　preposition

（b）预指定性的

Lexis： *sever*　　［*all*］　　　［POSSADJ］　SEMPREF

Grammar：predicator pre-deictic deictic　　　　head

上例中"（a）指定性、（b）预指定性"表示 *sever* 词项的局部语法描述中两个变异型式中介词后跟的对象是否呈现。该描述分为两层，在词语层，以 *sever* 为节点的词项包含了同现的类联接"所有格形容词（POSSADJ）"，如 *his*，*her*，*their*，*its* 等，该元素与预指示词 *all* 用中括号标示，表示这两个元素都是可选的，在文本分析中既可能出现，也可能不出现，后跟的同现名词构成了一个具有相同语义倾向的词集（SEMPREF），如 *relation*（*s*），*connection*（*s*），*ties*，*link*（*s*）等，此后是一组具体指定的介词。在语法层，针对以上各项，分别标示了语法范畴。两个型式不同的是，第二个变异型式缺乏后跟的介词，此外，谓词 *sever* 前有一个空位，通常为名词化词组或词汇，能够自我指定。值得注意的是，该词项前的元素，以及介词后的元素都没有出现在描述框架内，这就是 Sinclair 所谓的句子剩余的部分，也就是需要交给一般语法规则处理的部分。

3.3.5.2　意义移变单位（Meaning Shift Unit）

在围绕词项描述的局部语法中，其意义和功能是整一的，其词语的选择与结构序列是协调一致的。换言之，词项内部词语的意义与该词项整体相关，且具有局部性和特异性。Sinclair（2010：44）把这种意义特征具体表述为：（1）符合同一局部语法的文本序列非常可能具有相同的意义。如上例中所有格形容词位置上不管出现 *his*，*her* 或者 *their*，以及在 SEMPREF 位置上不管出现 *relations*，*connections* 或者 *links*，其词项意义保持稳定；（2）与该局部语法有实质差异的文本序列一般不会具有上述（1）的意义。这实际上也是区分不同词项的标准，即所表达的意义不同；（3）与其在该词项之外的使用相比，用于某一具体词项中的词语呈现出一种意义移变（Sinclair 2010：44），即意义移变单位①。如 *sever* 在以下语境中的使用却呈现出不同的词项：

(a) I <u>severed</u> nerves in my leg（BNC A1A）②
(b) that an employee <u>had severed</u> a tendon in his hand（BNC A2B）
(c) with such force that it <u>severed</u> the spinal cord，（BNC A20）

例（a）、(b)、(c) 中谓词后跟的名词 *nerves*，*tendon*，*spinal cord* 不能归类到上述局部语法中的语义倾向词集中，并且其结构与上述局部语法也不相同，所以属于另外一个词项，其局部语法应该为：

指定性
Lexis：   *sever*   [ART] SEMPREF   (in | from | of)
Grammar：predicator deictic head   preposition

该局部语法的差异在于名词词头，其语义倾向主要是"身体的部分"，而不是上一个词项中表达"关系、联系"的语义倾向。也就是说，*sever* 上述型式中分别属于两个不同的意义单位或词项。Sinclair 的移变单位理论表明，我们只能在语言的具体使用语境中讨论意义，在意义先决的前提下分析结构或语法，而这些分析都不能脱离文本。

3.3.5.3 局部语法的应用及难题

在局部语法分析中，我们发现，词项型式在实际文本中结构十分复杂，且变异性强：不但同一词项会呈现各种变异型式，不同的词项在较短语境下也会呈现相似的型式，必须在更大的语境中确定。此外，我们在短语项分析中还发现，同一词项型式在意义表达上呈现一种连续变化的趋势。以下实例是利用 BNC 对短语项 what a/an N 评价结构进行的初步分析，

---

① 该术语有数个中文翻译，本文采用卫乃兴的翻译。
② 这些实例来自英国国家语料库（BNC），A1A 是语料库文本编号。

字母加半括号表示各个变异型式,型式中斜体的词语表示原词,括号中的元素为必有的同现元素,竖杠表示该元素的变异型式,中括号表示其中的元素是可选的,是该序列中的类联接;该评价结构是一个词项,包含了词项分析中两个要件,即节点词(what a/an)和语义韵,其中节点词构成了一个评价的短语框架,相当于 Sinclair 短语理论框架中的短语项,而语义韵往往通过头名词以及名词前的形容词显示出来,其指涉的对象需要从语境设置中来认定,个别型式的评价态度需要更大的语境来确定。

(a) what (a | an) [ADJ] N [and ADJ N]!

该型式为该评价结构中最简单的序列,既可以独立成句,也可以作为谓词后宾语成份,所表达的感情或态度通过名词或形容词明确显现。在(a)的评价型式中,头名词 *guy*, *hunter*, *idea*, *job*, *man*, *night* 等并不表达明晰的态度或感情,其语义韵是隐性的,受更大语境的话语态度支配,在口头交际中,其态度的的确定往往取决于参与者共享的知识或经验。另外一些头名词,如 *improvement*, *mess*, *mistake*, *muddle*, *myth*, *nightmare* 等本身携带了表达态度或感情的涵义,而这种态度或感情由于在评价短语框架中使用得到强化。在头名词前插入的一些形容词,如 *absurd*, *accursed*, *awful*, *beautiful*, *bloody*, *brilliant*, *charming*, *dreadful*, *extraordinary*, *glorious*, *horrible* 等,使评价获得了标记值,其态度或感情在型式内部即可得到确定。

第二种变异型式(b)与第一种相似,但后接的介词短语明确了评价的对象或感受者,其中的介词构成了一个选择集,通常有 *to*, *for*,另外它还有一个子类,即 What (a | an) ADJ N BE NP to N。还有一个比较独特的结构,即在后面的 *for* N to V 中,头名词是不定式动词的宾语,这与下述的型式(c)不同,其中的 to V [N] 实际上解释的头名词的涵义、行为发生的处所和方式:

(b) what (a | an) N PREP N [to V]!

在型式（c）中，不定式动词后跟宾语时，该部分解释头名词的涵义；不定式动词独立使用或与介词同现，头名词往往表示行为的方式或处所：

(c) what (a | an) [ADJ] N to V [(N | PREP)]!

第四种型式（d）是头名词后跟句子或动词的被动态，其内部结构变化比较丰富，当句子由 that 引导时，该词是可选的，由 it 引导或指涉时，该词总是出现。后跟的句子基本都是对头名词意义和信息的补充说明：

(d) what (a | an) [ADJ] N [that] S
what (a | an) [ADJ] N [that] BE V-ed
what (a | an) [ADJ] N it BE to V
what (a | an) ADJ N it BE that S)

以上四种型式都表达评价意义，其结构的变化影响意义或信息的输出，是词语与语法调和的结果。但第五种型式 e) 是 what 引导的名词短语充当主语或宾语，其评价意义需要在更远的共文中去确定（如表3-1的第1-3行），但如果头名词前有评价性的形容词或名词短语出现，其评价意义就非常清晰，如表3-1的第4-7行：

(e) what (a | an) [ADJ] N V

表3-1　　　　　　型式（e）索引行实例（BNC）

1	Clearly, what a study of society might look like is closely,
2	ideas about what a son of his should be like.
3	My conception of what a School of English should be was considerably
4	understand what a rebirth of tragedy must mean to the inner life
5	mind-blowing to read what a wealth of aircraft and engines were on display
6	what a lamentably thick wall had grown up between us
7	what an insane mania possessed him

对上述难题 Sinclair 的态度是，这是局部语法需要解决的难题，并不

耽搁我们对其他型式进行描述，因为局部语法不追求完美和普遍性。最后，局部语法分析显示，语言使用千变万化，约定和变异并存，既有我们"习焉不察"的隐含性特征，又有"出乎意料"①的变异特征，试图用一套单一的普遍性规则去描述或解释所有的语言现象只能是徒劳的。所以，Hanks 说，"寻求在一个步骤中解释所有可能性的语言学家已经失败了，将来会再失败，注定会失败下去"（Hanks 2013：7）。语言使用是具体的、局部的、既有重复型式又有变异的。如果对某一具体话语功能的描述尚有许多变异特征难以概括，语言使用其他变异特征的复杂性更可想而知。一般语法是宏观视角，词语搭配是微观视角，而局部语法则属于中观视角。局部语法存在的难题证明了其合法性，即语言使用是语境化的、局部的、复杂多变的，很难用一套规则概而论之。对 Sinclair 而言，把一般语法规则与各种局部语法结合起来，才是语言处理中一条恰当的路径。

3.3.6 结论

短语理论框架既是 Sinclair 一生学术思想的集大成者，同时也是语料库驱动研究的重要组成部分，无论是对语言本体研究，还是对应用领域如词典编纂、语言学习、自然语言处理，以及知识挖掘等，都具有极高的思想意义和应用价值。但短语理论框架本身并不是一个完整的产品，而是一套思想、路径和方法。而作为一种路径和方法，短语理论框架还存在极大的探索空间和研究空白。如语境设置中各种参照点的参数，需要根据文本的实际情景来标定，尤其是时间、地点及代词的指涉，可能需要尝试不同的方法才能解决。语境设置的提出，也显示出 Sinclair 的意义分析向整篇文本或整体话语事件的转向，因为语境设置中的参照点往往需要在语篇内超越单个意义单位的更大语境中去确定。此外，还需要为语法层的范畴建立对应的词库，为词语层的语义倾向词集设立寄存器，并区分和决定哪些词同

---

① "习焉不察，出乎意料"是熊文新教授讨论语料库研究时的妙语，作者深以为然，认为这两句的概括非常精当。

属于一个集，而哪些词属于另外一个集。由于语法层的语法范畴标签一是取自现有的术语，再就是允许临场指定，这可能无法保证各个局部语法之间的连通性，因此，需要针对语法范畴制定可供各种局部语法使用的引导性规范。最后，一般语法规则与局部语法如何有效地结合在一起，适用一般语法规则的词语，其意义解释又如何解决？这些都是我们需要进一步思考并解决的问题。局部语法的理论意义在于，其着眼点是解决具体的、语境化的、具有独特个性的语言使用，其描述方式也是专门性的、碎片式的、个别性的。从理论上讲，可以包含数量众多的局部语法；局部语法越多，对语言使用的描述就越充分。在方法上，局部语法追求自下而上，逐步逼近，不求完美，只求实用。

3.4 互文与内文

搭配和短语是意义单位的核心，而扩展意义单位是意义分析的最小单位，这是一切分析的基础。基于语料库成千上万个文本提取索引行，聚焦某个节点词或短语，其分析过程是互文的，脱离具体使用整体语境的。但是，人们日常真实的语言交际活动往往是一个相对完整的话语片段或篇章。如 Sinclair（2008）所言，意义分析的最终目标，必须是分析整篇文本。在他看来，笔语文本的作者比口语交际中的言说者更具交互能力，因为作者必须想象读者如何响应，还必须面对宽广的读者群（Sinclair 2016：127）。Sinclair 最初为写作勾勒出了一个简单而普遍的模型，帮助学生写作，到了后来，这个模型经过进一步修改，成为笔语完整文本分析的模型。在这个文本分析模型中，文本具有三种属性，即：定位（location）、意义（meaning）和价值（value）（Sinclair 2016：130-131）：

——定位即文本周边能够定位该文本的各种元素，指一切引起文本产生的行动、状态或事件，对定位的分析为文本内容和意义分析提供参照；

——意义即与各种语言使用型式相关联的属性；语法、词语以及语体细节都构成了意义的元素；意义是文本内容、组织及呈现的整合；

—价值即文本对读者产生的影响，如增加某种体验，影响读者未来的行动、判断和态度。

Sinclair 认为，在以上三个属性中，第一和第三属性都是非语言的，可以通过文本细节分析来推断，但很难全面评估；文本作为语言产品，不仅是解读以上三元素结构的中心元素，还是分析意义的基本依据。文本分析的基本步骤描述如下（Sinclair 2016：134）：

（1）分析文本语篇结构，一般按 Posit（声言）、React（反应）、决断（determine），简称 P-R-D 结构；

（2）归认（attribution）即确定说话人或作者，也就是声言、论断或信息的来源，分别为第一人称叙事者和作者，第三人称的叙事者和作者；归认又分为主阶归认（来自最终作者的断言或论断，或文本中无标记的论断）、次阶归认（引用、报道他人的声言或论断）和三阶归认（报道其他报道中的论断）；

（3）应用 P-R-D 结构识别和认定各段落之间的话语结构；

（4）整合（integration）；

（5）文本中的时间表达分析；

（6）文本中的人物分析；

（7）叙事分析，主要分析姿态和话题；

（8）扫尾。

分析叙事文本片段之间的关系，一般可分为并置（juxtaposition）、并列（apposition）和协同（co-ordination）；相似命题、相似结构的句对构成最小分析单位。

Sinclair 这种不捐琐细的分析步骤旨在对文本分析提出一个可操作的严谨分析程序，其理念是"基于最大可能可获得的客观性原则，其过程也尽可能能够被重复。尽管我认为我们总是最终受个人趣味和直觉的引导，在公共领域我们给出的推理越多越好"（Sinclair 2016：182）。针对充斥着主观性的语言学研究，Sinclair 试图推行最大程度的实证：

甚至在实证语言学内部，我们也总是过快地把眼睛从面前的语言文本上移开，而代之以某种类似的、更抽象、更容易控制的东西，或者试图通过语言去看某种分离的意义范围，而不是直面语言，看意义如何在我们眼前被创造出来。(Sinclair 2016：182)

Sinclair 所提出的文本分析程序能够有效分析文本的意义参照、内容和组织结构，但缺乏关键的一个环节，就是意义的释意分析。此外，对文本的定位分析尚未提出一套可行的分析路径。直到 2005 年，Sinclair 提出短语理论框架，试图把文本分析与意义单位分析统合起来。

在人文社科研究中，Sinclair 意识到主观优先的形势和放纵臆想的危害，因此着力提倡实证，主张最小假设，就是希望在想象和假设过度的语言学研究中，建议大家多看看事实和数据；语言研究者在语言使用的自然和真实面前不要太傲慢和轻率。他不是否定主观和直觉，只是觉得这种东西不能泛滥成灾。

实证思想的基本原则就是"试错"(trial and error)，迈小步，谨慎提出假设，使错误可控，这样其带来的风险也可控。在面向大群体时，任何一项改变都会产生不可预知的风险，因此在实施新的主张、政策时，无论怎样小心都不过分。在这种情况下，急于实施任何灵机一动或心血来潮的思想、未经实验验证的主张都是不负责任的行为。

Sinclair 呼吁语言学者面对语言事实时要心态开放，随时准备为新的发现和证据改变观点和态度。语言理论不能变成教义，也不能变成信仰。就像 GPS 和北斗系统，其价值在于能够尽可能准确地导引和提示目标，但他们本身不是目标，我们也不必把一个导航仪供在桌上或者贴在墙上去膜拜。况且，有哪个语言理论能做到哪怕是导航仪的地步呢？

3.5 收敛中整合：概念框架与内文假设

McCarthy（1990）提出是一种层级性框架，即词语或词组表达词语场，词语场表达语义场，语义场表达语义空间，然而从文本中提取的词语只在底层起作用。根据该框架，我们必须从更底层的词语分析到更高层级、更抽象的语义空间，但至此已经没有更多的依据，这在理论上是累赘的。我们更倾向于把基于单个词语或短语的分析看作一种观察视角，一个进入文本的入口，从围绕词语形成的各种表述和解读获得分析证据。在获得数据之前，我们不必预设一个复杂的解释性框架。此外，对文本主题而言，离散无序的主题词只能呈现一种大致的印象，基于主题词列表和个人直觉经验做出的任何解释，要么失之于肤浅，要么陷入臆测。因此，在获得单个词表后，我们需要有效的手段进一步描述，也需要一套更恰切的术语来表示这种分析路径。

3.5.1 话语对象的词语网络及其释意分析

Sinclair 较早地从释意（paraphrases）中发现语言学分析的价值，他发现语言中大量存在可以相关解释的文本片段，而这些解释能产生一连串的"蕴含、暗示和推断"（Sinclair 1991：136），"一个文本片段的释意就是与其具有对等关系的另一个文本片段，因此 small hotel 可视作 guest house 的释意，反之亦然"（Barnbrook and Sinclair 2001：245）。Sinclair 认为，释意是语言自我谈论的特性，表现出语言的"自反性"（reflexivity），释意与被释意的关系是相互的、可逆的。然而，Sinclair 对释意的界定和讨论由于强调了相互性和可逆性在分析操作中遇到诸多难题，如意义分析中大量呈现的否定、反驳和辩论。但 Sinclair 敏锐的眼光为之后的意义分析提供了重要的启发。

在文化表述分析框架中，我们应用 Teubert（2010）的理论，把所提取的单个术语或表达视作需要进一步分析的话语对象（discourse object）；围绕话语对象形成的各种解读（interpretations）可以使用扩展意义单位分析及局部语法分析的路径进行描述和分析，这些解读称作释意，按 Teubert 的观点，一个话语对象所有的释意构成了释意内容（paraphrastic content）；释意是"那些试图对对应某一表达的话语对象进行解释、确定、修饰、拒绝或者详述的文本片段"（Teubert 2010：204），而话语对象则指"在话语中谈论的所有具体及抽象事物、所有属性、所有状态、行动及过程的概念"（Ibid.：180）。按照 Teubert 的观点，释意是一个不断丰富、动态成长的过程，在该过程中，对同一话语对象从不同视角和经验的解读不断丰富话语对象的意义，使之成为一个庞大的知识网络。我们可以在这个知识网络中找到各种思想和声音，从对同一话语对象不断叠加的界定、解释，到论证、反驳，甚至否定。

基于单个话语对象的分析从底层开始，把话语对象作为节点词，从各个文本中提取索引行，因此是一种互文分析。我们讨论互文时，有两个含义：1) 不同种类的文本构成一个总体语料库，以及 2) 基于某一原本或事件、主题构成了微型专门语料库。基于该语料库可针对某一词语或短语进行（扩展）意义单位分析，得到的是该词语的用法，如 Sinclair（1996，2004c）对 *naked eye* 的分析，其结果是一个典型的意义单位：

DIFFICULT+VISIBILITY+Prep.（to | with）*the naked eye*

其中，DIFFICULT 和 VISIBILITY 分别是语义韵和语义倾向，VISIBILITY 包含了多个具有释意功能的词语。然而，这两个成分具有很大的弹性，如 DIFFICULT 中既包括 *hardly*，*barely*，*problematic*，*difficult*，*not easy*，也包括该词的否定性表述，如 *easy*，*not difficult*，*can be*，*convenient* 等。同理，VISIBILITY 同时包括 *visible*，*not visible* 或 *invisible*。

尤其是当我们从语料库而不是单篇文本中提取释意时，释意的意义单位语义韵的对立性变得显著：

(a) it was *barely visible to the naked eye* as it sped overhead with a magnitude of +4 to +4.5？

(b) Bed bugs *are easily visible to the naked eye*.

(c) evidence which is *not easily identified with the naked eye* may be visualized with chemical enhancement？

如果把上述例句中以 *the naked eye* 为核心的意义单位的语义韵概括为 DIFFICULT，那么该语义韵应该包括正负两个极性以及之间的丰富过渡特征：

DIFFICULT → EASY；VISIBILITY（visible | invisible）

也就是说，任何一个语义韵在表述层面都包括对该属性的否定。

基于第二种语料库的释意分析往往与知识发现有关，围绕同一个主题或话题在时间维度上展开的各种表述或研究，其本身就是解读多元化和知识增长的过程。在这里，我们已很难区分原创和释意的界限。互文的释意往往能够容纳那些否定性的、冲突性的表述。这种特征使语言交际充满张力，使知识和理解变得丰富和多元。Teubert 对释意的再定义和观点阐述，极大拓展了释意的应用范围，也为释意分析路径更具可行性，对分析结果更具解释力；同时，释意分析使我们超越某一有限类型的句子层面，从文化和话语视角审视释意的价值和意义；此外，对释意的多元性和不可逆性的观点，提升了意义分析过程中对不同释意的包容性，改善了我们对意义解释判断的灵活性。与 Sinclair 相比，Teubert 对释意的定义更具概念化意义，对文化话语大视角下的文本意义生存形态解释得也更充分。

在我们的文化表述分析中，我们仍然需要为围绕话语对象的文化释意分析确定一个工作定义：

> 文化释意即文本中围绕某一话语对象而呈现各种表述和解释，表现为完整的型式序列，包含至少一个或多个意义单位，意义单位的主要元素为节点词（话语对象）及态度表述、搭配、语义倾向词集及类联接结构。释意分析可以在共文、整篇文本与文本群落中展开。

我们把围绕某一话题的表述看成是一个开放话语网络，其中多个话语对象构成一个个节点（nodes），而释意是连接各个节点的有向线或边（edges）（见图 3-3、图 3-4）。由此可见，我们通过意义单位分析（词项）来获得围绕某一话语对象的各种释意，通过汇聚相关关联的话语对象而获得有关某一话题的意义网络。

在《道德经》文本中，通过提取关键词的方法获取一个词表，该词表中的每个词目都视作一个备选话语对象，通过相关分析，计算在给定跨距内某一关键词与其他关键词的距离（关系），并通过可视化方法呈现（图 3-4）。通过该图，我们可以更直观地发现，一个文本中的话语对象是

· 71 ·

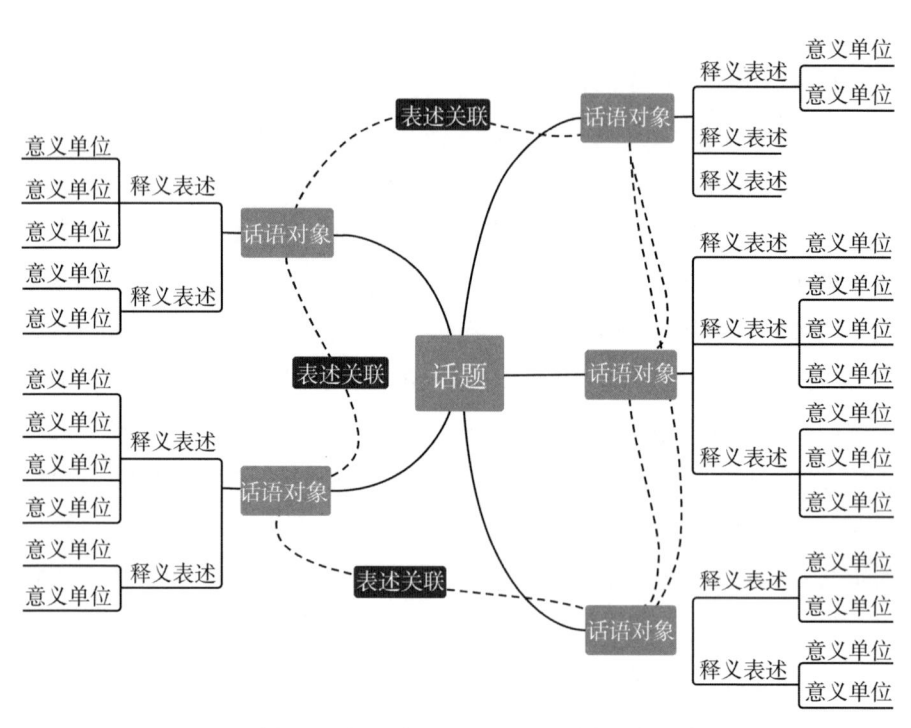

图 3-3 围绕话题而形成的话语对象网络

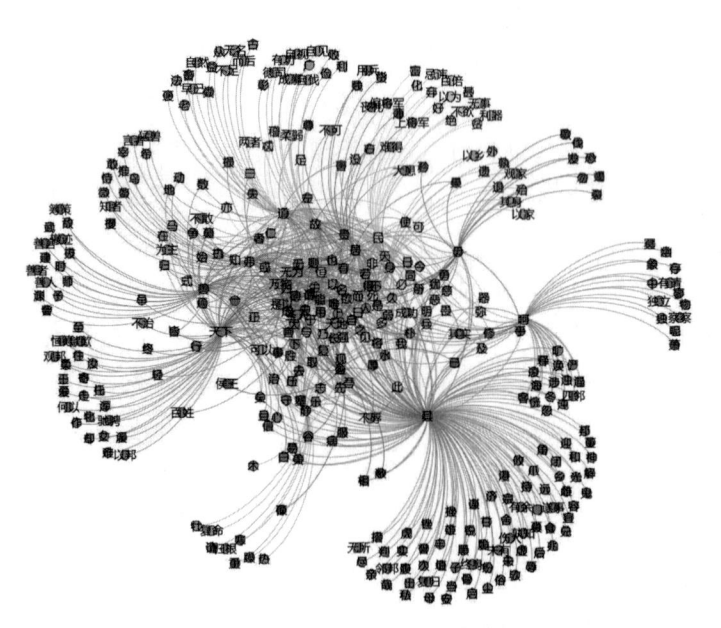

图 3-4 《道德经》中关键词作为话语对象及表述网络

相互关联，递进解释的，围绕每一个主关键词都有多个词语组成的网络，而这些词语本身又具有子网络，如"道"分别与"无"、"天下"、"善"形成释意网络，而"天下"又连接多个子网络，其中"静"作为一个主要子网络节点，并在该节点形成终端节点词语，如"壮、复命、归根、寒、躁、重、热"。基于文本的关键词网络分析为我们提供了一种非线性的点视角，以及各点之间的网络关系，而这些关系模式平时在文本中可能是隐含不显的。同理，《道德经》的英译文本围绕该文本形成了一个庞大的文本网络，在历时的发展中，不断的解读层层叠加，丰富而多元，如果我们把这些文本看成一个话语对象表述网络，通过提取和计算单个话语对象（如"道"的英译 *Tao*），分析该话语对象与其他话语对象（词语）的相关关系，我们会得到一个更为复杂和庞大的网络（如图3-5）。当然，当我们设置较低的阈值，允许更多的词语进入网络分析，我们最后只能观察到大致的模式，而无法观察到更多的细节。

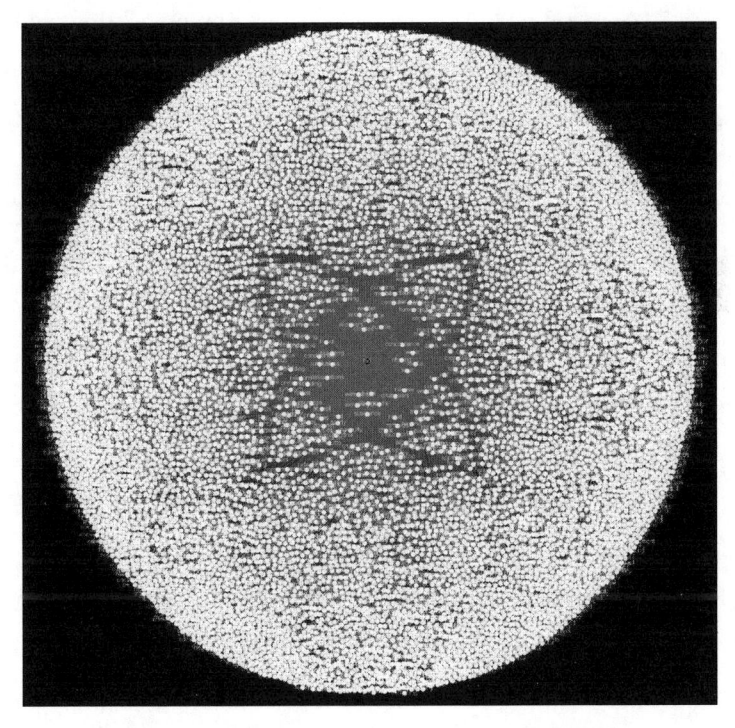

图3-5 《道德经》英译中"道"（*Tao*）的词语网络

3.5.2 基于话语对象的隐喻分析

在语料库语言学视角下,隐喻作为表述是一种主要的释意手段。在文化表述分析中,隐喻具有很强的文化特有性(culture-specific),在文本中,隐喻又受共文和语境约束。在文化分析视角下,具体的隐喻具有历时维度,其隐喻意义由于长期使用,为该语言社团成员所共享,形成某种稳定的意义联系。但隐喻的使用是在文本现场发生的,对隐喻的解读往往来自个人对共享经验及个人经验的唤醒和对接。在隐喻分析中,我们几乎无法推断隐喻在该文本之前的状态(使用者大脑),也无法预测文本中的隐喻会在某一读者或读者群体中会产生何种影响,因此我们把隐喻分析严格限制在文本层面的分析。

在隐喻研究中,存在迥然相异的理论和路径:在传统的修辞学研究中,隐喻是修辞手段之一,"以言此而喻彼"(Kövecses 2010:vii);有五个重要特征:(1)隐喻是词语的属性之一,是一种语言现象;(2)隐喻用于某种艺术或修辞意图;(3)隐喻的基础是对比的两个实体具有相似性;(4)隐喻是一种有意识的并且有意图的语言运用;(5)隐喻是一种修辞手段,可有可无。它不是日常人类交际必不可少的,也不是人类思维和推理所必需。对以上观点,Lakoff 和 Johnson 针锋相对,他们认为,(1)隐喻是概念的一个属性,而不是词语的属性;(2)隐喻的功能是为了更好的理解概念,而不仅仅是为了获得某种艺术或修辞效果;(3)隐喻往往不是基于相似性;(4)每个人都能用隐喻(不只是天才用);(5)隐喻是人类思维和推理中不可或缺的部分。认知语言学认为隐喻有两个域,一个是具象的源域,另一个靶域(或称目标域),从源域到靶域的关系是人们概念系统中的跨域映射。关于域的界定,Langacker(1987:147)的定义是"某一个语义单位特征化的语境。";而 Croft(1993:369)定义是"为至少一个概念(一般多个)提供基础的语义结构"。Lakoff(Lakoff & Johnson 1980;Lakoff 1987,1993,1999)认为,隐喻是通过隐含的概念隐喻系统激发出来的,此经验通过概念化映射到彼经验,而概念化的过程发生在人的大脑,不在语言层面。(Lakoff 1993:203)。此处激发的意思就是,某一单个的概念可以解释一连串的隐喻表达。概念隐喻的形式为 A 是 B（如"生命是一段旅程"LIFE IS JOURNEY），一个经验域被概念化为另一个。Charteris-Black 认为这种方法的优势在于，应用一套统一的标准对隐喻进行分类，有利于对比隐喻在不同话语中的使用。但是，要解释，作者为什么使用此隐喻而不选择彼隐喻，就必须考虑作者在具体语境中的意图：隐喻不是语义系统所必要，而是说话者个人的选择。

Lakoff 的主要问题是把隐喻一分为二，一个是认知层的"概念隐喻"，另一个是文本层的语言隐喻，即语言表达。但其所谓的概念隐喻终不免仍是语言，比如 LIFE IS JOURNEY，则不论他如何改变这个表达的拼写方式，它仍是自然语言。笔者认为，它更像是一种操作方法，一种概括和分类语言隐喻的操作标准。正如 Croft（1993：369）所言，"语义（语言）表达与知识表达并无根本不同，研究语言的语义就是研究人类经验的常识"。隐喻既能表达观点，又能抒发感情，这就解释了隐喻和评价[①]二者之间存在这紧密的关系。隐喻把人们联合起来，共同创造意义。无论对在日常语言中隐喻的使用者，还是对解读隐喻的人，创造性都是必需的。语用学研究认为，尽管认知语义方法能够说明隐喻如何被解释，却不能解释这些隐喻是如何被选择的，需要从社会影响去做进一步的解释。Charteris-Black 认为，隐喻可以作为说服的有效工具，其原因就在于：（1）隐喻具有情感力（emotive force）；（2）隐喻能深入到社团价值体系内部；（3）隐喻能够传达一些隐秘的信息；（4）语料库隐喻研究借鉴了认知语言学和语用学的理论，并试图通过语料库实例去验证所提出的观点；但随着研究的展开，语料库研究者开始发现一些新的东西，他们不得不认真面对这些新事实和新特征，并尝试给出自己的解释（Charteris-Black 2004）。Charteris-Black 批评 Lakoff 用隐喻去指说映射的过程，而不是语言表达。Charteris-Black 认为，隐喻是"一种语言表达，源于某一词或短语从符合预期的语境或义域，迁移到另一个超出预期的语境或义域，从而引起语义张力"（Charteris-Black 2004：21），其核心是意义在两个语境或义域的迁移（Ibid.：19）。

[①] Hunston and Thompson（2000：5）把评价界定为"是一宽泛总称，指说话人或作者对所谈论的事物或命题表达态度、立场、观点或感情"。

那么，认知语言学的隐喻研究观点有哪些创新呢？首先，这个理论是一个广泛的、概括性的、并且在实证上经过部分验证的理论。其广泛性在于，它讨论了与隐喻相关的众多问题，包括隐喻的系统性，隐喻与其他修辞手段之间的关系，隐喻的普遍性及文化具体性，以及隐喻理论在不同研究话语中的应用，如文学、隐喻习得、外语教学中的隐喻教学，隐喻在各种领域中的非语言实现。其概括性在于，它试图把概念隐喻研究就与语言知识、人类概念系统知识以及文化知识联系起来。认知语言学的观点挑战了传统的观点，即隐喻语言与思维是任意的、非动机性的。它的新观点是，隐喻语言与思维都来自人类最基本的身体体验。这种体现观就是认知语言学与传统观点的分野。其验证性在于，研究者使用了各种实验检验了理论观点的效度。这些实验证明了认知语言学观点在心理学上是有效的，即它具有心理学现实。隐喻不仅是产生新词语和表达的关键性工具，还是组织人类思维的重要手段。隐喻在人类思维、理解与推理中扮演重要角色，不仅如此，隐喻甚至在创造社会、文化及心理现实中发挥关键作用。

与认知语言学不同的是，Charteris-Black 把隐喻看成是一种语言表达，而不是心理过程。这是一种性质完全不同的论断。Charteris-Black 通过定义隐喻要把语言学分析、语用学分析以及认知分析统一起来，说明隐喻是一种思维方式（认知），又是一种说服方式（语用学），也是一种语言学现象（语言学）。Charteris-Black 说要分析隐喻的解读，通常的做法是调查大量的个人以获得数据。但语料库及词语搭配能提供大量证据，说明隐喻的解读。这里有一个他没有真正说清楚的道理，即隐喻的解读仍然存在于文本，而不是人的大脑，不是语料库文本能够提供有关解读的大量证据，而是语料库文本本身就是解读的结果。隐喻解读真正构成了隐喻的意义，或者隐喻意义的源泉，而不是其他。与其说隐喻分析揭示了语言与思维和社会语境的关系，不如说揭示了语言内部的意义关系。

在 Deignan（2005）看来，语料库语言学与隐喻研究在二十世纪八十年代蓬勃开展，但二者素无交集。Deignan 提出的问题是，概念隐喻理论能在多大程度上解释自然语言中出现的真实型式？对于确定文本中隐喻的比例，最重要的问题是为隐喻给出一个操作定义。问题有三，其一是如何确定语言表达中隐喻的程度（degree of metaphoricity），即哪些是创新隐喻，哪些是惯例化隐喻，哪些是死喻或历史隐喻？Deignan 提出利用频率信息来确定这些类型的边界，比如某个词语中，如单个义项（隐喻）每千次少于一次，可看作是创新义或罕用义，如果语料库中某个词只有隐喻义，没有更早的字面义，则该义可视为死喻或历史隐喻（Deignan 2005：40）；但如何区分惯例化隐喻和历史隐喻，却缺乏可行的操作标准。第二个问题是，根据语料库研究，同一个词形会用于不同的词类，并拥有不同的隐喻用法，这会影响单个词语隐喻用法的计算结果。第三个问题是那些语法功能词。对于 Deignan 的观点，我们认为，词语构成短语序列，呈现不同的隐喻；词形的屈折变化也会有不同的隐喻用法，同一词形在不同的文类和语域中也会具有不同的隐喻用法，这使隐喻的精确统计几乎变成不可能完成的任务；如果仅仅统计哪些词发生了隐喻用法，则在理论上，每个词都可能产生隐喻用法，这种统计又变得毫无价值可言。

综观隐喻不同路径的研究，可作以下评述：

> 认知语言学对修辞学隐喻研究的批评是有力的。首先，隐喻的功能是深化概念理解，而不仅仅是语言运用的锦上添花，这就深化了我们对隐喻本身的认知，为隐喻的普遍性提供了理论解释。其次，认知语言学论述了隐喻语言与思维都是来自人类最基本亲身体验，隐喻不仅是产生新词和表达的关键性工具，还是组织人类思维的重要手段，在理解和推理中扮演重要角色。隐喻在创造社会、文化及心理现实中发挥关键作用。这些论断无疑具有重要的理论价值。语用学视角则是隐喻选择及隐喻效应研究重要途径，表明隐喻及其运用不仅是一种心理现实，还是一种语言现实和社会现实。基于语料库的隐喻研究接受了认知语言学对隐喻的分类方法，并充分肯定认知语言学的理论贡献，认为它是一个"广泛的、概括性的、并且在实证上经过验证的理论"（Kövecses 2010：xii）。但是，当语料库学者检索到大量隐喻实例，并试图通过数据验证认知语言学对隐喻语义关系的解释时，他们发现，并不被认知语言学看重的隐喻表达，在真实文本中呈现出多元而复杂的词语运用型式，而这些型式与隐喻意义又存在着微妙的对应关系。（李文中 2015：108-109）

在上述研究中，似乎蕴含这样一种预设：源域的意义是先存而恒定的，在隐喻使用中该意义映射或迁移到靶域上，构成了靶域的意义。在这一视角下，意义映射的过程实际上就是意义流失的过程，源域意义只有一部分映射到靶域，每次映射或多或少总有所流失。由此，靶域的意义总是不完整的、缺损的。这种理论无法解释隐喻化（metaphorization）过程中，新意义的创建和变化的现象，而这些新创建的意义无论对于源域，或是对于靶域而言都是全新的，如《道德经》第八章开头句：

上善若水。水善利万物而不争，处众人之所恶，故几于道。

此处以水喻道，水和道都成为话语对象，以水明喻上善，水是上善的释意内容，水是具象的，而善是一种德性，是抽象的。此时的读者根本无法定位水的哪些意义映射到了善这个对象上。接下来，水的意象得到延展和释意，一是"善利万物而不争"，另一个是"处众人之所恶"，第三个是"几于道"，通过话语管理词"故"，第三个释意成为第一、第二个释意的结论。在这个连续隐喻化过程中，水能用来释意道，同时也用来释意上善，而道和上善也能互相释意。按 Lakoff 和 Charteris-Black 的理论，水作为概念映射源，其意义是具足的，如其固有的意义包括第一和第二个释意。但这种理论很难行得通。"善利万物而不争"蕴含了一种作者期许的人格和德性，"处众人之所恶"标示了作者提倡的行为，而这些意义都是在文本中作者赋予"水"这个话语对象的，是一种意义创新。在进入文本之前，人们对水的解读是多向的，不可预测的，而老子赋予水的意义解释并不是水的必有属性，也不是只有单一的正向解读：水亦能害万物；水无孔不入，潮头争先，水势居高而下，奔流不息。在我们的文化表述分析中，隐喻是创造意义的重要手段，在隐喻化过程中，无论源域还是靶域，意义通过联想得到创新，以满足作者的表达需要；在隐喻中，靶域通过意义创新与源域建立关联，形成新的意象，如上例中道的意象与水的意象通过释意实现重叠，赋予水的意义成为道的意义解释。从另一个角度讲，水和善并不具备天然的相似性。确切地说，作为源域的水被用来构建、定义、解释或聚焦靶域"善"的意义。不但靶域不先存一套元素，源域也不存在什么必需的元素，在文本中当两个域被连在一起说的时候，源域和靶域的意义才真正显现出来，这是一种强化的过程。至于显现的意义是什么，则取决于语境。所以，不存在完全映射，也不存在部分映射，只有意义创造，只有强化和聚焦。

基于以上讨论，我们对文化表述中的隐喻研究着重回答以下问题：(1) 文本中的话语对象在隐喻化过程中获得了哪些新的意义释意？(2) 文本中相关的隐喻群共享哪些释意，这些释意与文本话题存在何种关系？(3) 源文本中的隐喻在英译中发生了哪些变化？这些隐喻变化对于译语文本而言，是如何影响意义生态的？

然而，基于话语对象的意义单位分析和隐喻分析提供了点和序列的意义分析路径。一个文本是由多个话语对象和多个连续释意序列构成。我们需要为此建立一个单篇文本的分析框架，并为此探索其背后的理据。

3.5.3　内文假设及分析路径

基于语料库索引行的意义分析具有互文特征：(1) 其数据为通过检索提取自多个语料库文本，而这些文本的关联关系取决于语料库的整体设计；(2) 索引分析的基本步骤是观察是围绕节点词形成的重复使用，重复中显现"型式"(patterns)；(3) 基于索引行的分析属于互文分析，注重意义的用法的共性特征和典型性，其重要依据是所观察的特征同现的频次；(4) 语义倾向分析提取一个或多个语义倾向集，以说明意义单位的型式变化，反映文本网络之间的指涉与关联；(5) 语义韵分析着重观察意义单位整个型式序列所蕴含的态度或情感。对互文的解读充满张力，来自不同文本的语句对同一话语对象众说纷纭，其内容固然有认同、阐发和延展，也不乏辩难、驳斥和否定。然而，当我们把意义分析的焦点从单个词语或短语转移到单篇文本时，我们需要创新分析顺序和解读路径。

内文假设。从以节点词与搭配核心的意义单位分析到整篇文本的分析，碎片化的观察变为关照整体表述的分析。面向整篇文本的意义分析是语料库研究的必经之路，我们不可能永远停留在散点式的词语和话语对象分析上。Sinclair 认为，"如果我们分析的目的在于意义，那么我们最终目标必定是整篇文本或话语事件的意义。这种意义极为复杂与精妙，随着文本的展开，通过词语选择或短语的结合而创造出来"，"因此，在一个单篇的文件或言语事件中，我们可以期望找到一切东西，从词语强搭配型式到词汇的总体一致。"（Sinclair，2008：409）书面文本不同于口头交际，作者在写作中与潜在的读者交流，文本的展开具有"自主性"，"表现为连续的经验内化过程，即把对外部世界的经验内化到语言内部空间"，"焦点是组织和维护文本结构。在文本内部，任何片段都是从前出文本中构建而来，通过再调节，用旧材料构筑新材料，并不断维护这一过程"（Sinclair 2004c：53）。为此，我们认为，由于任何文本的创造者都在文本中分享经验，传递知识信息，表达个人态度和意图，并在文本中通过界定、例证、阐述等释意手段维护意义表达，力图准确、明晰、可靠和稳定；因此整篇文本具有内向性：文本中的主题陈述、态度和观点前后一致，使得文本具有内在的凝聚性和稳定性；意义在文本内部得到解释（paraphrases），文本中所使用的词语总能通过其他词语或意义单位获得解释，即在某一位置出现的词语会以相同或不同形态在其他位置出现，并通过语境化创造更丰富的意义，这种文本内释的特性构成了文本理解的基础。这种意义解释不是单向的线性解释，而是多向的互相解释，不仅是后文（pro-text）解前文（retro-text），前文亦解后文，我们把意义在文本内部连续释意的过程称作内文释意。同一文本内部的内文释意具有连通性，互证性，而这种连通性和互证性既维护文本内部的意义表述，保证文本内部意义流动的畅通和话语的和谐，又约束对文本的解读；换言之，对文本的内文分析可以用来验证某一解读的可支撑性。我们把这种文本内部的一致性称作内文性（intratextuality），而把相关内文性的陈述称作内文假设（李文中 2017a，2017b，2019）。

释意网络分析。一篇文本呈线性单向序列结构，但文本中呈现的话题（话语对象）及相关释意表述构成一个复杂的、彼此相连的意义图景（scenario）。如《道德经》中几个核心隐喻"谷、母、江海、门、溪、水、天地、牝"等，彼此关联，各有自己的释意对象群，如"门"的释意有"塞、兑、闭"，与"谷"相关联的话语对象有"恒德"，与"天下"关系紧密的是"溪"和"谷"（见图 3-6），分别体现了《道德经》文本中表述和解释

"道"的表述，如"江海为百谷王"，"为天下溪"，"为天下谷"，"牝以静胜牡"，表明所主张和赞赏的居下、守静、不争等对应道的德性。

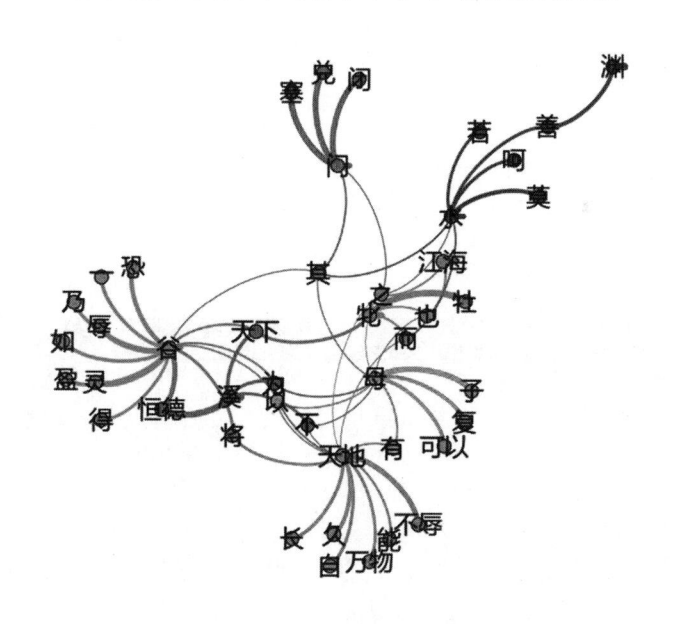

图 3-6 基于相关性计算的隐喻关系图景

组织结构分析。内文释意具有以下功能：（1）通过描写和叙述初始化话题。把某一特征、事物、现象或术语进入讨论，描写和叙述外部特征和基本属性。（2）赋名与构念界定。通过命名、隐喻化与解释使之成为新的话语对象。（3）说明与澄清。对讨论的话语对象释意进一步澄清、使之明晰、具体。（4）联系与图景化。把当前话语对象与文本内其他话语对象或释意关联和交织起来，说明构架、顺序、距离等关系，构建能够相互支撑和释意的图景（scenario）。如《道德经》中对"道"这一专名的引入和界定（为便于分析，对每句标识了序号）：

（1）有物混成，先天地生，寂兮寥兮，独立而不改，周行而不殆，可以为天地母。

（2）吾不知其名，字之曰道，强为之名曰大。

（3）大曰逝，逝曰远，远曰反。

（4）故道大，天大，地大，王亦大。

（5）域中有四大，而王居其一焉。

（6）人法地，地法天，天法道，道法自然。《道德经》第二十五章

应用 Sinclair PRD 结构分析，该章通过话题重复和指涉实现篇章的组织管理，推动话题发展（见图 3-7），其结构呈现为 Wagner（2003）所提出的平行交锁风格，而这种结构风格是中国古籍文本所独有的。在分析中，C 代表共享的话题，C… n 表示围绕话题的释意表述，在结构管理上总是呈现"话题—分论—话题"的交锁模式。

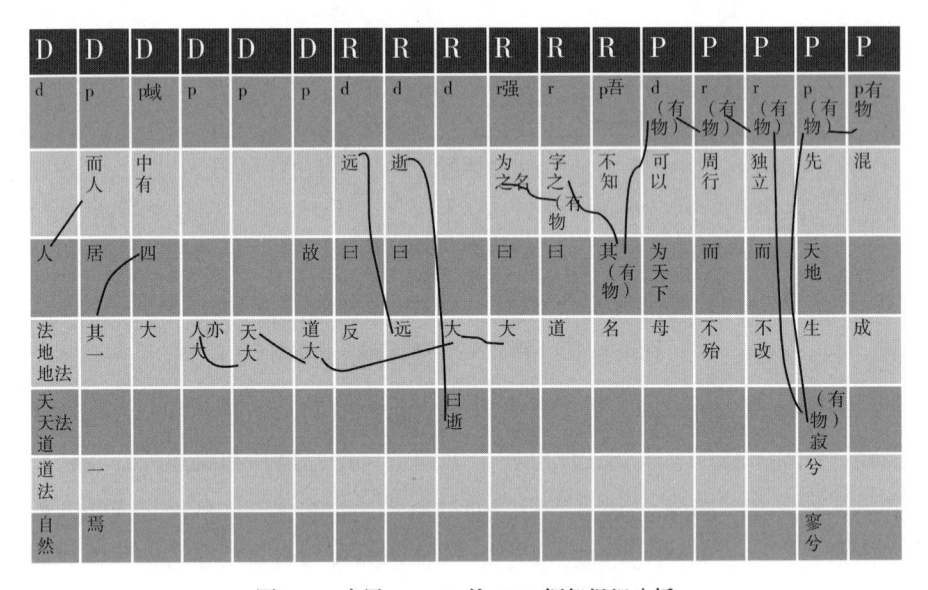

D	D	D	D	D	D	R	R	R	R	R	R	P	P	P	P
d	p	咸	p	p	p	d	d	r强	r	p吾	d(有物)	r(有物)	r(有物)	p(有物)	p有物
而人	中有				远	逝	为之名	字之曰	不知	可以	周行	独立	先	混
人	居	四		故	曰	曰	为天下	其(有物)		为天下	而	而	天地	
法地地法	其一	大	人亦大	天大	道大	反	远	大	大	道	名	母	不始	不改	天地生	成
天天法道						曰逝								(有物)寂	
道法	一													兮	
自然	焉													寥兮	

图 3-7 应用 Sinclair 的 PRD 框架组织分析

释意分析。第（1）句引入话题，对所要讨论的事物描摹其发生（有物混成）时间，存在状态、运动形态和论断（可以为天下母），完成初始释意，其中"可以为天地母"预示最后的结论句（第 6 句）；第（2）句对话语对象赋名，说明"道""大"同名互释，"字之曰"、"强为之名曰"为释意铰链（一同局部语法中的 hinge），联结界定释意的两个部分，即被定义项（definiendum）与定义内容（definien）。该句通过"其"和"之"回指前句，捕捉前句主题信息。第（3）句通过连续重复前句句尾词语，以捕捉前句，建立不同话语对象之间的关联，使"道、大、逝、远、反"

成为相互释意的话语对象网络，分别从尺度、运动、距离和往复特性构成核心话语对象"道"的意义图景，释意铰链仍然是"曰"。第（4）和第（5）句是对前三句的收结，其中"道、天、地"以及"大"引用前句元素，"故"标记了文本中的管理关系，说明推断的结果；在该句中，"道大"重复前言，"天大、地大"则是一种延展，"王"是一个新引入的对象，前文没有明显预示，但在第（5）句有捕获（"而王居其一焉"），此两句同时预示第（6）句；"道、天、地、王"通过共享释意"大"形成话语对象网络，与"道、大、逝、远、反"联合在一起，构成一个更大的意义图景。结尾第（6）句通过论断建立话语对象之间的关系，声言从人、地、天、道是一系列具有层级关系的话题。从内文视角看，该章结构严谨，释意直接明了，各话题（话语对象）的意义及相互关系脉络清晰，意义关系和谐一致。唯有第（4）和（5）句中的"王"与第（6）句的"人"之间缺乏必要的链条，显得非常突兀。"王"一字似乎横空而来，又湮然而去，使得末句中的"人"孤立而无所响应。按照内文组织原则，此二词应为同一个话语对象，"王""人"只能存一而贯通前后。考虑到《道德经》文本历经传抄删改，此处文句存疑。

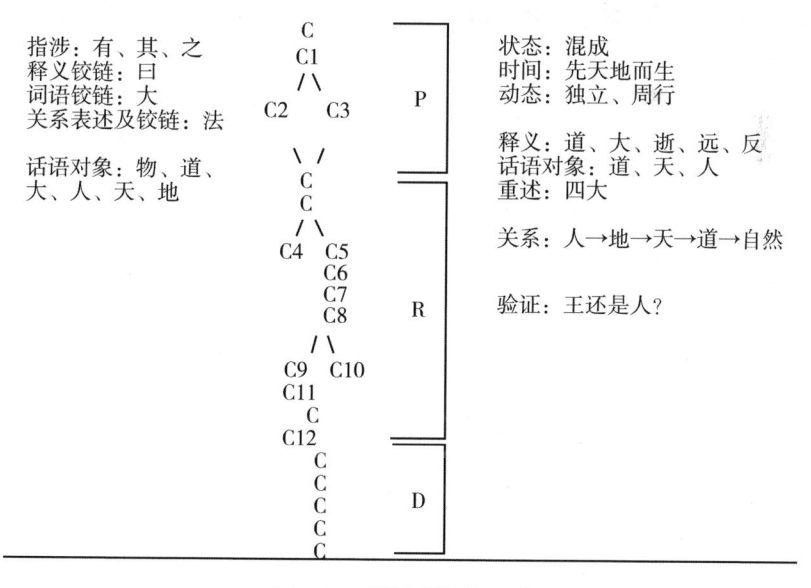

```
指涉：有、其、之          C
释义铰链：曰              C1
词语铰链：大              /\
关系表述及铰链：法      C2  C3    P        状态：混成
                          \/              时间：先天地而生
话语对象：物、道、          C               动态：独立、周行
大、人、天、地             C
                          /\              释义：道、大、逝、远、反
                        C4  C5            话语对象：道、天、人
                          C6              重述：四大
                          C7    R
                          C8              关系：人→地→天→道→自然
                          /\
                        C9  C10           验证：王还是人？
                        C11
                          C
                        C12
                          C
                          C    D
                          C
                          C
                          C
```

图 3-8　平行交锁结构分析

文本的意义网络受两种张力的支配，即文本内经验内化意义互释，表现为意义收拢的向心力，与文本间不同经验内化的意义阐释，表现为意义延展的离心力；两种力量互补，在交互解读中得到平衡和维护。文本的内文性体现在意义释意在文本内部的流动和组织结构对话语的管理和维持。内文性维护文本内部的话语和谐，约束词语和意义单位的释意，排斥多义、歧义和误义，有效实现作者意图。

一个文本的整体性是通过文本内意义的互相联通和释意而实现的；孤立地解读单个章句，或者以互文性体验任意割裂文本，其互文解读不受约束，且彼此冲突。内文分析的前提是，文本的意义是一致而和谐的；通过词语、共文、语境的相互释意，核心概念的意义得到确立和发展，而这种一致性的意义是可以通过文本分析发现并概括的互文性是一种外部的解释力量，保证了文本的能解读和可交际性；内文性是一种文本内部的解释力量，是文本意义的具体构建互文性与内文性交互作用，才是文本解读的完整过程。互文性代表了文本的共性，而内文性代表了文本的个性。内文性与互文性是互相补充的，而不是彼此对立的，是互相成就的，而不是彼此颠覆的尽管互文解读是文本解读的必然，但内文的意义构建却是多元解读的原点内文意义约束互文的自由，是保持文本意义稳定的重要力量。

第四章 语料库语言学与文化表述

本章概要：语料库语言学的目标是研究语言意义，而意义研究的出发点就是意义单位的研究。词语搭配研究是意义单位研究起点，搭配作为常见的短语序列是语言意义的基本承载体，富含文化信息，具有对语境和文化高度的依赖性和敏感性。

4.1 语料库搭配研究的学术演变

语料库语言学的目标是研究语言意义，而意义研究的出发点就是意义单位的研究。由于词语搭配对语境高度敏感，并对使用者的文化具有极强的依赖性，搭配中包含重要的文化信息。此外，搭配不仅是英语学习中的一个重要概念，还是语料库研究的基本分析单位。因此，厘清搭配的思想概念及学术演化，对表述分析具有重要的意义。

对语言中搭配现象的关注最早可追溯到公元前300年的古希腊斯多葛学派（Robins 1967：21），他们拒绝"一词一义"这种机械对应，通过深入研究语言的语义结构，意识到词语意义并不孤立存在，依其所使用的搭配而不同。根据 Barnbrook（Barnbrook et al. 2013：3）的考据，collocation 一词不晚于十六世纪从拉丁语借入到英语[①]，其中包括1735年至1737年，

[①] Barnbrook 通过检索早期近代英语数据库（The Lexicons of Early Modern English；LEME）考证出英语中最早出现 collocation 的出版文献，是1538至1587年间出版的英语—拉丁语双语词典。由于本文的焦点不在于词语的考据，这里不再详述。

伦敦书商亚历山大·克鲁登在对钦定本《圣经》做逐字索引时，注意到了词语同现问题，并在词条中添加了两词搭配（参见 Barnbrook et al. 2013）。根据可检索到的文献，早在十九世纪后半叶，词语搭配已进入英语语法学者的视野。伦敦学派的创始人弗斯（John Rupert Firth 1890-1960）通过研究词语搭配现象，提出语言分析可设立结构和系统两大内部关系，而通过搭配研究意义至关重要，词语通过同现的搭配词（语境）实现意义选择（Firth 1957a，1957b；Sinclair 1970）。尽管弗斯的观点和理论在后来的研究中引起诸多讨论和分歧，但其语境意义理论开创了搭配研究这一新的领域。由于涉及搭配研究的领域非常多元广阔（参见 Pawley 2007），限于篇幅，本文主要聚焦并梳理与语料库搭配研究相关的学术思想源流及发展脉络，讨论搭配的概念化及演变，并评价其对语料库研究的意义和贡献。

4.1.1 前语料库搭配研究：词语组合表达思想

这里所谓的"前语料库"是指二十世纪六十年代初，现代电子语料库出现以前的研究。使用该术语只是为了叙述的方便，并不意味着语料库方法及其理念横空出世，是一种全新的研究范式。实际上，基于语言使用实例开展实证研究的思想以及通过搜集大规模语言实际材料，观察语言事实的方法，在电子语料库出现之前很早就已出现。任何学术思想、研究方法及技巧都表现为连续演变或革新的一种过程，既表现为共时维度上不断拓展和融合的应用，又表现为历时维度上的传承和积淀。梳理和反思搭配研究在以上两个维度上的演变和发展，能使我们更清楚地理解所面临的困难，并把握其未来的方向。

在前语料库的语法著述中，较早关注搭配问题的是丹麦英语语法学家 Otto Jespersen（1860—1943）。Sinclair 说他是"圈椅"语法学家与语料库语法学家之间居中而立的"最好代表"，为基于实际用法而进行语法分析树立了标准（2001：342），其煌煌语法体系中每一条论断都有相应的语言实例。我们这里主要聚焦 Jespersen 在其著作中对搭配的研究和分析。Jespersen 对搭配最早的关注见于其 1894 年的著作；接着 Jespersen 观察到语言中不同的词语在组合中具有各自的含义（1904：54），他还注意到在许多词语组合中，一个词的意义象'气味'一样弥漫整个语境（Ibid.：67），这一论断与后来的语料库搭配分析中语义韵分析思想颇有相似之处。此外，他还论述了词语组合对词汇学习的作用，认为背诵有助于单词及组合的记忆（Ibid.：88）。更值得一提的是，Jespersen 指出，如果把词语从其使用的环境中抽离出来，其功能就会萎缩；"孤立的词汇不足以表达思想，只是词语的鬼魂或尸体，只有词语组合才能表达思想"（Ibid.：114）。这一论断与后来 Sinclair 的'词汇语法'（Lexical Grammar）及意义单位思想当可互相印证。Jespersen 进而观察到搭配对具体词语的选择和偏好，"有时真正的差异在于，某些搭配偏好某个词，而另外一些搭配偏好另一个词"（1905：136）；一些词经常同现，构成搭配，表达相同的语法功能，如 few/little 在 little or no, few or no 中与 no 搭配，表达否定功能（Ibid. 1917：39）；搭配对词语意义具有区分作用，如 a post in the Post Office 中的 post；此外，Jespersen 还区分了"自由表达"与"固定表达"（Ibid. 1922：320）。搭配具有交际功能和心理学解释，与单一的肯定表达相比，双重否定搭配 not uncommon, not without some fear, not unknown 等相互抵消否定，构成语气弱化的较长表达，既减弱听话人的心力，又显示说话人的某种犹豫（Ibid 1924：332）。Jespersen 再次讨论外语教学中所谓的常用词汇，不能局限于从所搜集的文本中统计出来高频词汇，而应该充分考虑词语之间的关系、他们在搭配中的使用，以及这些词语及习语的文体学价值（1933a/2010：470）；在之后的著作中，Jespersen 都不同程度论及搭配，分别讨论到搭配中名词的语法作用（1933b），以及英语中充斥着各种"无形式"的搭配，而这些搭配不能被进一步分析（1937：116）。最后，Jespersen（1909–1949）在他的七卷本巨著 *A Modern English Grammar* 中有 25 处讨论到 collocation（12）和 collocations（13），包括搭配对词语发音的影响、搭配中非人称代词的拟人化、搭配对名词复数的影响、搭配与复合词、句法中的搭配结构、搭配的修辞效果等。值得注意的是，Jespersen 使用到一些灵活的术语讨论不同种类的搭配，如频发搭配（frequent collocation）、确立的搭配（established collocation）和固定搭配（fixed collocation），但他对这些术语似乎并没有分别界定。总结 Jespersen 的搭配研究，可得出以下几个重要特征：（1）Jespersen 的观察视野并不仅仅限于两个词语的搭配，他所谓的搭配更多可以解释为在一个序列或句子中'同现'或'共存'的词语或语法特征；在他的分析中，我们既可以看到连续的词语序列，也可以看到非连续的词语同现；（2）Jespersen 往往从语法范畴和意义功能入手，如词类、名词的数、动词的体等，观察词语搭配的内部关系；（3）Jespersen 分析了搭配或词语组合对词语意义的选择和区分，或单个词语在整个搭配的影响，强调完整的思想表达只在词语组合层存在，否定孤立观察词语意义的做法，这些思想与当前的搭配研究思想有相通之处，对之后的 Palmer、Hornby、弗斯以及 Sinclair 应该产生了直接或间接的影响。然而，Jespersen 对搭配的研究和论述只是散见于他著作中，并没有把它当做一个独立的或专门的范畴来对待。此外，Jespersen 对搭配的兴趣主要来自他对词语的语法范畴或功能的兴趣。虽然其相关论断吉羽片光，但其思考的方向及分析方法与当代语料库搭配研究多有吻合。

4.1.2 弗斯理论：由搭配而知词义

弗斯把搭配界定为具有惯常词伴儿的实际词语，并把搭配视作自己语境意义分析理论的重要入手点（Firth 1957b：182），他认为，"一个词语的完整意义总是语境性的，任何离开语境的意义研究都不值得认真对待"（Firth 1935：37）。弗斯本人并不是"搭配"这个术语的首创者，这是不言自明的。Cowie（1998a：3-8）和 Pawley（2007）都提到从二十世纪四十年代起，在东欧尤其是苏联的语言学及词典学研究中，短语学曾经占据重要地位，Vinogradov、Amosova 以及 Mel'čuk 三位学者区分了三类不同的短语单位，即纯习语、比喻性习语与限制性搭配，其中纯习语的意义不能由其构成词语字面意义推知，比喻性习语的意义则是其字面意义的比喻性延伸，而限制性搭配中词语意义受其同现词或短语意义的制约；他们还在功能和结构上划分出"类词表达"和"类句表达"（引自 Pawley 2007：10）。弗斯的意义理论重点是"由其伴儿知其词"，"由搭配而知意义"（meaning by collocation）以及"情景语境决定意义"（Firth 1957b）。但弗斯使用 collocation 这个现成的术语时，没有明确说明其文献来源（或者是受了谁的影响）。根据相关文献推论，弗斯有关搭配的学说，应该受到 Jespersen 和 Palmer 的影响。按照 Plug（2008：342）的叙述，弗斯在 1919-22 年间在印度旁遮普大学任英语教授时，其讲义笔记中包含有关于搭配型式的概述，并包含 Sweet、Palmer 及索绪尔的参考文献。弗斯应该熟读过 Jespersen 的著作，并访问过 Jespersen 本人，因为在 1922 年他受后者推荐才到伦敦大学访学的（Ibid）。

弗斯更愿意把自己纳入到英国的经验主义传统之中，在语言思想上受到维特根斯坦和人类学家 Malinowski 的影响。他赞同并引用维特根斯坦的观点，如"意义存在于使用中"，以及"不能去猜测词语的功能如何，而应该观察它如何使用，并从中获得结论"（Wittgenstein 1953：80；引自 Firth 1957c：96）。Malinowski（1935：217-342）在研究太平洋 Trobriand 岛土著的咒语时，发现其由各种固定语式所组成，这些语式重复出现，其词语及节奏固定，其意义难以被字面翻译，具有语用功能（参见 Pawley 2007：6）。此外，Malinowski 对索绪尔语言的二元论持反对态度，坚持把语言文本作为研究的焦点并认为情景语境尤其是文化语境对语言的使用意义具有决定作用。这一系列观点，都深刻影响了 Firth（Firth 1957c：96-100）。在 Firth 的学说中，语言学最重要的目标是研究意义，而情景语境至关重要。Firth 承认自己的情景语境概念来自 Malinowski，而后者借用了 Wegener 的术语；Firth 强调自己在描写语言学中所应用的情景语境更抽象，是意义分析的层级之一。Firth 引述 Wegener 的情景概念包括：（1）所呈现的、可观察的客观情景；（2）具有直接联系的记忆因素；（3）个人心态，包括个人意识与参与者的个人身份（Firth 1957c：102）。但 Firth 只承认第一种情景是有效的，包括个人、物体、非言语事件，以及语言，认为这些因素构成了重要的关系，成为一套整体功能，但指出记忆以及个人心态是无法直接观察的。Firth 赞同 Malinowski 的观点，即"把语言看成是一种与心理过程平行运行，或者准确响应心理过程的过程，以及认为语言的功能就是以一种次要的语言等值词流动的方式，反映或复制人们心理现实，是再危险不过的了"（Malinowski 1935, Vol. II, p. 7，引自 Firth 1957c：115）。

但 Firth 对 Malinowski 的思想并非全盘接受。他不赞同 Malinowski 把情景语境看成是一种"行为矩阵，而语言在其中发生意义"（Firth 1957b：176）。Firth 否认存在一种"赤裸裸"的事实，独立并先于任何对事实的论断，认为情景语境是一种概念构造，应用于社会过程中各种典型的"重复事件"（Ibid.），其中的各种元素，包括文本，不过是对经验的抽象，而绝不是对情景的嵌入（Firth 1957c：111）。因此，文本是语境的有机组成部分，观察文本要与语境中其他有关部分联系起来。Firth 把语言事件看成是一个整体，意义分析可以在不同层级（levels）进行，而每一层级又可以从结构（structure）和系统（systems）两种视角去观察意义，结构是继承性的，由各种元素（elements）组成，即从具体词语或文本形式抽象出来的语法范畴，由上至下依次为情景语境、词语搭配句法、音系学、语音学，每一上阶层级构成下阶层级的语境；系统是界定各种"术语"或"单位"的聚合关系集，而这些关系通过结构的组合层选择或实现获得意义。"搭配即与一个词惯常做伴儿的实际词语。一个惯常搭配中的词语以其本来面目盯着你的脸"（Firth 1957b：182）。不能把搭配看作简单的词语并置，而是一种词语间相互期望、相互捕捉的次序（Ibid.：180-200）。因此，在 Firth 的搭配概念中，词语的意义，不论是语义的，还是语法的或音系的，都在搭配中得到选择和实现。这些概念与后来 Sinclair 的搭配研究有很大的不同（李文中 2016）。尽管 Firth 对意义研究提出了一套复杂的体系，但对搭配分析真正提出实际思路的则是韩礼德和 Sinclair，如节点词的确定、搭配词的跨距及频数分布以及概率在搭配分析的作用等（Halliday 1966：158-9）。Halliday and Hasan 把搭配看成是一种衔接手段，是"一个涵括性术语，用来指由于词项同现而产生的衔接，而这些同现的词项由于经常在相似的环境，彼此以各种方式联系在一起"（1976：287）。节点词与其他搭配词的联接方式以及该联接所产生的意义联想，反映了文本（作者）独特的知识、意义或立场。

综上所述，前语料库的搭配研究反映了语言学家及语法学家从不同视角对词语搭配现象的关注，并提出了一系列富有前瞻性的思想、观点、术语和分析方法。值得一提的是，早期的搭配研究尽管视角和目的各有不同，但都共享一个最基本的关注，即搭配对英语学习及教学应用价值，显示出搭配研究极强的应用取向，而这种取向一直影响至今。但早期的搭配研究只是散见于各种著作的叙述和论断之中，在整体语言学理论体系中并不占中心地位；此外，对搭配的操作定义、测量以及分析程序也缺乏成体系的论述。

4.1.3 语料库搭配初始研究：意义存在于词语组合

语料库搭配研究在这里主要指以 Sinclair 为代表的语料库驱动搭配研究，搭配或短语序列逐步替代单个词语研究，并逐步形成意义单位理论。如果以二十世纪六十年代初电子语料库出现为初始点，之后的搭配研究在语言意义研究中逐渐获得中心地位，同时在分析方法、过程和结果解释各环节形成一套严谨的路径。

Sinclair 把搭配界定为"文本中两个或两个以上词语在彼此较短距离内的同现。测量邻近度通常以四个词语为最大间隔"（1991：170）。在搭配研究中，Sinclair 沿用了弗斯所界定的"搭配"、"类联接"，并界定了搭配分析中一系列术语①，如"节点词"、"跨距"等术语，并测定了搭配分析的最优跨距。Sinclair（2000）发现，词语搭配或短语序列是意义分析的基本单位，短语学研究获得语言研究的中心地位；而不依赖词语组合具有独立意义的单个词语是一种边缘性现象。Sinclair 提出，在横向组合序列上选择什么词有两种制约因素：完全的自由选择及完全确定性选择都是不常见的。这是两种互相对立或竞争的组织原则，但二者之间产生丰富的连续统（2004a：29）。Sinclair 把语言的这两个组织原则分别命名为"开放选择原则"和"习语原则"，把趋向开放选择的称之为术语倾向，即单个词语具有固定性的概念指称并独立表达意义，把倾向于习语的称为短语倾向，即词语倾向于共同出现，并通过组合创造意义（Ibid.）。但 Sinclair 很快就发现，搭配的价值不仅仅在于选择某一单个词语的词义（如 Firth 的观点），而在于搭配中的词语共同创造意义。此外，仅靠观察搭配分析意义视野太

---

① Halliday 与 Sinclair 在 1966 年的论文集各自的论文中分别提到了这些术语，从文献日期上无法确定谁更早使用了这些术语。但从 Sinclair 的行文中，可以看出他是在试图界定这些术语："我们可以使用'节点词（node）'这个术语来指称我们用来研究其搭配的项目，然后把'跨距（span）'界定为节点词两边与节点词相关的词语项数目。在跨距设定的环境中的项目我们称之为'搭配词（collocates）'"（Sinclair 1966：412）。据此，我们可以认定 Sinclair 首次界定这些术语。

过局促，词语搭配本身尚不足以作为一个完整的意义单位。如欲观察到完整的意义单位，须扩展观察视野，在更远的语境中寻找，即扩展意义单位（Extended Unit of Meaning）。

4.2 从搭配研究到扩展意义单位

可以说，扩展意义单位研究是语料库搭配研究的进一步深入，是受语料库驱动和文本导引的拓展分析。Sinclair（2004a）发现，扩展意义单位中五种范畴呈现共选关系：（1）节点词（或搭配核）与搭配词构成的词语同现，表现为纯粹的词语搭配，跨越语法边界，在位置上可分为临近性的和非临近性的；（2）语法范畴共选，即类联接；（3）搭配与语法范畴共选；（4）语义共选，即某一搭配—类联接型式与一组语义互相似的词语共选；（5）词项型式与某一态度表达共选，即指延展在整个意义单位态度倾向——语义韵。这些范畴并非彼此截然分开，而是彼此适配，最终表达为一个完整的意义单位。支配这种适配关系的则是上述具有竞争关系的两大组织原则。由此，在Sinclair的共选连续统中，一端是完全受习语原则支配的确定性习语，表现在句法是'冻僵'的，在语义是不透明的，在词语选择是高度限制的；在另一端是受开放选择原则支配的自由组合，表现在语义完全透明、词语选择自由，以及句法结构良好。在两端之间存在大量倾向不一的词语搭配，表现出语义透明，词语选择受到有限约束，组合关系紧密等特征。

Sinclair（2004b：281-8）对意义分析提出了九大假设，包括：（1）对词项（意义单位）的描述须最大化（Maximal Approach，最大路径），而不是最小；（2）可以把语言中每一独特的意义与对应的词语型式（pattern）关联起来，方法是结合最大词项与词频，提出该词项的典范形式（canonical form）；（3）词语意义在两个层面上创造出来，即词项的一般意义以及由于词项内部单个词语选择对意义的调节；（4）意义不是划分为词语意义及语法意义，而是某一语言片段的整体创造；（5）传统的句法结构范畴并不可靠地关联意义；（6）对意义敏感的术语具有不稳定属性，因为意义通常是暂时的、可协商的；（7）词语偏好可由一些'超集'所表达，组成'超集'的各个词语集包含词语结构某一位置上出现的所有词语；（8）对语言创造意义方式的描述只有能解释所有复现型式时，才能被视作是充分的；（9）人们理解文本的途径是，把文本中的措词与个人经验中储存的各种复现意义型式联系起来，并解读那些与经验相异的东西。

最大路径是 Sinclair 对描述和分析词项提出的一个重要原则，其目的在于在分析中尽可能拓展维度，捕获词项的使用型式，以保证该词项意义的完整性和单义性。Sinclair（2004b：280）认为，传统的词语研究试图把意义与最小语言片段，即单个词语，联系起来。这种方法叫最小方法。而最大方法则是尽可能包括一个节点词触发的结构型式，拓展意义单位的维度，直到歧义消失。他区分了'歧义'（ambiguity）和'变异'（variation）两个概念，前者是指单个词语所具有多种可能的意义，而变异则指多个词项系列（其变异性体现在选择多个词语对意义进行微调）表达同一个意义。最小方法聚焦最小语言片段，力图把变异性控制在最小，但同时也最大程度保留了歧义性；而最大方法则聚焦最大语言片段，放开变异性，把歧义减至最少。近年来，针对搭配的非临近性和位置分布，有学者结合 N 元词统计及搭配分析理念，提出跳转词列（skipgram）同现词列（Concgram）的提取方法，以呈现搭配序列中的顺序变化和位置变异（Cheng，Greave & Warren 2006；梁茂成，李文中 & 许家金 2006）；也有学者试图把意义单位理论与构式语法及认知语法结合起来，提出以搭配构式（collostruction）这一概念，即以搭配结构为观测节点，转而观察和分析与该结构共选的搭配词（称为搭配词位）（Stefanowitsch and Gries 2003：14），并提出新的统计方法，以呈现搭配共选关系的不对称性（Gries 2013）。

Sinclair 的搭配研究思想具有极强的开拓意义和发现价值。他在扩展意义单位分析中一系列的发现，充分验证了他所提出的"意义—结构一体化"思想，确立了以词项为基本意义单位的研究理念（李文中 2016：43）。对于实际的搭配分析，Sinclair 根据自己的研究经验提出了警示：（1）搭配与概率统计。他认为，"在意义研究中，通常需要超越对复现的解释，因为语言意义与概率或统计显著性毫无关系"（Sinclair 2001：344）；词语同现的复现频率可作为搭配分析的初始条件，却不能成为搭配的核心特征；（2）信任文本。搭配分析最终要回到文本中，扩展意义单位分析是以节点词为中心向左右次第进行的，整个过程是一个基于文本的判断和决策过程，所以 Sinclair（2004a：23）在他的著作中反复提倡的原则是，"我们要信任文本。我们要对文本可能告诉我们的东西持开放的态度"，"……我的恳求是信任文本"；（3）不能把词语与语法割裂开来，词语与语法相互渗透，相互连结，相互依存，以至于不能独立分开，"如果在开始的时候分离了语法与词语，他们就再也不能把他们组合在一起了"（Sinclair 2004b：279）；"强行把词语与句法分开，产生了一堆所谓的'习语'、'短语'、'搭配'等术语垃圾。……如果越来越多的证据表明，语言描述中大部分都具有这种混合的性质，那么就有必要对原有的分隔（词语与语法）进行质疑。现有的证据已足以让我们严重怀疑这一思想，即把词语与语法分成两个领域"（Sinclair 1991：104）。（4）意义研究并不排斥直觉，"直觉反应非常重要，哪怕他们不一定有证据支持"（Sinclair 2004b：279）。Sinclair 的搭配研究思想是一种开放的发现程序，而不是直接告诉我们现成的结论；他所提出一系列假设和理论需要更多的语料库证据去验证、丰富或修改。

4.3 文化表述索引分析[①]

4.3.1 引言

索引（Concordance）又称"带上下文（语境）的关键词"（Key Word in Context，简称 KWIC），即通过语料库索引软件，对某一特定的检索词列举该词在语料库中所有的应用实例索引（参见 Scott 1996；Baker, Hardie and McEnery 2006）。这个定义非常宽泛，在实际操作中，所检索的关键词（又称检索词、节点词）可以是单个的词，也可以是一个短语，或者任何

[①] 本节基于作者发表的论文《KWIC 索引方法的演变及其意义》(《语料库语言学》2017 年第 1 期) 修改完成。

一个或多个具有某种特征的词语或结构序列。而所谓上下文即在文本中，在关键词前后（左右）多个位置上出现的其他词语，关键词左右的词数即"跨距"，跨距可以设定，既可以按字符数或词数设定，如'跨距（Span）= 80 个字符'或'跨距=±5 个词'，也可以设定整句提取；索引行抽样既可以提取语料库中所有关键词实例，也可以按不同的抽样方法随机选取；索引的呈现模式一般是以关键词为中心对齐索引行，并允许跨距内各个位置上的词语排序。在现代语料库分析中，KWIC 索引方法通过即时索引，呈现关键词的大量应用实例，为研究者提供一个独特的观察和分析视角。所以说，KWIC 索引既是语料库研究的基础方法和技术，也是通过语料库文本观察和描述语言事实，进而验证或构建语言理论的基本途径。然而，KWIC 方法并不是语料库语言学的专利，其源头也比语料库方法久远得多。真正意义上的计算机语料库开始于二十世纪六十年代，学界一般把布朗语料库看作是现代计算机语料库的滥觞①；而索引在西方最早可追溯到十三世纪。

4.3.2 西方索引溯源

根据现有文献，西方早期的索引一般是对某一部重要作品中主要词语及上下文的索引列表。由于索引工程浩繁，进行索引的往往是那些最重要的作品，如《圣经》，莎士比亚作品集以及西方其他重要作家或诗人的作品集等。最早的索引是十三世纪法国圣—雪休主教对圣经拉丁语版本的索引。圣—雪休（Hugh of Saint-Cher）出生于大约 1200 年，出生地为当时独立城邦多非的维埃纳省（如今法国东南部），卒于 1263 年 3 月，他是一位多米尼加修道士，著名《圣经》评论员。他上过巴黎大学，主修神学、哲学和法理。1230 年，他组织了 500 名多米尼加修道会修士，对所收集的圣经各种拉丁语版本和评注进行索引，编撰成《圣经修正》（*Correctio Bible*）。此后几百年，不同

---

① 按 Léon（2005）的说法，其实在布朗语料库出现以前，在二十世纪五十年代就已经有用于机器翻译的双语语料库，而法国的 *Trésor de la Langue Française*（1957）也早于布朗语料库，此外 John Sinclair 于二十世纪五十年代末六十年代初在爱丁堡大学创建了口语语料库，只不过当时他并没有把它叫做 corpus，而是称之为 collection of texts。

语言版本的圣经都产生了索引本。最早的英语圣经索引完成于 1550 年。

1846 年，Mary Cowden Clarke 花了 16 年时间（12 年索引+4 年修改）完成了莎士比亚作品完全索引。她的索引被认为超越了以往的版本。在她的索引中，关键词按字母顺序排列，每一关键词提供作品原文片段，并标记作品名称，以罗马数字表示幕次，以阿拉伯数字表示场次。

图 4-1　Clarke 的莎氏作品索引（1873）

实际上，Clarke 索引的词条并不完整。她根据词条的重要性，省略了一些助动词、语气词、个别动词（如 to be, to have, to do 等）、个别词的副词形式以及与专有名词连用的头衔词（Clarke 1873：preface vi-vii）。

真正把古代索引技术与现代计算机技术结合起来，并开发出计算机 KWIC 索引技术的，是美国计算机工程师汉斯．皮特·鲁恩（H. P. Luhn）。鲁恩于 1896 年 7 月 1 日生于德国巴曼，卒于 1964 年 8 月 19 日。鲁恩中学毕业后，移居瑞士学习印刷，希望加入到家族生意中。一战期间曾加入德国军队，成为一名通讯官。战后，他进入到纺织行业，并移民美国；1941 年他应 Thomas J. Watson Sr. 之邀，作为高级研究工程师加入 IBM 公司，并很快成为信息检索研究部经理。1960 年，鲁恩在《美国文档》(American Documentation) 上发表论文，重点介绍了 KWIC 索引技术。当时鲁恩关心的问题是，如何更好地组织并呈现科学文献中的主题信息，以便人们查询、检索、定位和交叉参照某一研究话题的信息。在技术思想上，鲁恩的 KWIC 与西方传统中的作品索引是一脉相承的。然而，鲁恩注意到 KWIC 的两个重要属性特征：（1）关键词的价值或重要性取决于其所在的整体陈述。他意识到，这种带上下文的关键词索引方法，给人们提供了一个独特的视角，通过阅读和观察同一个关键词及其相似或相异的语境，捕捉围绕该关键词的核心信息和知识；（2）关键词的上下文对词语意义的指向功能，他认为关键词周围的词语起修饰词作用，指向关键词的具体涵义（Luhn 1960）。

从西方索引的发展和演变中可以看出，索引主要用于作品或文献的查询和检索，索引的主要依据是词条或关键词，主要功能是帮助使用者发现所需信息。后期的计算机索引技术虽然注意到了索引语境对关键词意义的影响，尚未注意到围绕关键词的知识和主题信息。所以，一直到二十世纪六十年代初，索引仍只限于文献检索领域。

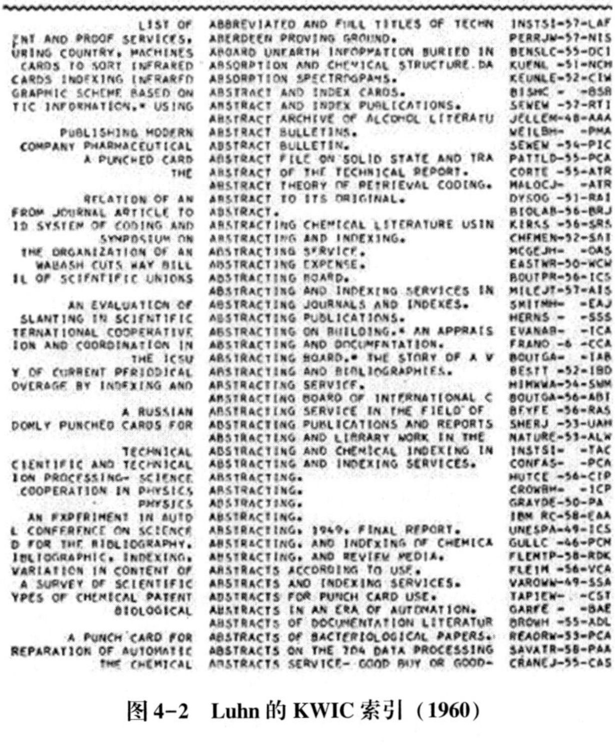

LIST OF	ABBREVIATED AND FULL TITLES OF TECHN	INSTSI-57-LAF
ENT AND PROOF SERVICES.	ABERDEEN PROVING GROUND.	PERRJW-57-NIS
URING COUNTRY. MACHINES	ABOARD UNEARTH INFORMATION BURIED IN	BENSLC-55-DCI
CARDS TO SORT INFRARED	ABSORPTION AND CHEMICAL STRUCTURE.DA	KUENL -51-NCM
CARDS INDEXING INFRARED	ABSORPTION SPECTROGRAMS.	KEUNLE-52-CIW
GRAPHIC SCHEME BASED ON	ABSTRACT AND INDEX CARDS.	BISHC - -BSR
TIC INFORMATION.* USING	ABSTRACT AND INDEX PUBLICATIONS.	SEWEW -57-RTI
	ABSTRACT ARCHIVE OF ALCOHOL LITERATU	JELLEM-48-AAA
PUBLISHING MODERN	ABSTRACT BULLETINS.	WEILBH- -PMA
COMPANY PHARMACEUTICAL	ABSTRACT BULLETIN.	SEWEW -54-PIC
A PUNCHED CARD	ABSTRACT FILE ON SOLID STATE AND TRA	PATTLD-55-PCA
THE	ABSTRACT OF THE TECHNICAL REPORT.	CORTE -55-ATR
	ABSTRACT THEORY OF RETRIEVAL CODING.	MALOCJ- -ATR
RELATION OF AN	ABSTRACT TO ITS ORIGINAL.	DYSOG -51-RAI
FROM JOURNAL ARTICLE TO	ABSTRACT.	BIOLAB-56-BRJ
ID SYSTEM OF CODING AND	ABSTRACTING CHEMICAL LITERATURE USIN	KIRSS -56-SRS
SYMPOSIUM ON	ABSTRACTING AND INDEXING.	CHEMEN-52-SAI
THE ORGANIZATION OF AN	ABSTRACTING SERVICE.	MCGEJM- -OAS
WABASH CUTS WAY BILL	ABSTRACTING EXPENSE.	EASTWR-50-WCW
IL OF SCIENTIFIC UNIONS	ABSTRACTING BOARD.	BOUTPR-56-ICS
	ABSTRACTING AND INDEXING SERVICES IN	MILEJT-57-AIS
AN EVALUATION OF	ABSTRACTING JOURNALS AND INDEXES.	SMITMH- -EAJ
SLANTING IN SCIENTIFIC	ABSTRACTING PUBLICATIONS.	HERNS - -SSS
TERNATIONAL COOPERATIVE	ABSTRACTING ON BUILDING.* AN APPRAIS	EVANAB- -ICA
ION AND COORDINATION IN	ABSTRACTING AND DOCUMENTATION.	FRANO -6 -CCA
THE ICSU	ABSTRACTING BOARD.* THE STORY OF A V	BOUTGA- -IAB
Y OF CURRENT PERIODICAL	ABSTRACTING AND BIBLIOGRAPHIES.	BESTT -52-IBD
OVERAGE BY INDEXING AND	ABSTRACTING SERVICE.	HIMKWA-54-SWM
	ABSTRACTING BOARD OF INTERNATIONAL C	BOUTGA-56-ABI
A RUSSIAN	ABSTRACTING SERVICE IN THE FIELD OF	BEYFE -56-RAS
DOMLY PUNCHED CARDS FOR	ABSTRACTING PUBLICATIONS AND REPORTS	SHERJ -53-UAM
	ABSTRACTING AND LIBRARY WORK IN THE	NATURE-53-ALW
TECHNICAL	ABSTRACTING AND CHEMICAL INDEXING IN	INSTSI- -TAC
CIENTIFIC AND TECHNICAL	ABSTRACTING AND INDEXING SERVICES.	CONFAS- -PCA
ION PROCESSING- SCIENCE	ABSTRACTING.	HUTCE -56-CIP
COOPERATION IN PHYSICS	ABSTRACTING.	CROWBM- -ICP
PHYSICS	ABSTRACTING.	GRAYDE-50-PA
AN EXPERIMENT IN AUTO	ABSTRACTING.	IBM RC-58-EAA
L CONFERENCE ON SCIENCE	ABSTRACTING, 1949, FINAL REPORT.	UNESPA-49-ICS
D FOR THE BIBLIOGRAPHY.	ABSTRACTING. AND INDEXING OF CHEMICA	GULLC -46-PCM
IBLIOGRAPHIC. INDEXING.	ABSTRACTING. AND REVIEW MEDIA.	FLEMTP-58-RDK
VARIATION IN CONTENT OF	ABSTRACTS ACCORDING TO USE.	FLEIM -56-VCA
A SURVEY OF SCIENTIFIC	ABSTRACTS AND INDEXING SERVICES.	VAROWW-49-SSA
YPES OF CHEMICAL PATENT	ABSTRACTS FOR PUNCH CARD USE.	TAPIEW- -CST
BIOLOGICAL	ABSTRACTS IN AN ERA OF AUTOMATION.	GARFE - -BAE
	ABSTRACTS OF DOCUMENTATION LITERATUR	BROWH -55-ADL
A PUNCH CARD FOR	ABSTRACTS OF BACTERIOLOGICAL PAPERS.	READRW-53-PCA
REPARATION OF AUTOMATIC	ABSTRACTS ON THE 704 DATA PROCESSING	SAVATR-58-PAA
THE CHEMICAL	ABSTRACTS SERVICE- GOOD BUY OR GOOD-	CRANEJ-55-CAS

图 4-2　Luhn 的 KWIC 索引（1960）

4.3.3 基于主题的索引：中国古代的类书

在中国古代文献中，索引类文献大量存在。我国的索引文献，称作类书，按《中国大百科全书.新闻出版》的定义，类书是"古籍中辑录各种门类或某一门类的资料，按照一定的方法加以编排，便于寻检、征引的一种工具书"。根据文献，中国最早的类书，始于三世纪曹魏时期，《三国志·魏志·文帝纪》载，魏文帝"使诸儒撰集经传，随类相从，凡千余篇，号曰《皇览》"，该书分四十余部，八百余万字，后佚失不存。现在能读到的最早类书可能就是隋朝虞世南编著的《北堂书钞》（约公元7世纪初），该书"是我国早期应用索引编辑图书最成功的一部著作，以关键字为条目，采用'随类相从'、'事前文后'和以引用图书的著述年代为序编排材料，并注明每份材料的出处。"（梁玲华 2004：47）从体例上看，《北堂书钞》全书共160卷，引用南北朝前古书800多种；主题首分为19"部"，其次分"类"（共852类），即子目，又其次是包含子目关键字（词）的词条摘录，类似西方的"带上下文的关键词"；词条以大字黑体排列，下跟双行小字注出原文书名或原文及按语（见图4-3）。

图4-3 《北堂书钞》孔校本中国书店1989年版第一卷首页

第四章 语料库语言学与文化表述

与西方早期的索引不同，词条中的关键词既可以是子目中的原词，也可以是与子目中关键词具有同义关系的词（字），如首部"帝王部"下的第一个子目是"帝王总载"，该子目下的词条如图：

```
○帝王摠載一                 厥貢球琳琅玕
皇者天人之摠稱              厥貢浮磬
帝者天號                    厥貢惟金三品
正氣為帝                    厥貢瑤琨
帝者天下之所適王者天下之所往也  錫貢磬錯
尊無二上土無二王            厥貢銀鏤
法五行相生                  厥貢怪石
形萬殊之體                  厥貢礪砥砮丹
神所軫向人所歸樂            厥貢漆絲
作民父母為天下主            厥篚壓絲
天生民而樹之君使司牧之      厥篚玄纖縞
立天子以為天下立君以為國    厥篚織貝
                           厥貢絺
```

图 4-4 《北堂书钞》的词条统计（部分）

在词条中，"帝"和"王"是子目中的原词，其余"皇"、"尊"、"主"、"君"、"天子"、"南面"、"上者"等均为前两词的同义词，而"法五行相生"、"形万殊之体"、"制二柄"、"养天下"等句则是对"帝王"的同义解释。左栏中为子目"贡献十三"下部分词条，关键词为句首的"厥贡"和"厥篚"。当然，该书的索引虽以主题分大类，由于其目的和功能是供皇帝以及一般学者概览群书、征引文献用，所选类目有很强的目的性和随意性，所索引条目及相关信息并不完备，所涉及的文本信息也不够统一，有的提供原文，有的只注明出处。综观全书，其索引具备现代索引的以下特征：（1）根据主题分类，如"帝王"、"后妃"、"政术"、"刑法"、"封爵"、"设官"、"礼仪"、"艺文"等多个大类；（2）提供带上下文的关键词，即子目下各词条，关键词出现的位置或在句首，或在句尾，或以同义词及同义解释形式出现；（3）提供摘句的出处或原文。在类书中，《北堂书钞》是存世的类书中最早的，在索引体例上具有开创性，它与其他三部类书《艺文类聚》、《初学记》、《白氏六帖》一起并称唐代"四大类书"。

语料库与中国文化英语表述研究

　　《艺文类聚》是唐初欧阳询奉唐高祖令主编的类书，该书从公元 622 年开始，624 年成书，历时三年，十余人参与。全书共分 46 部 100 卷，每部下分子目，以子目为关键词，提供原文、出处及分类信息。如第一部第一卷天部，天部又分上下部，上部分天、日、月、星、云、风六个子目；下部分雪、雨、霁、雷、电、雾、虹七个子目。与《北堂书钞》相比，《艺文类聚》体例更为完备，信息更丰富细致，如下表是"天"部的部分索引：

表 4-1　　　　　　　　"天"部的部分索引

天
《周易》曰：大哉乾元，万物资始，乃统天，云行雨施，品物流形，大明终始。六位时成，时乘六龙以御天，乾道变化，各正性命。
　　又曰：立天之道，曰阴与阳。
　　又曰：天行健。
《尚书》曰：乃命羲和，钦若昊天。
　　又曰：皇天震怒，命我文考，肃将天威。
《礼记》曰：天地之道，博也，厚也，高也，明也，悠也，久也，日月星辰系焉。万物覆焉。
《论语》曰：天何言哉，四时行焉，百物生焉。
《老子》曰：天得一以清。
《春秋繁露》曰：天有十端，天地阴阳水土金木火人，凡十端，天亦喜○《太平御览》一喜上有字。怒之气，哀乐之心，与人相副，以类合之，天人一也。
《尔雅》曰：穹苍，苍天也，春为苍天，夏为昊天，秋为旻天，冬为上天。
《春秋元命苞》曰：天不足西北，阳极於九，故天周九九八十一万里。
浑天仪曰：天如鸡子，天大地小，天表里有水，地○《开元占经》一，《太平御览》二，地上有天字。各乘气而立，载水而浮，天转如车毂之运。
《黄帝素问》曰：积阳为天，故天者清阳也。
《庄子》曰：天之苍苍，其正色邪，其远而无所至极邪。
《申子》曰：天道无私，是以恒正，天常正，是以清明。
《文子》曰：高莫高於天，下莫下於泽，天高泽下，圣人法之。
《太玄》曰：有九天，一为中天，二为羡天，三为从天，四为更天，五为睟天，六为廓天，七为咸天，八为沈天，九为成天。
　　又曰：天以不见为玄。

　　在体例上，《艺文类聚》具有以下特征：（1）在子目以下提供原文，且书名在前，符合人的阅读和叙述习惯，若同一部书有重复索引，则标记"又曰"；（2）上下文完整，为整句或整段，使关键词意义更加明晰；（3）按文体标记文类，诗文类引文一般标明时代和作者。通过统计，全书共标

第四章 语料库语言学与文化表述

记了 55 种文体分类 950 处（次），出现 10 次以上的分类标记有：诗（168次）、赋（151次）、表（76次）、铭（65次）、赞（61次）、启（51次）、箴（42次）、论（38次）、书（37次）、碑（34次）、颂（29次）、诔（27次）、墓志（18次）、文（18次）、序（15次）、教（13次）、议（10次）、诏（10次）。(4) 附加注释。欧阳询在该书的序中，说明了《艺文类聚》产生的缘由，"夫九流百氏，为说不同。延阁石渠，架藏繁积。周流极源，颇难寻究。披条索贯，日用弘多"，而该书的功能则是"摘其菁华，採其指要"，但辑录工作艰难浩繁，"事同游海，义等观天"。他还解释了该书的体例是事文兼采，事前文后，"其有事出于文者，便不破之为事，故事居其前，文列于后。俾夫览者易为功，作者资其用，可以折中今古，宪章坟典云尔。"显而易见，这种类书的索引编排方法对整理和保存古代文献是一巨大的事功，对使用者按词索文，征引文献具有极大的价值和意义。概而论之，同西方索引文献相比，中国古代类书的编纂具有鲜明的特征：(1) 既有国家统一组织的编著工程（官修），又有私人编撰（私撰）。如《皇览》、《艺文类聚》等都是由皇帝直接下令，统一组织人力编纂而成，而《北堂书钞》以及《白氏六帖》则属于私人编纂。(2) 不限于一本书的索引，而是根据不同类别针对多种典籍索引，如《艺文类聚》引用古籍多达一千四百余种（参见"百度百科"之艺文类聚条）。与西方《圣经》和莎氏著作索引相比，中国的类书更具文献价值和文化意义。(3) 在索引的使用上，类书的自足性更强。由于类书所摘句段相对完整，文献信息充分，分类详备，甚至独立成篇，使用价值更强。(4) 由于主题分类是预定的，对词条的选择主观性强，其词条不够完备，对单个文本描述性差。比如我们知道辑录到书中某个篇目有哪些句段，但哪些句段没有录进去，由于原作佚失十之八九，后世很难"周流极源"。

《初学记》在索引的分类和编排上更为精当。该书成书于唐开元年间（公元 727 年），由集贤院学士徐坚等人奉唐玄宗敕令编纂而成。该书最初的目的，是为玄宗的儿子们作文时检查引用文章典故用的。《初学记》共三十卷，仿略《艺文类聚》，以事物主题分部类，共二十三部，部下又分子目，共三百一十三条，子目下再分类，为叙事、事对和诗文，包括赋、诗、颂、赞、箴、铭、论、书、祭文等。叙事部分把各种引文串在一起，形成一个相对的整体；事对部分整合文献中现成短语或集句，形成对偶，后跟原文和出处；诗文部分表明作者、作品名及年代。类书的编纂世代传承，巨作纷出。后世类书有宋代的《太平广记》、《太平御览》以及《册府元龟》，明代的《永乐大典》，以及清代的《佩文韵府》、《骈字类编》等。

4.3.4　中国近代的"堪靠灯"和"串珠"

在中国近代，中国学者借鉴西方索引方法，并细致地区分了两种不同的索引类型，即"引得"（index）和"堪靠灯"（concordance），"引得所注意者，原书中有意义名物而已，堪靠灯则兼顾文辞训诂也；堪靠灯之卷帙虽较引得为繁重，而其编纂之方法，实反简易，引得既避太简，复虑太繁，往往一录取舍之间，颇费斟酌，堪靠灯则兼收并蓄，细大不捐，不必迟疑也"（洪业 1932：12；另参见黄恩祝 1982，1985；毕于洁 1987）。较早对单部作品进行逐字索引的，当属民国初期的蔡廷干先生（王雅戈 2007）。1922 年，他完成并印刷《老子道德经》的逐字索引，并名之以《老解老》，"散全经之文句楷字，比以为串珠；虽不加一语诠释，而以经证经，字字皆原经之注脚。"（孙宝琦《老解老·序》）在《老解老》中，对《老子道德经》每一"不二字"[①]及其所在的句子进行索引，并注明频数及每句所在章次。由于在竖排版书中，每句围绕一个节点"不二字"，上下相连，故称作"串珠"，"是编取八百有四不二字依经序列号，每字标明计用若干次，并逐句详载原文。初阅似嫌繁复，然细心体认，则字与字相策应，句与句相融通，章与章相衔接，散之则烂若千珍，合之则融成一片，故名曰串珠"（《老解老·凡例》）。洪业（1932：12）后来称这种索引方法为"堪靠灯"，"蔡耀堂（廷干）先生曾于民国二一年刊印《老解老》一书，实即道德经八十一章之'堪靠灯'（concordance）也。以原书之每字为目，笔画为玥，每句为注，章次为数。章下本为分节，章皆甚短；虽数未及页，而引得之功用已备矣"。而针对单本书词条进行索引编

[①] 《老解老·凡例》云："其不同之字，凡八百有四，命曰《道德经》'不二字'"，所谓"不二字"即当今语料库统计中的类符。

目的，则见于现代杨伯峻先生的《论语译注》。该书为中华书局1980年出版，在著作正文后附有"《论语》词典"，该词典原来是作者注释和研究《论语》自编的索引，后根据吕叔湘先生的建议，在著作出版时附加于书后。该词典具有现代意义上的索引特征，一是所收词条具有较好的穷尽性，"凡见于《论语》本文之词，不论基本义或者派生义，习见义或者罕见义，一律载入"（《论语》词典—例言）；二是收词的标准，"论'词'不论'字'，偶亦收近于'词'的'词组'"（同上）；排序则按笔画，"同笔画者依所属部首为先后"（同上）；三是注重语境对词义的解释，"一般每义举一例句，取例原则则按其在书中出现的顺序，或按例句对意义的区分功能；例句注明章节位置；再就是对每一词条注明频数，区分词性，附加释义。"如"一"词的词条（引自《论语》词典）：

一（31次）

(1) 形容性数词（21次）：一言以蔽之（2.2）

(2) 数词，用以泛代事物（5次）：闻一以知十（5.9）

(3) 用如副词，"一方面"的意思（2次）：一则以喜，一则以惧（4.21）

(4) 副词，表示两件事先后发生时间上的紧接关系（2次）：齐一变至于鲁，鲁一变至于道（6.24）

(5) 副词，"一切"也（1次）：一匡天下（14.17）一日（1次）用如副词，一旦：一日克己复礼（12.1）一朝（1次）一时间：一朝之忿（12.21）

杨伯峻的《论语》词典在体例及编排方式上几近于西方的著作索引，但又由于其附加的词语频次信息、词性及释义，使之别具特色，更接近当代语料库索引及词典模式。

综观中西方的文献索引传统，以下几个特征是相通的：(1) 从其产生机制上看，都是在相关文献信息极为丰富，或者主体文本极为重要或版本变异较多、注评繁杂背景下，为满足对文献的查询、检索、定位及正本清源之需求，而投入精力和时间进行索引编纂的。(2) 从其体例上看，一般都是以索引词为目，后跟包含索引词的上下文，并注明例句的出处。(3) 索引成书都由手工完成，过程一般较长，且工程浩繁。(4) 都注意到了语境对关键词词义的界定作用。但是，西方的索引与中国的类书是两条独立发展的脉络，显示出各自的特征。其一，西方古代索引大都是针对单部著作或个人文集而作，所以涉及的文献种类和数量非常有限，而中国古代的类书从一开始就是面向数量浩大的各种文献及史实，极少限于某一单本著作。其二，组织形式不同。西方古代索引基本都是民间个人行为，缺乏政府的参与，而中国的古代类书编纂一般分为公修（即由政府直接组织编写）和私撰两种，所收文献非常丰富，体例精当。此外，与西方索引相比，中国的古代类书以主题编目，知识体系更加完备；关键词所带语境完整，一般为整句或整段，更便于检索与引用。西方索引发展到现代，与计算机技术相结合，产生了计算机自动索引技术。此后，自动索引技术与语料库技术结合在一起，经过语料库语言学者的探索和努力，逐步形成了语料库索引技术。

4.3.5　索引的语言学转向：语料库索引

语料库索引有两个来源，除了上述的西方文献索引传统，再就是语言分析中对语料库的应用。语料库应用思想开始于词典编纂中对语言实例的使用。西方词典编纂为词条从各种文学作品中搜集那些较为罕见的义项和实例，并逐渐形成了一种传统。但是把词语意义研究与语境结合在一起，注重在语境中理解意义，并把语言使用看作是一种社会行为的思想，最早见于人类学家马林诺斯基（Malinowsky 1935）及弗斯的思想（Firth 1957）。弗斯的意义即语言运用以及词语搭配思想，对语料库语言学发展产生了重要的影响。1963 年，英国学者 Sinclair 开始了一项研究，目的在于通过收集口语语料①，研究和分析词语搭配，该项目受英国"科技信息局"

---

① 根据 Sinclair 自己的回忆，他所主持的英语口语语料库（135,000 词）几乎与大西洋彼岸的布朗语料库（百万词）同时开始，他与布朗语料库的创建者之一 Nelson Francis 在 1965 年的一次会议上偶然相遇，并得知他们都在进行电子语料库的创建工作。但是，Sinclair 的项目是词语搭配研究，并首次把索引分析方法应用于语料库研究（Sinclair 2004：*Interview with JohnSinclair* conducted by W. Teubert）。

(Office of Scientific and Technical Information，简称 OSTI）资助，项目完成后形成了 OSTI 报告。该报告直到 2004 年才由 Krishnamurthy 重新编辑正式出版，书名为《英语搭配研究：OSTI 报告》(*English Collocation Studies*: *The OSTI Report*)。该书是英语词语搭配研究的经典文献，尤其是在语料库索引分析方面首开先河，创设了很多索引分析的规则和先例，可以说是奠定了语料库驱动研究的基础，标志着 KWIC 索引分析的语言学转向。在 Sinclair 及其团队的研究中，索引行分析用来观察重复出现的搭配模式，并通过统计分析，发现了以关键词为中心，左右 4 个词为最佳跨距；其典型的分析方法是通过计算机软件，检索出关键词或短语，并以这些词为中心，与左右的语境词一起在屏幕中心打印出来，以供研究者分析，可以对关键词和语境词进行复杂排序和统计。除了 KWIC 索引，还有"语境跟随的关键词"（KWAC：Key Word along the Context），即关键词在行首，后跟语境词，这里不再赘述。语料库索引为语言观察提供了独特的视角和数据呈现方法，使语言中隐含的复现特征和模式凸显出来，"当你能一下看到许多时，语言看起来大不一样"（Sinclair 1991：100）。语料库索引方法和技术应用，标志着语言学研究从语法结构分析到词语搭配分析的重大转变：词语及其搭配不再被看作是一种边缘语言现象，而是在语言研究中愈来愈占据中心地位（Sinclair 2000）。

语料库索引分析的思想基础是意义单位理论。在 Sinclair 看来，语言意义分析中最小的单位既不是词素，也不是单个的词语，而是词语搭配（Sinclair 2004）；"意义单位是文本中最小的、单义性的、无歧义的单位"，而"单义性与无歧义性是词语及其使用环境交互作用的结果"（李文中 2010a：39）。词语搭配通过搭配获得意义指向，意义即运用。这个思想是与弗斯、Halliday 的语言哲学一脉相承。语料库索引又是一种发现程序，首先通过关键词以及在跨距内重复同现的搭配词排序，观察和发现那些由于复现而形成的"型式"（patterns），即搭配。在扩展意义单位分析中，以搭配为核心，进而观察和发现关键词在跨距内的语法共选，即类联接，以及语义偏好，最后以语义韵分析收束。

语料库索引分析是语言学研究中的一项重大创举，同时也是语料库驱动研究的重要方法学支撑。它为语料库文本分析提供了一种独特的视角和途径：在线性的组合轴上看看搭配，而搭配模式的确立，却要看聚合轴上的复现频率；从分析的程序和步骤上，它又呈现一种逐步由具体到抽象收拢的趋势，从具体的词语到归元词，再到类联接及语义韵分析，具有归纳分析的步进性和严谨性。

4.3.6 索引技术创新与展望

目前语料库索引软件的标准功能包括：关键词（组）查询、高级查询支持，包括归元词查询、通配符及正则表达式支持；跨距设定、搭配词排序、搭配词统计及自动筛选、N元词提取、同现词列（参见梁茂成，李文中 & 许家金 2010），以及搭配模式呈现等。在其功能扩展上，出现了双语平行索引（李文中 2010b；许家金 & 贾云龙 2012）、同义词索引（梁茂成 2012）。在运行平台方面，有单机版与网页版索引分析软件。在网络时代，KWIC 索引技术需要进一步创新，主要集中在以下几个方面：（1）语料库文本的元信息的有效利用及分类检索。语料库文本具有丰富的标记信息，用于对文本的分类。这些文本的分类信息实际上构成了语言使用的宏观语境，同一类型的文本即是具有互文性的文本网络，语料库索引分析结合文本的各种元信息编码，对意义和话题的组织可进行横向对比。（2）词语搭配模式的自动识别与筛选。初始阶段由人工介入，软件自动跟踪并判断，对索引行的复现模式进行聚类和概括。（3）从意义分析向知识分析发展。一个扩展意义单位是文本意义的最基本元素，然而其意义尚不足形成命题。由此可见，对词语意义分析而言，±5 的跨距是足够了，但对于知识分析，还需要更大的语境。中国的类书索引是一个很好的传统，我们需要把语料库索引技术与类书索引思想结合起来，进一步开发出主题索引和知识索引。（4）双语检索技术，尤其是双语对齐的层次及提取技术，需要进一步精细化。虽然语料库索引技术是从西方引进的，但文献索引在中国具有悠久的传统，在未来的发展中，语料库索引需要在汉语研究的语境中本土化，增强汉语的索引功能，充分吸收中国的索引传统，并把意义分析与知识分析融合在一起。

4.4 结论

纵观语料库搭配研究，其演变可大致分为三个主要阶段：前语料库研究开始关注到词语组合现象对思想表达的重要意义，并以弗斯把搭配引入语言学理论为重要标志；语料库搭配研究的初始阶段聚焦于词语的搭配，重点分析词语在使用中共选关系，并试图分析意义单位；扩展意义单位分析是搭配研究延伸和深入：以搭配为核心，扩展分析围绕该搭配形成的完整意义单位，直到分析蕴含在该意义单位中的态度倾向。在这一概念化演变过程中，语料库搭配研究超越了通过分析语境获得单个词义的狭隘视野，扩展到表达完整意义单位的词项序列；如果我们能够分析出文本中所有的意义单位，我们就能进一步分析意义单位之间的关系，从而分析整个语篇的意义。到了二十一世纪，Sinclair 把自己的扩展意义单位思想归拢为短语理论框架（李文中 2018），并与局部语法路径结合起来，为意义分析进一步明确了方向。

语料库研究中把搭配作为基本的分析单位，其价值在于通过搭配分析词语的共选关系，并在序列的共选关系中找到意义，而该意义之于所在的序列而言具有特异性和辨识度。这也是意义移变单位的基本思想。搭配具有语境属性，高度依赖语言使用者所处的社会生活和文化，也就是说，词语搭配中往往蕴含了丰富的社会文化信息。

人们喜欢把一些观点相近或具有传承渊源的思想或理论划分在一起，似乎确定这些思想和理念都可归置在同一个范式或阵营中。通过文献梳理，我们发现，语料库搭配研究具有很强的理论个性和差异性，新的思想范式以不同的立场和视角出现，随着传播和影响的扩大，产生一种前景化的效应。弗斯虽然多受 Wittgenstein 及 Malinowski 的激发，但只是从他们那里获得一种"英雄所见略同"的激励或某种思考的方向，他自己的理论与前者并无太多一致；Sinclair 之于弗斯亦如是，他虽然受到弗斯及 Halliday 等的影响，但极大地拓展了搭配研究的视野，并开创出自己的理论与原则。

4.5 延伸讨论

我们邀请多个学者就语料库语言学及搭配研究与中国文化表述的理论基础进行讨论，本节概括作者在讨论中提出的主要观点。

4.5.1 关于语料库与社会文化研究

因为语料库语言学研究语言本身，而且是通过大量语言使用的数据得出结论，所以它是一种语言学理论。又由于"语言涉及人类生活的方方面面"，而语言本身是"人类的社会行为"，是"一种社会现象"（Firth 1957），语言研究也是社会学研究。所以语料库语言学研究语言时，从来不把语言当作一种纯粹的系统来研究，其研究视野要宽阔的多：词语与共文，意义与语境，文本与社会、文化等。近年来，语料库的应用逐渐拓展到其他社会科学领域，如社会学、法学、经济学、新闻传播学、政治学等。有人把这种现象看成是语料库研究与社会科学领域的交融。

但从语料库语言学视角来看，这些只不过是语言研究最自然的延伸，因为语言从来就不是孤立的，语言在使用中总是跟人、语境、社会关系、个人行为以及文化传承紧密地交织在一起。传统的语言学研究严格区分本体研究与应用研究：音系、形态、句法、语义都是本体，此外都是应用。我们是否可以这样思考：如果语言是人类的社会行为，或者是一种社会现象，那么脱离了社会，或者说语言脱离了使用以及使用的语境，语言的本体是什么？是不是可以这样说，语音学研究不是纯粹的本体研究，发生语音学中讨论的音素、音位变体，以及音系学中的语音同化和超音段音位特征等无不与语言使用群体联系在一起。比如"肺外呼气流机制（Pulmonic Egressive Airstream Mechanism）"人类语言中最常见的，却不是唯一的，音位还有"肺内吸气流机制"，如某些非洲丛林部落就是使用吸气发音。形态学语义学研究也不是纯粹的本体研究，研究词根及构词牵涉文化，比如中缀的使用，与其说是一种语言遗留，不如说是一种文化遗留。而语义学与语用学本就是一个连续统，二者互相渗透，界限非常模糊。我们说一个词语有多个义项，但这些义项是从哪里来的？是如何形成的？何时出现，何时湮灭的？所有的义项都是语言使用的结果，使用中高频的重复与广泛的扩散造成了惯例化（conventionalization）。

4.5.2 关于语料库的工具性

首先需要界定工具（tool）是什么。工具的一个特征，就是工具应用的不可预测性：即无法预测该工具应用于何种目的。语料库具有工具性，在于它既是一种数据集成，又是检索数据的一套技术和方法。语料库数据区别于其他数据，如内省数据与诱导数据，的主要特征就是，其产生过程是一种自然发生的过程，不受研究者或观察者干预。但我们很难确证，语料库数据就是完全客观的东西，因为语料收集、检索、分析的过程无不存在研究者介入和干预，数据的形态一直随研究者的观察行为而发生变化，换言之，我们最后看到的数据，往往是被我们的研究行为改变了的形态。从这个意义上讲，语料库数据与其他数据并无本质的不同。因此，我们不能在"客观性"这个问题上过分追问。索绪尔曾说，语言学研究与自然科学研究的区别之一就是，自然科学的研究对象是"给定的"，科学研究本身并不能改变对象的形态；而语言学研究的对象却不是。语料库本身无法规定使用者对待数据的态度，也无法决定使用者对数据的解释。也就是说，语料库既可以用于实证研究，也可以用于非实证研究。

纯粹依靠直觉经验的学者同样也可以从语料库中寻章摘句，声称自己使用了语料库。所以说，语料库是工具。语料库的工具性使它可以应用于任何意图的研究，这给很多学者一种假象，似乎语料库相关的应用都是方法和工具。

关于语料库语言学的学科性，似可从两个角度去讨论。其一，什么是学科，什么不是学科，这不是一个非此即彼的问题。学科与非学科的判断和划分基本是一种阐释和预设的结果，有时甚至是一种态度和立场，无法证伪。所以，主张语料库语言学的学科价值，与主张语料库语言学的方法论，基本上是站在两种不同立场上谈论不同的东西：主张语料库语言学是一套方法和工具的人在讨论语料库一整套分析技术与现有的理论的接口，其前提是承认这些理论是可靠的，尽管有些不完善，但通过数据分析可以修正；而主张语料库语言学是学科的人更强调语料库研究对先存理论的颠覆，越来越多语料库证据不能被先存理论解释，甚至完全不能用这些理论解释。传统的语言学理论习惯于提供一种宏大而完美的构架，然后用语言实例去填充或说明它。而 Sinclair 关心的问题是，可能语言根本不需要一个宏大的构架或语法体系，语法存在于具体的词语搭配型式中，如果有规则，那么规则也是碎片的，不成体系的，而且必须跟语言使用合一。

4.5.3 关于语料库研究两种路径

基于语料库的研究（Corpus-based approach，以下简称 COBA）与语料库驱动研究（corpus-driven approach，以下简称 CODA）不是对立的方法。但我对使用应用研究与本体研究来区分二者的研究对象心存犹疑。分别思考讨论如下：

首先，COBA 与 CODA 都是路径（这里与方法 method 区分开来），其在技术和分析程序上并无根本分歧，二者的主要差异在于是否在一个预设的理论框架下展开研究，以及对语料库数据的使用理念。二者的共同特征是：（1）都使用语料库，并且遵从一定的程序和技术，以保证使用数据的有效性；（2）都注重数据对结论的决定性价值，即数据是验证或建构理论的必要条件；（3）在方法属性上都属于实证研究。两种不同的路径实际上反映了研究者对待语料库数据的不同态度：

> 使用语料库的态度大致可分为两种：一是把证据当作数据，即观点和理论是先存的，通过语料库检索和分析获得证据，以支持和验证已有的观点，证据成为数据；再就是把数据当作证据，即针对某一问题直接观察语料库文本，通过文本分析获得观点或理论，数据成为证据。前者在语料库应用实践中具有很强的预设性和目的性，其目标是寻找证据，语料库的作用在于是否能提供充分证据；后者在分析前并不预设任何观点和理论，而是通过语料库分析归纳出观点或理论。尽

管语料库作为一个功能强大的方法和工具,在语言相关的理论和实践领域得到愈来愈广泛的应用,但并不是仅仅因为使用了语料库,就能保证结论的可靠性。关键的问题是,语料库是怎么被使用的。(李文中 2014：11)

但 COBA 研究应对所采用的理论保持谨慎的态度,在数据处理上充分关注那些"不合用"的数据,即无法套入既定框架的数据。COBA 的风险在于,研究本身可能陷入一种"魔术表演"的怪圈,即研究者从语料库中得到的往往是他期望看到的东西,通过对预设特征的检索、统计和分析,使研究获得一种"皆大欢喜"的结局:想看到的东西都有了,给定的论断都验证了。其背后的原因就是,COBA 的研究是有预设的,使用语料库就是找证据的,而这种证据往往是"找就有"。这就是赵元任先生当年说的,"说有易,说无难。" CODA 也有风险,那就是研究主题的碎片化。因为这种研究不是从既定的理论或概念出发,而是从具体的现象或特征入手,其风险在于,研究可能变成"现象进,现象出",很难构建传统意义上的宏观理论。但人们已经习惯了从宏大叙事入手,通过构建范畴体系去认识具体,对语料库语言学的研究往往感到理论不足,经验性太强。由此看来,COBA 注重验证,CODA 注重发现。COBA 在验证过程中,随着新数据或反证数据的大量出现,就需要自己构建理论,这就走上了 CODA 的道路;一旦 CODA 构建了自己的理论,再使用语料库去验证时,就变成了 COBA。从这个层面上讲,二者根本不对立。语料库驱动研究也可以研究应用。二者不是非此即彼的关系。此外,因为语料库是工具,而工具的使用是不会产生对立的。

4.5.4 关于意义单位问题

先说单位。在语言研究中对单位的确定也是同一个问题:多小是小,多大是大?传统的语言学研究模仿自然科学中物理研究的手段,在语言中寻找最小意义单位(物理学研究中似乎是物质的切分水平代表了学科的发展水平),分到音位,说是最小意义区分单位;最小意义单位可落在单个词语上，也可落在义素上。但 Sinclair 在确定意义单位时，引入了语言使用，即作为一个意义单位，它必须是无歧义的。在分析实践中，他又提出了"最大路径"（maximal approach），即尽可能找到意义单位的最远边界，也就是语义韵。

　　Sinclair 的意义单位理论越来越凸显其高明。在 Firth 以前，人们普遍相信词语意义产生于聚合关系中，在组合关系中只有句法，而 Firth 则坚持认为，词语意义产生于组合层，这样一来，词语句法的界限就变得十分模糊，传统的"意义是意义，结构式结构"这种理论体系就很难立住脚了。所以，Sinclair 批评说，"强行把词语与句法分开，产生了一堆所谓的'习语'、'短语'、'搭配'等术语垃圾。……如果越来越多的证据表明，语言描述中大部分都具有这种混合的性质，那么就有必要对原有的分隔（词语与语法）进行质疑。现有的证据已足以让我们严重怀疑这一思想，即把词语和语法分成两个领域。（1991：104）"我个人感兴趣的是，当我们把这一理论用于汉语分析时，大部分是行得通的，但也会有难题。很多单个汉字可以脱离语境而保持自己的意义。

　　但扩展意义单位既然大于词，又小于句子，它是不是句素？这是一个很深刻的问题在索引行分析实践中，一个扩展意义单位（extended unit of meaning，以下简称 EMU）主要围绕节点词或短语产生，同现的元素依次为：词语同现组成搭配，语法同现（即词性同现）为类联结，与搭配同现的词性为弱版类联结，同属一个语义范畴或具体相关语义关系的词集与型式的同现称作语义倾向，所形成的一致性态度称作语义韵。但一个 EMU 前后的边界并没有达到句子边界，也就是说，一个句子可能包括一个或多个扩展意义单位，又由于节点词可以任意指定，即在理论上句子中任何一个词都可以视为节点词。设若一个句子包含多个扩展意义单位，我们首先需要定位那些搭配核，即分清哪些部分是 EMU 的核心成分，哪些是外缘。在 Sinclair 有名的例子 naked eye 中，他的分析结果是"DIFFICULT+VISIBILITY+to the naked eye"，其中 DIFFICULT 是语义韵。但在以下例子中（通过 Webcorp 检索 naked eye 获得的结果）：

　　（a）The angular resolution of the naked eye is about 1；

（b）Uranus, when discovered in 1781, was the first planet discovered using technology, a telescope, rather than being spotted by the naked eye.

例（a）没有表现出 Sinclair 总结的特征，而例（b）围绕 naked eye 虽然显示了某种否定性语义韵，但围绕 naked eye 的意义单位却不是整句的重点。所以，Sinclair 作为一个词典学家，其焦点始终是词语/短语及其用法，而对于句子，甚至更大的单位如篇章，扩展意义单位理论需要更多的陈述。此外，句子只是一个结构概念。在传统的语法体系中，句子是不考虑意义的；一个句子可以包含 NP 和 VP，也可以包含 SUBJECT、VERB 和 OBJECT，这些都可以称作句素，即构成句子的要素。但扩展意义单位完全颠覆以上理论，它是从意义着手，再看结构。在书面语形态中，句子可能与逗号、分号，或句号之间的字符串集相吻合，但在口语中，很难指出句子的界限：人的言语是被长短不同的停顿隔开的语音流。按说，意义单位的上位概念应是命题（proposition），但命题又是一个纯粹的语义学概念，几乎跟结构毫无关系。所以，提出扩展意义单位是句素，对 Sinclair 的理论而言，可能是一个弥补性的尝试，但在理论和分析实践中可能会遇到诸多挑战。那么，一个扩展意义单位是否像卫乃兴说的，是一个句干（sentence stem）呢？我们说一个东西是干（stem）时，往往意味着这个东西是唯一的主干，其他都是围绕主干附加的，比如一个词干会随着前后缀的附加而变化（黑体部分为词干）：

establish ment
establish ment arian
establish mentarian ism
dis **establish** mentarianism
anti dis**establish** mentarianism

扩展意义单位却不是这样，它的元素不是无限附加的，在线性序列组合中是有界限的，再就是一个句子可能有多个 EMU。我感觉这里的主要问题是，EMU 分析既不是针对单一的文本，也不是针对单一的实例，而是基于多个索引行中使用概率得出的。需要提出的问题是,如果只有一篇文本,如果焦点是当前的句子,如何认识扩展意义单位?其实,索引行解读是一种互文性解读,解读的依据来自多个文本源。但对于单篇文本而言,词语的意义释意(paraphrase)也在文本内部发生,我称之为内文性(intratextuality)。有关这个论点的详细论述,我将在《道德经》解读中展开。

一元论、二元论、多元论说到底还是视角问题。从表面上看,一元论、二元论、以及多元论都是本体论,回答"那个东西是什么?"这种问题。在语料库语言学,就是回答语言是什么。但我觉得这些不同的'论'从本质上也是认识论,即观察问题的视角。一元论把意义与结构看成混一,在意义分析中追求单义性,拒绝歧义,同样也拒绝在意义之外,还有平行的其他元素,如结构。二元论从对立的极性观察事物,并且喜欢把这种极性说成非此即彼的关系。二元论视角往往通过否定一极而肯定另一极,如索绪尔的 langue 和 parole,其中 langue 是先决的,乔姆斯基的 competence 和 performance,其中 competence 是先决的。其实一元论也好,二元论也好,都是形而上的。《道德经》中说,"道生一,一生二,二生三,三生万物",其中的一就是一元论,二就是二元论,就是阴阳太极。但二元对立毕竟归于一,没有统一,对立无法存在。可是'一'也是视角问题,不是真理,因为"道生一"。由此,多元论也是一种视角,从多元到二元再到一元,是不同视角的形而上。但是,从认识的过程上看,区别在于从哪开始:从多开始,然后归拢收束为一,这时多元论;从一开始,推演到多,是一元论;从二元开始,推演到一,是二元论。此所谓"一而不一,不一而一"(纪晓岚《阅微草堂笔记》):"一而不一"是一种认识原则,而"不一而一"却是一种认识过程。然而,所有这些认识过程对真理而言都不是直接的,因为他们都只不过是观察体验的视角,是一种推知的过程(inferencing)。

按照以上讨论,我是这么理解 Sinclair 的观点:(1)语料库语言学依赖的语言使用数据(language use data)与乔姆斯基理论中的 performance 完全是两码事,因为乔姆斯基是二元论,把语言分为"能力"和"运用",而 Sinclair 是一元论,语言只有使用,没有别的。所以,说语料库语言学研究 performance,就落入了乔姆斯基的理论陷阱。这就像当年 Widdowson 批评语料库语言学只研究 E-Language（External Language）而不研究 I-Language（Internal Language）一样。其实，在语料库语言学视野中，是没有 I-Language 和 E-Language 这种划分的。（2）语料库数据不是直接数据。语料库只是人们解释世界与经验的文本。人对世界的认识不是直接的，而是通过感知推演。单一的视觉信号、听觉信号、触觉信号、嗅觉信号等传递到大脑，经过综合分析，对感知的对象进行推理判断，这就是文本产生的过程。

文本对所表述的东西是一种间接经验和推知的结果。

第五章　方法、资源与数据处理

本章概要：本章介绍为开展中国文化表述研究而进行的语料库建设，包括文本收集、对齐、网页挖取以及文本数据化与数据处理路径设计。

5.1　引言

语料库是作为语言使用样本的文本以可机读形式存储而成，具有特殊标记结构的文本库。语料库的意义在于它是语言实际使用样本，用来代表语言使用事实。

语料库文本是可机读的电子文本，可以通过程序进行处理、检索和分析；该文本是人们在真实语言交际中说和写的片段记录或篇什；文本的电子形态具有各种编码及存储格式。目前主流的语料库分析主要是针对纯文本格式的电子文本，这也是我们在语料库分析中所说的文本。对语料库使用者而言，为使文本能够被分析，需要对入库的文本进行处理和转换，使之成为可用于各种分析的、具有良好标记结构的数据。

语料库文本的真实性，是相对于自创实例而言的。语料库文本是人们语言交际过程中自然发生的产品，不是语言研究者临场发明的实例。然而，就目前的语料库分析技术而言，语料库文本与真实文本的自然形态仍旧是有差异的，如口头交际中的发声、语音声响效果、语调、非言语特征，以及交际者的动态关系等，都会在转写文本中损失；笔语文本的格式、布局、插图、字体风格、颜色等元素信息也会在纯文本中遗失。语料库文本分析排除了上述这些文本特征，并非因为他们不重要，而是我们缺乏相应的分析理论、路径和技术。这也告诫我们，当我们因为使用了来自语料库的证据而提出过分的观点时，我们需要真正冷静下来，反思我们手中的证据。

为什么要使用语料库？回答这个问题，需要理解语料库语言学的两大基本问题。一是语言的本体论立场（ontological standing），即回答语言是什么这个基本问题；二是语言研究的认识论（epistomological question），即回答如何研究并分析语言这个问题。那么语言是什么？按照弗斯的观点，语言使用是人的社会行为，是一种社会现象；语言使用中蕴含语言意义（Firth，1968）。这是一个基本立场或者态度。之所以称之为本体论，是因为它是语言研究一切活动的原点；之所以称之为立场，是因为对本体论问题的回答不能证伪，是观察和研究语言问题最初始的视角。当然，对该问题还存在其他不同的回答，限于篇幅，本书不作延伸讨论。第二个问题，如何研究并分析语言？回答是通过语言使用及具体的语境研究语言意义（Firth，1957）。由此，因为语言被看成是人的社会行为，语言使用蕴含语言意义，又因为语言研究的目标被设定为研究意义，而研究意义必须通过观察语言使用，语料库语言学研究才形成了一系列的原则和理念：（1）基于大量的具体受限的真实口笔语文本样本，以代表语言使用的总体（population）；（2）尊重和信任文本，在观察和分析文本前尽可能约束对语言的假设，也不必到文本以外寻求意义证据（Sinclair，1996，2004）；（3）观察语境，并使之成为一个可观测的对象；（4）注重重复发生的语言现象。

在语料库创建过程中，把与文本相关的外部信息及分类信息记录下来，并使用标准的格式记录下来，称作语料库标记（markup）。该标记是关于文本的信息，是信息的信息，所以又称元信息（metadata），除了编辑性信息、分析性信息及管理信息之外，描述性信息最为重要（李文中，2012：337-338）。有关文本的来源、作者、创建时间，以及文本的文类、主题等信息可以转换为文本分析中使用的变量。因此，在创建和处理语料库文本时，应充分考虑到语料库使用的开放性，尽可能充分地标记描述性信息。元信息放置位置有不同的做法，不外有四：（1）在文件名上嵌入元信息；（2）在文件工作目录上标示元信息；（3）在文件头部标记元信息；（4）通过 XML 或 HTML 编码标记元信息。除了第二种做法目前使用者较少，其他三种仍是比较通行的做法。此外，还有一种做法，就是通过数据表记录元信息。不论这些标记信息放置何处，在语料库分析实践中，我们希望这些元信息只作为范畴或变量，而不是作为文本的组成部分进入我们的分析。本节不仅对理解语料库文本与数据处理有用，对语料库创建和文本标记也有参考价值。

本章着重研究应用 R+Python 平台，综合利用各种文本量化分析包，基于各种文本资源进行语料库建设与数据处理，包括：(1) 双语语料库的对齐与 TMX 文件创建；(2) 中国文化研究专题语料的结构化和数据化；(3) 网页抓取技术应用与语料库建设。

5.2 中国历史、哲学双语对应语料库[①]

平行语料库资源建设主要包括《剑桥中国古代史》和《中国哲学简史》的双语句级对齐，对齐后的语料为标准的 TMX（Translation Memory Exchange；翻译存储交换）文件以及 ATA 工程文件。在平行语料库设计和建设中中，我们主要实现以下目标和要求：

(1) 在语料对齐前，要求源文本与目标文本能自由切换；
(2) 在初始阶段，由软件自动预对齐文本中所有的句子；
(3) 人工介入，调整对齐细节；
(4) 输出标准格式的 TMX 文件和工程文件，以便随时维护或修正对齐；
(5) 能够迅速快捷提取或分离两种语言文本。

为实现上述目标，我们设计了一个工作流程标准，如下：

(1) 使用 Notepad++，利用分屏和同步滚动技巧，对双语文本进行段落级粗对齐，该环节主要保证对应的文本具有相同的段落数，需要删除多

[①] 该平行语料库以及《剑桥古代中国史》平行语料库由北京外国语大学博士生吴进善、张绵、袁新华和部分硕士研究生于 2013-2015 年完成。

余的回车键和换行符，可利用 Notepad++的行号检查段落对齐情况，经过对比试验各种段落对齐软件和技术后，发现本方法最为方便快捷；

（2）把段落预对齐的文件存储在工作目录下，使用 ABBYY Aligner 进行句子级预对齐；

（3）对预对齐后的句对进行人工编辑，调整错落的片段，检查无误后，输出 TMX 文件和 ATA 工程文件，如图 5-1 和图 5-2：

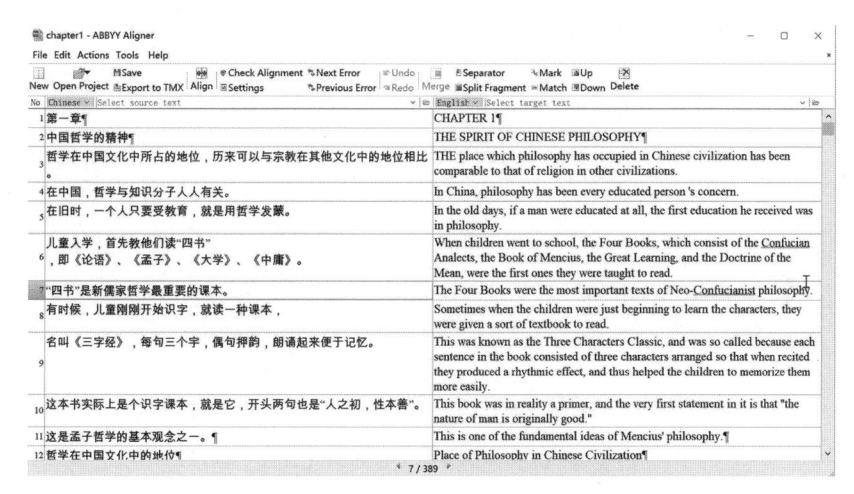

图 5-1　利用 ABBYY Aligner 完成句子级对齐

图 5-2　对齐后输出的 TMX 文件

（4）基于句子级对齐的文件，研究和开发短语级对齐（我们称之为对应单位自动对齐，Automatic Corresponding Units Alignment）技术和分析检索技术（参见本报告第四章），图 5-2 展示对平行文本在短语级自动对齐后，再进行检索的结果，在检索文本输入某一查询短语或词语后（框线图示第 5-3），程序会遍历平行文本，呈现该短语或词语所有对应的文本片段，并同时展示以该节点为中心索引行：

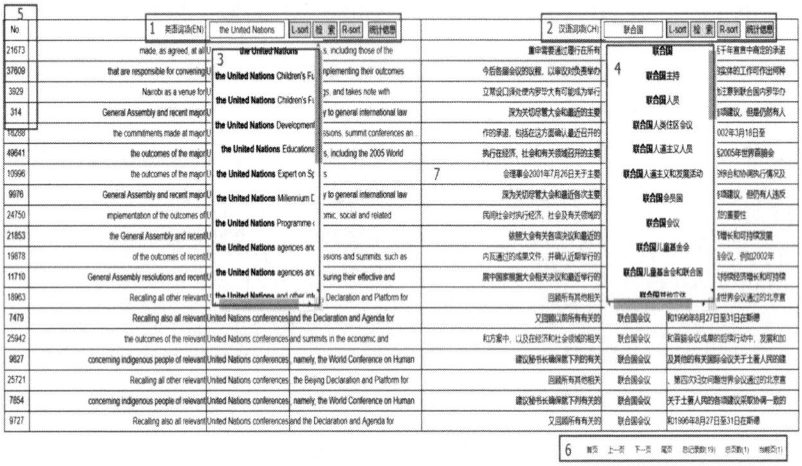

图 5-3 双语 CUC 索引分析平台界面（袁新华 2019）

经过对齐处理后，共完成以下平行语料库建设，这些句对库对研究中国历史文化的英语表述提供可用的资源和平台：

表 5-1　　　　　　　　平行语料库统计

序号	名称	句对	文件数	输出格式
1	中国哲学简史句对库	6855	28	TMX、ATA
2	中国秦汉史句对库	13176	16	TMX、ATA
3	中国隋唐史句对库	12986	10	TMX、ATA
4	中国明史句对库	14234	13	TMX、ATA
5	中国晚清史句对库	19898	21	TMX、ATA
6	中国民国史句对库	12158	12	TMX、ATA
7	菜根谭句对	359	2	TMX、ATA
8	庄子句对	1126	1	XLSX

5.3 中国文化英语表述语料库

中国文化英语表述语料库主要来源是收集各种以中国为主题的电子书刊以及中国典籍英译的译本收集，通过 ABBYY Fine Reader 的 OCR 识别转换为纯文本，然后再经过手工编辑，删除怪异符号，在文件名标记书名、作者、出版社、出版日期等信息，通过 R 包 readtext（Benoit & Obeng 2020）和 tidyverse 包（Wickham et al. 2019）读入并转换为数据框，再使用 quanteda（Benoit et al. 2018）包的 corpus 函数转换为语料库，以便在 Rstudio 中进行各种探索和分析。如中国文化英语表述库使用 R 的调用指令为：

```
library(readtext)
library(tidyverse)
library(quanteda)
setwd("e:/chinese_culture/")
cn_culture  <-readtext("*.txt", text_field="text", docvarsfrom="filenames"
dvsep="_", docvarnames=c("author", "title", "publisher", "year"))
cn_corpus  <-corpus(cn_culture, text_field="text")
cn_df  <-summary(cn_corpus, n=150)
```

表 5-2　　　　　　中国文化英语表述资源库建设列表

序号	名称	类符	形符	句子
1	中国文化英语表述库	50130	22086652	822736
2	新儒家英语表述语料库	33433	1303876	56248
3	中国史学英文库	18348	697195	29897
4	《道德经》英译库	73945	620495	54093

使用 readtext 和 quanteda 把无结构的文本转换结构化数据，是语料库大数据处理中非常重要的环节，传统的语料库分析软件如 Wordsmith Tools

及 AntConc 等技术封装严密，处理语料量非常有限，运行速度慢，使用者对分析过程的掌控也极为有限。本课题研究把语料库资源与数据科学的技术路径结合起来，探索语料库数据处理、可视化探索和量化分析的工作路径。上述语料库数据化后，可以对各种特征、变量和参数进行探索和分析，如我们可以很方便地通过可视化手段观察有关中国研究的学术成果在各大出版社的出版量：

```
cn_df %>% group_by(publisher) %>% count() %>%
    ggplot(aes(x=reorder(publisher, n), y=n, fill=publisher))+
    geom_col(show.legend=FALSE)+coord_flip()
```

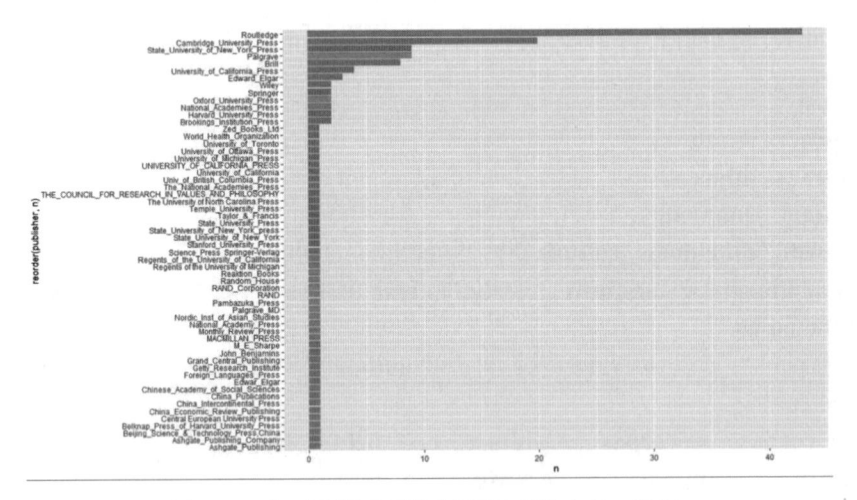

图 5-4　西方出版社出版的中国研究著作分布（样本）

5.4　国际读者对中国文化著作的评价资源抓取

语料库是语言使用事实（facts）的抽样。在语料库中对文本的外部信息使用特定的标记语言进行标记，使文本具有了某种分类或范畴化特征。根据该分类或范畴对文本的相关特征进行提取及处理，所获得的结果就是语料库数据（data）。由此，语料库元数据是语料库文本的特征信息或处理信息。语料库数据遵循以下原则：

（1）具有结构和标记；

（2）每一个范畴都是可测量、可赋值、可计算的；

（3）每个范畴互相独立，不互相包含。

要定量分析一个无结构的文本，需要把文本变为有结构的数据，可通过以下途径：

（1）提取索引行，测量搭配和序列关系；

（2）测量文本特征，把文本转换为各种描述性范畴，如类符、形符、标准类形比、句子数、平均词长、句长、段长等；

（3）标记文本的外部分类范畴，与前述途径相结合，进行多维度的描写和分析。

本节的主要目标有三个：

（1）利用网页抓取技术，抓取亚马逊网站有关《道德经》、《庄子》和《论语》的各种英文译本书评，各组成一个专题书评语料库，并转换为整洁的结构化数据；

（2）对文本进行分词，并保存为数据框；

（3）基于结构化数据，把每份文件存为单个文本文件并把相关元信息编入文件名。

中国文化资源通过翻译或原创叙写在国际发表，是否为国际读者所接受？他们在阅读中国文化著作时呈现何种态度、情感和期待？国际读者感知的问题有哪些？要回答这些问题，必须获得国际读者评价的第一手资料。本课题研究探索应用 R 的网页抓取技术，从亚马逊网站书评网页抓取（web scraping）完整文本及元数据，然后应用主题建模、主题词分析、情感分析等技术进行探索分析。为获得完整有效的网页数据，我们根据先导分析，制订了以下步骤，作为网页抓取的规范流程：

打开需要抓取内容的网页，主要分析以下内容：

（1）网站结构：如在亚马逊图书网站首先查询 laozi，找到相关的著作，该网页有两个链接层，上层页面是动态查询结果，为专著列表；

语料库与中国文化英语表述研究

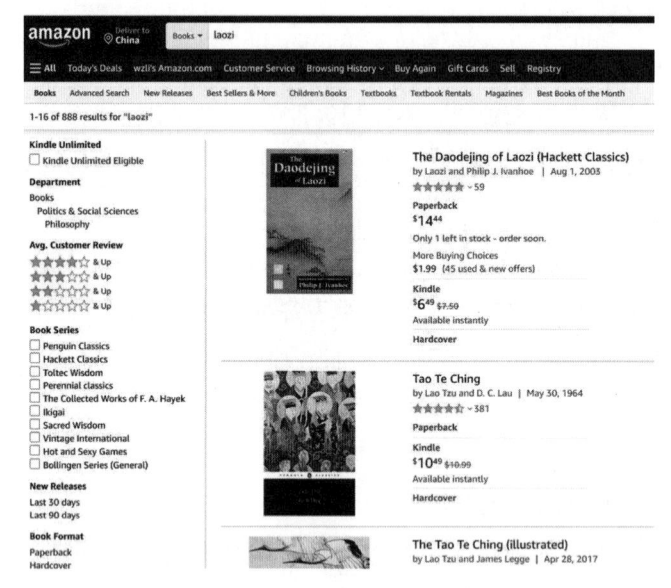

图 5-5　查询结果列表

图 5-6　书评信息位置及布局

进入每本书的页面才看到书评和其他相关信息。这里有两个思路，一是先让程序读取查询结果，然后分析页面，进入每本书的链接，抓取多页书评，二是先进入书评页面，为每本书独立抓取相关书评数据，最后再合并数据表。通过先导分析，我们发现查询结果所显示的信息并不齐整，一些缺失信息会造成读取失败，此外，该网站对连续快速抓取数据的行为会有防范，所以，第二种方法最为稳妥。

（2）分析网页结构，通过右键→检查查看所要提取的节点信息所对应的css标识。以下调用要用到的R包，分别是xml2（Wickham, Hester & Ooms 2020）、rvest（Wickham 2020）、dplyr（Wickham, François & Müller 2020）：

```
library(xml2)
library(rvest)
library(tidyverse)
library(dplyr)
```

#为每一步书创建一个空数据框，以存储读取的数据。

```
bryden_df<-tibble()
```

（3）抓取网页内容，把相关信息存储为变量；存储链接网址，中间关联的数字是一个变量，指向不同的书评页。

```
link1<-
"https://www.amazon.co.uk/product-reviews/B005WSNXKO/ref=cm_cr_arp_d_paging_btm_next_"
link2<-"?ie=UTF8&reviewerType=all_reviews&pageNumber="
for (i in 1:2)
{
#j=j+1
  page<-read_html(paste0(link1, i, link2, i))
reviewer<-page %>% html_nodes(".a-profile-name") %>% html_text
()
#reviewer<-reviewer[3:length(reviewer)]
book<-page %>% html_nodes("a[data-hook=product-link]") %>% html_text()
book[1:length(reviewer)]<-book
translator<-page %>% html_nodes("span[id=cr-arp-byline]") %>% html_text()
```

```
translator[1:length(book)]<-"Edmund Ryden"
rating<-page %>% html_nodes(".review-rating") %>% html_text()
#rating<-rating[3:length(rating)]
review_date<-page %>% html_nodes(".review-date") %>% html_text()
#review_date<-review_date[3:length(review_date)]
review<-page %>% html_nodes("span[data-hook=review-body]") %>% html_text()
tib<-tibble(book,translator,reviewer,rating,review_date,review)
ryden_df<-rbind(ryden_df,tib)
}
View(kohn_df)
laozi_df<-rbind(laozi_df,ryden_df)
#setwd("e:/play_R/")
save(laozi_df,file="laozi.Rdata")
write_csv(laozi_df,"laozi_rawdf.csv")
#November 11 ends here with Addiss
load("laozi.Rdata")
}
```

由上可见，只需要少量代码，就可以连续读取网页内容，构建语料数据。重复应用以上步骤，就可以抓取不同著作的书评内容。由于网站结构稍有差异，个别代码需要调整。通过应用上述方法，我们抓取了《道德经》《庄子》《论语》各个版本的英语译本在亚马逊网站上的书评，以下分别是《德道经》英译的书评数据结构（共挖取4522条书评，标记12个变量）、《论语》英译的书评数据（共挖取618条书评，标记12个变量），以及《庄子》英译书评的数据（共挖取516条书评，标记12个变量）：

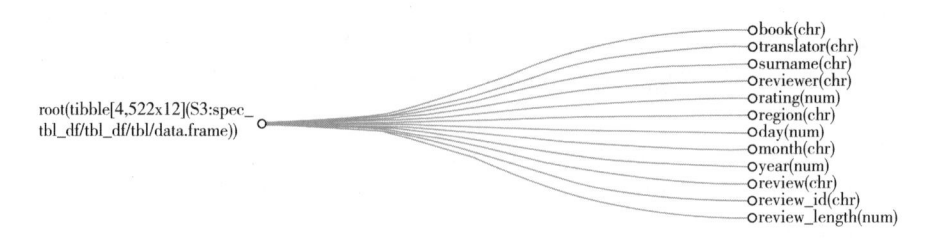

图 5-7 《道德经》英译的书评数据结构

图 5-8　《论语》英译的书评数据结构

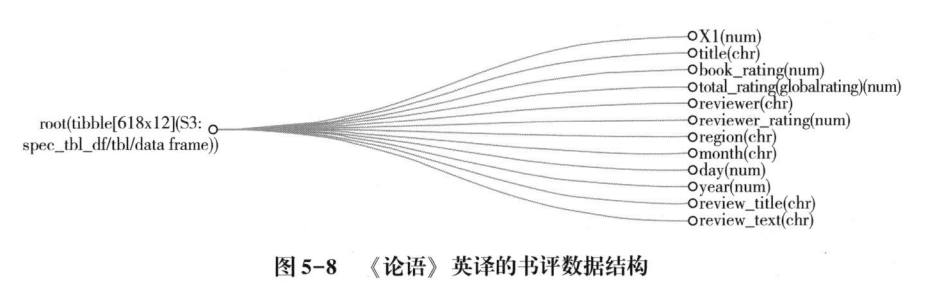

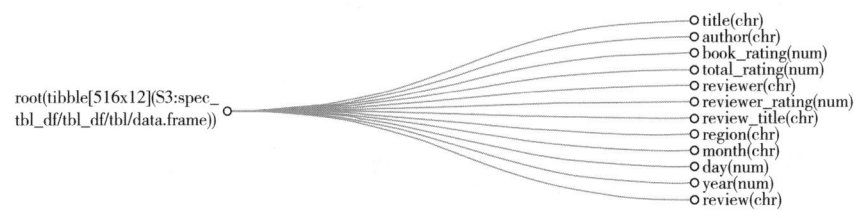

图 5-9　《庄子》英译的书评数据

5.5　讨论：数据和理论

语料库驱动研究在重视数据的同时，也十分关照理论的作用和地位，如"语料库语言学具有理论地位"（Tognini-Bonelli 2001：1）；"语料库不仅仅是一个工具，还是语言学理论的一个重要概念"（Stubbs 1993：24）；"语料库语言学是语言研究的理论路径"（a theoretical approach），完全使用语料库数据本身必然会产生新的语言理论。（Teubert 2005：2）；"语言理论不能独立于证据而存在"（Tognini-Bonelli 2001：84）。

理论和数据并不像我们想象的那么泾渭分明。比如在语料库中界定什么才算一个 type，决定了 token 的计数结果，这是一个决策过程，如 100,000，$12，n 算不算类符（type），it's，I'd，ain't，touch-me-not，wait-and-see，jeet（did you eat?），LOL，revolu-tiony 应该算几个 type？一篇作文多长算长，多长算超长，不过是设定数据点分割的结果。拿作文的长度与学校类型做对应分析，能说数据里不包含理论？这些都需要界定和范畴化，这就是理论；再说公元年是不是一种理论。就连定序数据，也是人的时空概念产生的结果，仍然是理论。所以，我们看到的那些我们称之为事实和

· 127 ·

数据的东西，无不是被我们的理解和认识本身改变了的范畴。在基于语料库的语言分析中更是如此。比如说研究"认知隐喻"，从语料库中检索到定义好的所谓源域和靶域，不就是等于检索到的理论吗？说"生命是旅行"，"运动是战争"，那"旅行"和"战争"又是什么？需要理论去解释。如果没有理论，根本得不到任何数据。因此，理论和数据并不独立存在这句话，是没多少问题的。在 Sinclair 与 Coulthard（1975）的著作前言中，有这么一句话，他说根本不存在没有理论的实践，任何实践和行动都是有理论的，只不过有的理论是显性的，有的理论是隐性的。在语言研究中，Sinclair 意识到主观优先和放纵臆想的危害，因此着力提倡实证，主张最小假设，就是希望语言研究者在想象和假设过度的语言学研究中，多看看事实和数据，在语言使用的自然和真实面前不要太傲慢和轻率。他不是否定主观和直觉，只是觉得这种东西不能泛滥成灾。

那么，如何看待数据与理论，语料库与语料库语言学之间的关系？

首先，语料库是工具，不与任何学科绑定。语料库是语言使用样本处理的一种过渡形态。语料库之前，Johnson 博士从当时英国各种文学作品中摘抄大量例句，以充实自己的词典；Murray 从民间广征词条、例句与定义；Jespersen 在自己的语法研究中，坚持使用来自真实文本的实例。这些实践都体现了依赖真实文本，基于实例立说立论的实证思想或理念。但这些东西不能叫语料库，只是实例库，因为他们（1）是孤立的句子或片段，缺乏完整的文本；（2）实例彼此之间无检索关联，不能呈现规律；（3）一次性使用，使用结果高度可预测，缺乏工具性；（4）不可传递共享，缺乏信息性特征。这就是为什么我们反对把电子语料库（如 Brown 语料库）之前的东西叫语料库。电子化的、连续并相对完整的文本或话语片段集合，且能重复检索，其使用取向不可预测，具有这些特征才是真正意义上的语料库。

但是语料库的创建仍然是一种物态思想：把文本收集起来，存在一个固定的地方，使用单独的软件进行检索。这种传统的语料库形态并没有完全发挥文本作为信息的长处：可传递、可共享、可增殖、可动态累积。它依然还有一个"库"的概念，即通过孤立和标记把文本样本集中起来，独立分析。这无疑有很大的局限性。很快，"库"的增量就远超计算能力，计算时越来越多，基于服务器的在线语料库就顺势而生。但在线语料库的构架仍然是传统语料库的思路，而且出现得很早，如 COBUILD 语料库和 BNC 都是基于服务器构架的。

语料库语言学的重点是语言事实观察和数据处理，不是数据的外在形态。语言使用的基本属性是信息态。封闭型语料库只是信息技术发展的初级形态。下一代的语料库应该远远突破这种构架，如 Renouf 的 Web corpus 就是雏形。未来的语料库以互联的所有资源文本为本体，后台是各种响应算法，通过客户端抵达用户；文本语料变得无处不在，无时不有，可能只是语言使用实际发生的延时而已。从严格意义上讲，语料库解体，与之相关的一系列概念需要重新审视，如样本、代表性、频率等。比如说，我们不仅需要获知某一意义型式的大致频率，还需要知道该型式在哪种情势下、何种文类和语体中、哪个时段、什么人对哪些人说写、以哪个话题说写时所具有的特征。因此，无视语料库语言学思想和理念，仅把语料库视作验证现存理论的试验平台（testbed），一旦功能更强大的平台出现，如大数据平台，就可以在新的平台上验证理论和假设，传统的静态闭合式语料库就会变成古董；理论和假设总是存在，工具平台却可以常换，在这种情形下，语料库的未来就是超级语料库，然后就是消解。就像当初的 BP 机，它比有线电话更灵活，但是通话时仍需要有线电话，后来手机出现，接着是智能手机，然后就是智能穿戴，说不定以后就是智能植入。我们当然不能死守着有线电话不放，工具的更新换代势不可挡。这就是把语料库语言学视为工具和方法的深刻危机：一旦工具消失，附着其上的"学"就不见了。

其二，Sinclair 主张的是"信任文本"，无论文本以何种技术和方法呈现，只要能让我们同时看到很多，让我们看到那些隐含的型式，看到那些"习焉不察，出乎意料"的东西，我们就会不断更新观察和描述的方法和技巧，不断开阔视野。换句话说，我们根本不在乎语料库会变成什么，会不会消失，观察和分析语言的实证原则保持相对稳定。语料库消失了，语料库语言学仍然存在，因为语言使用还在继续，语言观察不死，数据还在。这就是我们主张的"语料库不与任何学科绑定"的含义。

其三，语料库文本分析不应排斥自然语言处理、大数据技术和人工智能技术。语料库方法依 IT 技术而生,其发展也离不开技术的支持。我们主张一种增量分析(incremental analysis)的理念,即充分融合最新的语言处理技术成果,并在此基础上进行语料库文本分析,文本分析的结果再反馈到自然语言处理,以促生新的技术进展。

5.6 小结

随着网络技术的发展和信息的聚积,语料库概念的边界在不断被拓展,其形态也在产生很大的变化,原来的一些重要设计原则,如抽样和代表性、样本均衡性、文本的涵义等,都需要重新思考。随着语料库的进一步发展,以上概念可能会变为动态的、相对性的操作考量:用什么样的语料库、做什么、是否有效?而这些决策将不再是语料库开发者的主要责任,而是由使用者根据自己的研究进行设定。从某种意义上讲,传统语料库所收集的文本并不是严格意义上的原态文本:文本的版式、字体、呈现形态、插图、附文,以及其他副文本信息等,在转换成纯文本格式时都会丢失,更不用说现在日趋多样化的网络超文本,如音视频、动画、可视化图形、图片、互动、链接等。从更广泛的意义上讲,人的世界都是文本;问题在于我们的测量能力。未来的语料库可能需要对所有的文本元素进行范畴化,并进行有效标记和编码。虽然我们难以预测语料库到底能发展到哪一步,但至少需要对语料库的发展持一种开放的心态。

没有人能站在一个适当的位置,去规定语料库该怎么用、不该怎么用;就是有人这么做,也不会有人听。语料库从一出现就是有多个源头、多种用途的,如自然语言处理和机器翻译用语料库同样出现很早。但在语料库研究评价上,始终存在对待语料库数据的态度问题:是从语料库中寻找证据(evidence)?还是从数据出发获得发现?对这个问题的不同回答,决定了语言事实和数据在研究中的角色和地位。当然我们可以说不存在纯粹的客观事实,或者不存在没有理论的数据;在大多数情况下,我们只能看到我们愿意看到或能够看到的东西。

计算机对语料库的作用不仅是提高效率的问题。巨量的语料与计算机强大的检索能力，彻底改变了人们对语言的观察：一是视角的改变，计算机检索大大突破了个人基于知识经验的心理搜索以及人工文献检索，也突破了个人知识搜索的心理定式及障碍，让我们看到直觉无法企及的东西；二是视野的改变，重复与变异同时呈现，促使我们重新审视规律与变化的关系；三是工具对思想的促生作用，大量超乎预期和直觉的语言事实凸显，需要得到新的描述和解释。从这个意义上讲，人们先是改变了工具，最后受工具改变。语料库的工具性使我们无法预测到底能用它得到什么。语料量越大，变异性越强；语料时间越近，语言使用的多样性变化越大。

数据是语料库研究探索的起点和入口，真正的文本意义分析必须从数据回到文本，文本是第一阶数据（the first-order data）。唯理论或唯技术都会让我们误入歧途。数据不会说话，说话的是人。不对数据做邪恶的事，不用数据做邪恶的事。

大数据之大，越来越超出人自然感知的把控能力。数据可视化的重要性日益显著，我们通过观察和把握高速增长的数据，测量日益复杂的数据关系，探索有价值的话题和研究方向。但是，图形是受作图者操控的，美丽的图形中存在花招和陷阱。我们只有真正掌握它，才不会在其中沉沦。

在大数据时代，语料库本身就是一种语言大数据。语料库作为一种大数据，在设计和应用过程中应具有充分的数据意识：（1）语料库作为语言数据的结构化和元信息标记的完备性。我们把 Hadley Wickham 的整洁数据思想扩展开来，对语料库设计也提倡数据的整洁性，即每一类标记信息都看作一个变量，每一种标注信息都看作是一个观察或测量单位；文本是数据结构的一个组成部分；（2）保持原始文本的纯净，一切添加的信息都在文本外；（3）数据的通用性和跨平台使用，如 R、sql、python 等；（4）数据的开放性，一是在保证数据整体结构的稳定同时，使数据具有灵活的容纳能力；二是对文本处理技术发展保持良好的预见，文本不与某一单一技术绑定，如分词、赋码、句法分析等。在语料库应用中充分考虑语料库研究新思想和新路径，并与 NLP 领域新成果结合起来，基于所建设的语料库开发多个衍生产品，如学习者词库等。

作为语言研究者，需要自觉培养一种数据意识，即充分掌握其来源、范畴、结构、处理机制以及其呈现的结果与结论的关系，以文本的视角看语言，以数据的眼光看文本。只有通晓这一切，才不会被眼花缭乱的数据分析及可视化图形所迷惑，也才有能力去思考数据应用的前景与难题，去进行数据批判。人文永远是第一性的，数据只是人的行为痕迹。

第二部分
中国典籍翻译与文化表述研究

  本部分面向中国文化表述研究，基于语料库方法应用于整篇文本的分析实践，提出"内文性假设"，即任何文本创造者都有意图，在意义表达中力图准确、明晰、可靠、稳定；这使得文本具有内在的凝聚性和稳定性；任何单篇文本都有要传递的意旨，而这些意旨是连贯地记录在文本内部的；文本意义是可知的；由此，同一文本内部在相似语境中使用的词语，其意义具有连通性，彼此可以互证。词语与语境共同创造意义：词语同现限制或凸显词义，词语及共文创造意义，语境约束意义解读。文本内意义释意（intra-textual meaning paraphrasing），即意义在文本内部得到解释，文本中所使用的词语总能通过其他词语或意义单位获得解释：在某一位置出现的词语会以相同或不同形态在其他位置出现，并通过语境化创造更丰富的意义，这种文本内释的特性构成了文本理解的基础，即内文性。

第六章　典籍中的文化概念表述分析

本章概要：在研究中国典籍文化的英语表述中，典籍翻译是重要的研究依据和分析途径。本章通过案例分析，从翻译中研究中国文化概念和思想的英语表述，并试图为表述评价建立一种理论框架，即内文性假设，尝试将该框架应用于实际的分析中。

在语料库索引分析中，来自语料库中成千上万个不同文本源的语言使用实例，通过节点词或短语的检索被打印到屏幕中，呈现出经典的 KWIC（语境中的关键词）界面。扩展意义单位分析（参见 Sinclair 1996，2003，2004b）就是基于高频复现的词语同现而获得搭配强型式，进而扩展观察的范围，分析语法同现（类联接）及语义偏好，最后在边界处分析整个扩展意义单位的语义韵。围绕某一词语或短语所形成的意义单位，是通过最大路径（maximal approach，Sinclair 2004a：280）分析获得的，但其释意解读的基础却是互文解读，即同一词语或短语在不同文本中相似语境的意义和用法。在扩展意义单位分析过程中，我们经常遇到的情景是，同一个搭配会形成不同的扩展意义单位，也呈现出不同的型式。那么，当我们面对单篇文本时，应当如何解释和分析其词语型式及意义互释呢？单篇文本索引分析与传统的语料库索引分析有何不同？Sinclair 指出，"如果我们分析的目的在于意义，那么我们最终目标必定是整篇文本或话语事件的意义。这种意义极为复杂与精妙，随着文本的展开，通过词语选择或短语的结合而创造出来"，"因此，在一个单篇的文件或言语事件中，我们可以期望找到一切东西，从词语强搭配型式到词汇的总体一致"（Sinclair，2008：409）。这种总体一致反映了单篇文本内部的意义表述机制。与互文解读相比，文本内部对词语、概念及主旨的意义互相解释与阐述的机制就是文本的内文性；而通过文本索引及扩展单位意义分析方法，获得文本释意的证据，以期解读文本中核心概念及意旨的过程，就是内文解读。

6.1 文本的内部特征

Sinclair（1982，2004）把语言使用分为两个层面，一为'交互面'（interactive plane），另为'自主面'（autonomous plane）。'交互面'在口语话语中"表现为对话的参与者之间连续的意义协商，包括谈话权的守护与出让，对意义解读的约束，以及个人对话语目标的操控；在笔语文本中，交互则是作者想象中的活动"；"'自主面'表现为连续的经验内化过程，即把对外部世界的经验内化到语言内部空间，'自主面'的焦点是组织和维护文本结构。在文本内部，任何片段都是从前出文本中构建而来，通过再调节，用旧材料构筑新材料，并不断维护这一过程"（Sinclair 2004：53）。按照 Sinclair 的理论，文本内部组织诸特征包括：（1）预判（predictions），即作者对后文的承诺；（2）预示（anticipation），即作者做出预示，但不承诺后文发生什么；（3）自参照（self-references），即关于文本自身的命题；（4）话语标示（discourse labeling）；（5）参与者介入，即作者以第一人称出现在文本；（6）交叉参照（cross-references）。Sinclair 把文本分析与文本的阅读过程结合在一起，其关注的焦点即是正在被阅读的句子，"文本即是我们在阅读进程中正在面对的句子"（Sinclair 2004b：14），该句子要么受前句预期，要么对前句意义进行封装（encapsulate）。在这一体系中，文本基本是线性的，每个句子构成相对独立的微文本，各个句子互相联系，并互相解释。

在我们的定义中，处于意义网络中的文本是动态变化的，界定文本的范围取决于文本分析的视角，以中国典籍文本为例，文本与其他文本之间的关系作如下呈现：在图 6-1 中，A1 指以文本内句子为单位的线性意义解释；A2 指以文本语篇组织的意义互释；A3 指基于给定文本的解读，包括各种文本注释，如传、注、疏、义（正义）、笺、集解、索引等。如程树德(1990)的《论语集释》把内容分为考异、音读、考证、集解、古注、集注、别解、余论、发明、按语等十类,这些都可以视作《论语》核心文本的附着文本;A4 指同类文本群落之间的意义互释,包括各种翻译文本。B 箭头表示文本内视角;C 箭头表示文本间视角。文本的意义网络受两种张力的支配,即文本内经验内化意义互释,表现为意义收拢的向心力,与文本间不同经验内化的意义阐释,表现为意义延展的离心力;两种力量互补,在交互解读中得到平衡和维护。

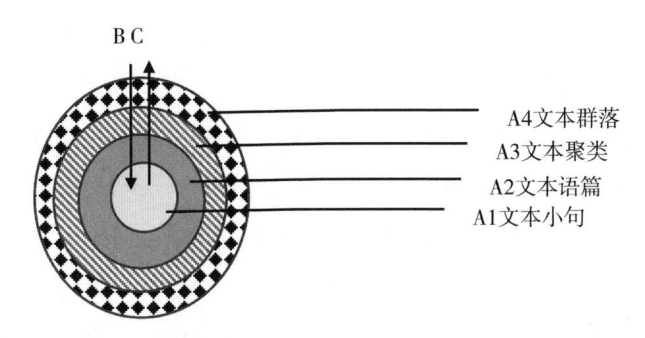

图 6-1 文本网络与内文性

围绕文本存在三种基本视角:(1)第一视角为作者/说话人视角,文本或话语的创造者通过言说或写作传递思想或信息,以完成个人的话语目标;(2)第二视角为读者/听话人视角,读者或听话人通过融合个人体验与文本(话语)进行意义谈判与解读;(3)第三视角为观察者/研究者视角,通过观察、分析、评价介入文本。但纯粹的第三视角并不存在,观察者和研究者在介入文本的过程中转变为第二视角。文本的生产与消费其实就是前两个视角交互作用的结果。

6.2 文本的内文性与解读

Teubert 把解读分为两种,一种是对文本证据的窄式阅读,另一种是能够产生新思想的宽式自由解读(Teubert 2015:个人通信)。对第一视角而言,作者/说话人的策略在于,随着文本或话语的展开,阐发和说明意义;

任何文本创造者都有意图，在意义表达中力图准确、明晰、可靠、稳定；这使得文本具有内在的凝聚性和稳定性；文本意义是可知的。这种意义的发展是向心性的，其主要目的在于作者经验、信息、与思想在文本中的传递与分享。此外，内文性也是作者与其文本交互的过程：作者既通过写作推进思考，产生思想，又对潜在的读者及其可能的响应不断作出预期和判断。我们无法直接得知作者的意图（即使作者明确告诉我们），却可以通过文本分析其意义，并推断作者的意图。与此相比，第二视角的互文解读通过指涉其他文本或知识经验，以解读当前文本，因此在意义上是分化而离心的，其结果往往是产生全新的意义。

同一文本内部在相似语境中使用的词语，其意义具有连通性，彼此可以互证。词语与语境共同创造意义：词语同现限制或凸显词义，词语及共文创造意义，语境约束意义解读。文本内意义互释（intra-textual meaning paraphrasing），即意义在文本内部的到解释，文本中所使用的词语总能通过其他词语或意义单位获得解释；在某一位置出现的词语会以相同或不同形态在其他位置出现，并通过语境化创造更丰富的意义，这种文本内释的特性构成了文本理解的基础，即内文性。这种意义解释非单向的线性解释，而是多向的互相解释，不仅是后文（pro-text）解前文（pre-text），前文亦解后文。此意义互释消除歧义，约束意义解读，拒绝孤立的体验式阅读。

6.3　内文假设应用

根据以上讨论，我们谨作如下假设：

（1）任何文本创造者都有意图，在意义表达中力图准确、明晰、可靠、稳定；这使得文本具有内在的凝聚性和稳定性；任何单篇文本都有要传递的意旨，而这些意旨是连贯地记录在文本内部的；文本意义是可知的（文本意义如何解读与作者无关）。我们无法直接得知作者的意图（即使作者明确告诉我们），却可以通过文本分析其意义，并推断作者的意图；

太上下知有之，其次亲而誉之，其次畏之，其次侮之。信不足焉，有不信。犹兮其贵言！功成事遂，百姓皆谓我自然。《道德经（17）》

上文中"太上"、"其次"（重复3次）提供了推知文本意义的线索，指向执政境界的高低，而不是时间的先后。

（2）同一文本内部的意义具有连通性，彼此可以互证：

1.3 子曰："巧言令色，鲜仁矣。"

5.25 子曰："巧言令色足恭，左丘明耻之，丘亦耻之。匿怨而友其人，左丘明耻之，丘亦耻之。"

17.17 子曰："巧言令色，鲜矣仁。"

（3）词语与语境共同创造意义，即词语同现限制或凸显词义，词语及共文创造意义，语境约束意义解读（括号中数字代表章节号）：

1）故常无欲以观其妙；常有欲以观其徼。此两者，同出而异名，同谓之玄，玄之又玄，众妙之门。《道德经》（1）

2）常使民无知无欲，使夫智者不敢为也。为无为，则无不治。《道德经》（3）

3）常无欲，可名于小；《道德经》（34）

4）无名之朴，夫亦将无欲。《道德经》（37）

5）我无欲而民自朴。《道德经》（57）

文本内意义互释（intra-textual meaning paraphrasing）指意义在文本内部的到解释（paraphrase），文本中所使用的词语总能通过其他词语或意义单位获得解释，即在某一位置出现的词语会以相同或不同形态在其他位置出现，并通过语境化创造更丰富的意义，这种文本内释的特性构成了文本理解的基础。这种意义解释非单向的线性解释，而是多向的互相解释，不仅是后文（pro-text）解前文（retro-text），前文亦解后文。此意义互释消除歧义，约束意义解读，拒绝孤立的体验式阅读，以下断句更符合内文一致性：

> 故常无，欲以观其妙；常有，欲以观其徼。（见上文）

文本内意义互释主要由以下四个主要功能构成：（1）界定力（defining power）；（2）说明力（explicating power）；（3）解释力（explaining power）；（4）联系力（associating power），分述如下：

（1）界定力：定义并表明某一给定词语所表达的概念、事件、事物、关系的存在或实有，如：

> 视之不见名曰夷，听之不闻名曰希，搏之不得名曰微。此三者，不可致诘，故混而为一。《道德经》（14）

这里"曰"链接了界定内容和界定对象，界定同时也是一种概念构建的过程。

（2）说明力：对意义的确切化、明晰化、具体化；

> 古之士善为（道）者，微妙玄通，深不可识。夫唯不可识，故强为之容：豫兮若冬涉川，犹兮若畏四邻，俨兮其若客，涣兮若冰之将释，敦兮其若朴，旷兮其若谷，浑兮其若浊。孰能浊以止，静之徐清？孰能安以久，动之徐生？保此道者不欲盈。夫唯不盈，故能蔽不新成。《道德经》（15）

该段通过一连串的具象的明喻，如"冬涉川"、"畏四邻"、"客"、"冰之将释"、"朴"、"谷"、"浊"，来说明和表示"为道者"。

（3）解释力：解释意义之间相互关系；概念与概念之间的细微区别；

> 子曰："君子不器。"《论语》（为政篇第二）

（4）联系力：与他概念的联接与协和。

> 上善若水。水善利万物而不争，处众人之所恶（wù），故几（jī）

于道。《道德经》(8)

内文性（intra-textuality）为一个灵活概念，可分为单体文本、家族文本及群文本，分别处于共文、语境、环境中，解释所处的位置离核心越近，意义之间的关系越紧密，文本内意义互释在于控制意义泛滥，使意义收拢，是一种收缩性的向心力。文本间性（intertextuality）则代表了意义的延展，反映了意义解读过程中意义的离散趋势，是一种放射性的离心力。但二者的界限并不明显，且能互相转化。内文性的极度扩张，使文本彼此兼并，构成文本话语（textual discourse），文本际意义解释转变为文本内解释。文本内谐性（intra-textual harmonization）约束文本内词语和意义单位，排斥多义、歧义和误义，有效实现作者意图。不同文本之间的意义具有联系性，彼此可以互相发明；

无论是单体文本，还是文本家族与文本群落，都处于具有网络关系的共文、语境、环境中；文本之间的距离越近，意义之间的关系越紧密；文本内意义互释在于控制意义泛滥，使意义收拢，是一种收缩性的向心力，代表了文本的内谐性。文本间性（intertextuality）则代表了意义的延展，反映了意义解读过程中意义的离散趋势，是一种放射性的离心力。但二者的界限并不明显，且能互相转化。换言之，文本的意义网络受两种张力的支配，即文本内经验内化意义互释，表现为意义收拢的向心力，文本内谐（intratextual harmonization）约束文本内词语和意义单位，排斥多义、歧义和误义，有效实现作者意图；文本间性为文本间不同经验内化的意义阐释，表现为意义延展的离心力，多元解读体现了读者的自主性；互文解读颠覆文本自主性的意义垄断，使意义变得丰富。两种力量互补，在交互解读中得到平衡和维护。

一个文本通过选择词语或短语结构型式构建意义单位，文本的主旨随着文本的展开得到发展，在整个过程中，其意义保持前后连贯一致，力图避免彼此矛盾或歧义的表述；文本的各种意义是可理解的，读者在此基础上可以进一步推知文本的意旨；文本内的意义表述是连续而贯通的，并在此过程中不断自我阐释和拓展，因此，内文性意义互释产生于同质的语境，并通过文本的流动，在各种变化的语境中出现，形成扩展的意义表述。以上基本假设称作内文性假设。过分注重文本的互文性解读而忽略内文性，会无限增加解释冲突的张力。这是由于人的互文性体验既来自其他文本，也来自自身的真实体验和个性知识。由于个人体验及知识千差万别，导致对其他文本的解读和记忆无限分化，呈多元性，使得基于互文性的解读极具个性，并彼此冲突。同理，过分注重内文性解读而忽略互文性，会割断文本与所在语境的联系，从而使解读本身不可理解。此外，互文性解读很难通过其他的互文性解读得到真正的验证，即便这种解读由于历时性积淀具有极强的重复性。但这种重复却是多线程的：冲突中每个解读都有自己的追随者，而互相之间谁也不能说服谁。因此，互文性解读只有通过内文性释意才能得到验证，而内文性解读离不开互文性知识。由此可见，互文性与内文性之间不存在明确的界线划分，不能割裂：既不存在纯粹的互文性解读，同样也不存在纯粹的内文性解读。

6.4 案例分析之一：《道德经》在英译中的表述

本节应用内文理论分析中国典籍文本片段，并通过翻译进一步分析其表述的意义。

6.4.1 英译探索分析

笔者使用 R 包 stylo 分别对《道德经》80 多种译本进行词表统计和对比，并通过实词和功能词的使用对文本进行聚类和主题词分析，再使用 Gephi 进行可视化处理，试图获得一种总体印象，以解决以下问题：

（1）译本在时间维度上哪些文本关系更紧密？
（2）不同身份的译者其译本是否具有更紧密的关系？
（3）通过文本对比，所生成的主题词与哪些词语具有更强的联想关系？这些关系是否符合我们文本阅读的体验？

图 6-2 和图 6-3 的聚类显示，具有中文母语背景的译者在译本上具有更显著的紧密性，如林语堂、任继愈、初大告、刘殿爵、陈荣捷（Wing-tsit Chan）等人的译本被聚在一起（绿色图形）；此外，早期的一些译本彼此也具有较强的关系，如巴尔福、理雅格等人的译本。为确定这一印象，我们特意选取了三个译本群落进行聚类，分别为中国译者、早期英语本族人译者和二十世纪八十年代以后的译者，结果表明上述特征在缩小译本范围的视图更为显著（图6-2）。我们还尝试只使用实词（图6-4）和功能词（图6-5）对译本重新进行聚类，我们发现，除了实词聚类的结果与其他稍有不同，功能词聚类仍然能把具有中文母语背景的译者聚在一起。

在主题词分析中，我们使用语料库提取主题词技术，以《礼记》、《庄子》、《论语》、《易经》等与《道德经》时代相近的文本组成参照库，以《道德经》文本为观察文本，提取主题词，再根据所提取的主题词制作词表，对主题词在文本中左右 5 个词跨距内的搭配词进行统计（Log Likelihood Ratio），提取主题词与搭配词的对数似然率，再使用 Gephi 作图，以观察主题词与其他词语的群落关系（图 6-6）。从图中可以看出，核心节点词是主题词，其字体的大小反映了频数的高低，与某一主题词搭配紧密的词语通过连线与主题词聚在一起。图 6-7 反映了核心主题词 "道" 与其他核心词语形成相互界定和解释关系，如 "无、有、大、名"。通过这些可视化分析，我们能够获得进一步深入文本的分析线索和方向。

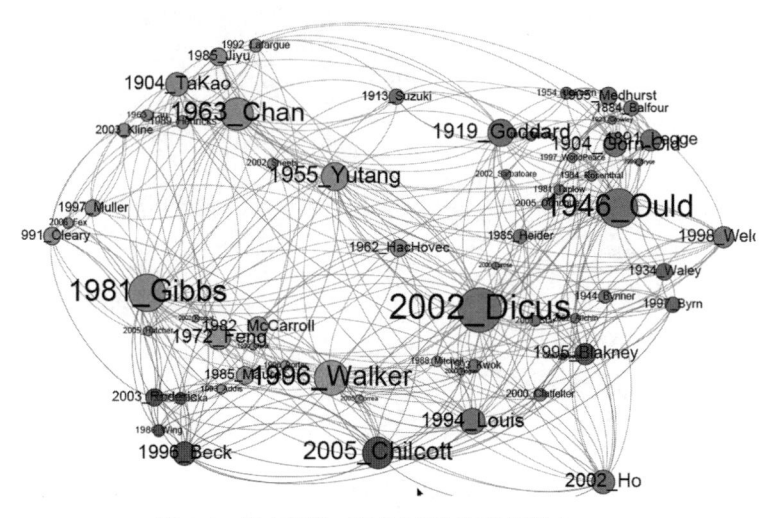

图 6-2 译本聚类：译者身份与年代的影响（1）

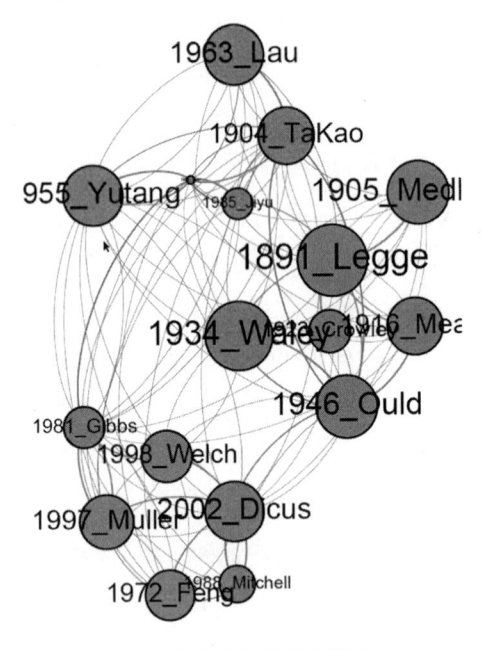

图 6-3 译者身份与年代的影响（2）

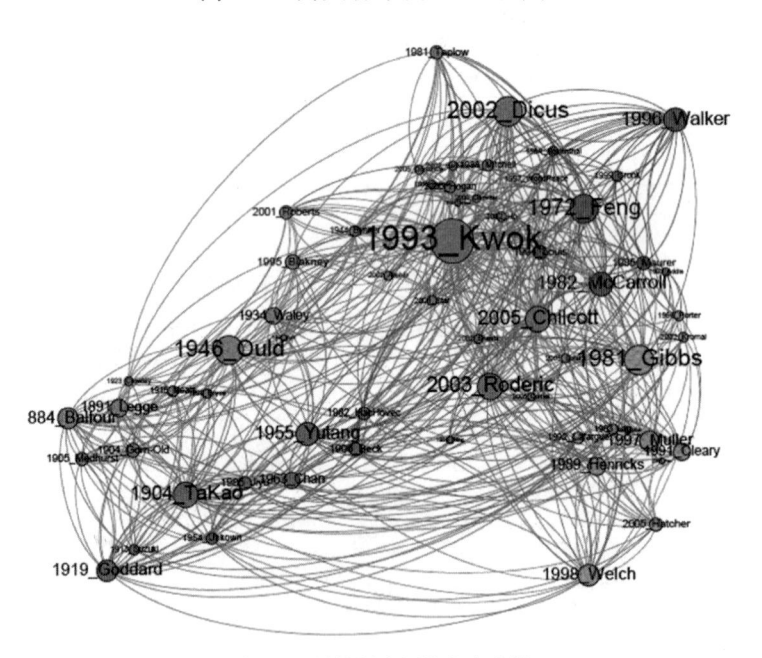

图 6-4 只使用实词的文本聚类

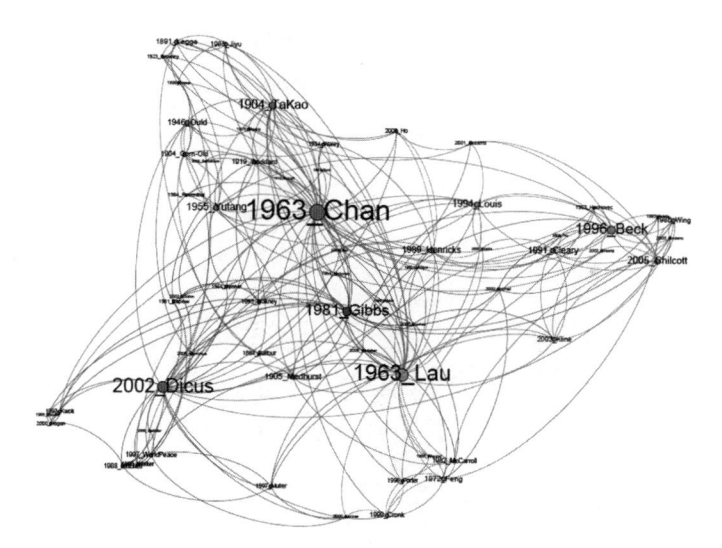

第六章　典籍中的文化概念表述分析

图 6-5　只使用虚词的文本聚类

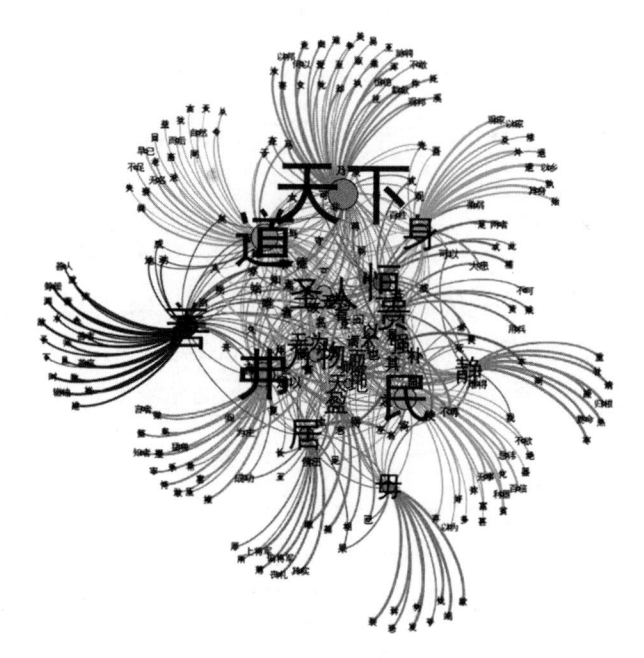

图 6-6　主题词在跨距内与搭配词的群落关系

图 6-7 《道德经》核心主题词网络

6.4.2 老子"道可道"的内文表述研究及验证①

《道德经》(又名《老子道德经》,以下简称《经》)② 版本多出,注译者纷纭,不下"数十百家"③。各家注释分别以句读、辨字、释意、疏证给出自己的解读,而这些解读大多都是互文性的:或以《庄子》、《淮南子》等早期阐发老子学说的著作为依据(杨岚 1997:47),或以《说文》、《诗经》及《易经》等早期著作解释《经》中的用字及来源;或以其他文

---

① 本节在课题已发论文(《老子"道可道"的内文解读与难》《语料库跨文化研究》2017 年)的基础上改编。

② 据考证,《老子道德经》文本产生于公元前 470 多年,即春秋末年战国初期(参见张岱年序,高明,1996)。根据最新考古发现(如 1993 年湖北郭店楚简本的发现)及研究结论,该文本至少在战国时代中后期已经流行(陈鼓应 2009,9-30)。

③ 语出蔡廷干(1922);跟据河南社会科学院丁巍的研究,"明代以降,《老子》一书渐被域外广泛翻译与研究,目前已达 40 种语言文字、1162 部之多,居外译汉籍之首",其《老学典籍考》收录"中国文字 2185 种,东方文字 537 种,西方文字 622 种"(丁巍,2007)。

献及注家文本论证其用语；或以个人的阅读体验及立场对《经》文本进行解读。因此，各家注释见解相异，又从《经》文本中断章摘句各自参证，蔚然成说。其结果就是，各种注译众说纷纭，甚至彼此冲突。民国初期蔡廷干（1922：31《老解老·自叙》）感言，"乃读注愈多，而理解愈晦。在作者非不各竭其聪明才力，以钻研淬砺于老氏一言一字之中，其实支离曼衍，去玄之又玄之真际不知几千万里。"由是蔡廷干对《经》作逐字索引（concordance），并称之为"串珠"①，以求"以经证经"。这种做法，可视作内文释读的自觉实践。而《经》的英译本各依据不同注本，再杂之以译者个人的互文阅读体验和解读，其翻译也呈现出众说纷纭的局面。

一个有头有尾的完整文本具有内在的话语和谐，其结构前后连贯一至，其意义通过文本内部的定义、互释、阐发而始终呼应，这种文本内在的意义连贯即是内文性。Sinclair指出，"如果我们分析的目的在于意义，那么我们最终目标必定是整篇文本或话语事件的意义。这种意义极为复杂与精妙，随着文本的展开，通过词语选择或短语的结合而创造出来"，"因此，在一个单篇的文件或言语事件中，我们可以期望找到一切东西，从词语强搭配型式到词汇的总体一致。"（Sinclair 2008：409）。由此，我们提出内文性假设，包括以下陈述：（1）任何文本创造者都有意图，在意义表达中力图准确、明晰、可靠、稳定，这使得文本具有内在的凝聚性和稳定性；虽然作者是离场的，但其意图被记录在文本中，而文本的意义是可分析可推知的；换言之，作者死或者不死，文本是永存的；（2）同一文本内部的意义具有连通性，彼此可以互证互释；（3）词语与语境共同创造意义；（4）文本内意义互释是指，意义在文本内部得到解释，即文本中所使

---

① 蔡廷干在自叙中云："而绝诣之未易以浅见求也，遂乃尽弃旧注，专致力于经文，而有串珠之编。由是批郤导窾，以求之于经：如人三万六千毛孔，孔孔疏达，三百六十骨节，节节灵通。虽不加一字诠释，而篇中之八百有四不二字，字字皆原经之注脚。因其以经证经也，故命之曰《老解老》，云夫老学之体如镜然，虽涵虚无迹，而万象燦然。"每句之间以圆圈相隔，上下相联，犹如串珠。蔡廷干沿袭了西方逐字索引的传统，后来的学者不用该术语，而使用"引得"或"逐字索引"等名称（参见洪业1932；刘兴隆 & 张晓华 1998），洪业称之为"堪靠灯"，"以原书之每字为目，笔画为钥，每句为注，章次为数"（洪业1932：9）。二十世纪三十年代，燕京大学图书馆洪业成立引得编纂处，结合索引与堪靠灯技术，完成对中国大部分典籍的要字索引，并称之为"引得"（"引得者，执其引以得其文也。"洪业1932：5）。

用的词语总能通过其他词语或意义单位获得解释，在某一共文中出现的词语会以相同或不同的形态在其他共文中出现，并通过共文创造更丰富的意义，这种文本内部意义互释的特性构成了文本可理解的基础。意义互释不是单向的线性解释，而是多向的，不仅后文解前文，前文亦解后文。互相冲突或矛盾的意义解读往往来自互文经验。Plett 在区分文本和互文时指出，"任何互文都是文本，但该等式的翻转却不自动暗示所有的文本都是互文"（1991：5）；在他的界定中，"文本可以被视为一种自主的符号结构，其界限确定，前后连贯"（Ibid.）；而互文具有双重的连贯："内文连贯保证了文本内在的完整，而互文连贯建立此文本与彼文本的结构关系"（Ibid.）。但 Plett 却未能说明，一旦这两种连贯发生冲突，又或者互文性连贯之间发生冲突时，文本的意义的是如何保持的。在现代互文理论学者眼里，"文本不具有独立的意义，意义存在于此文本与彼文本之间，此文本对彼文本指涉与关联，意义从独立文本中移出，并进入文本关系网络中。文本成为互文"（Allen 2000：1）。互文性理论坚持对当前文本的理解，取决于对其他文本相似的经验，即必须基于当前文本以外的其他文本，才能真正理解和解释当前文本。其前提就是，所有的文本共处于一个意义网络中，文本之间通过承接、延展、重构表达意义。在这里，文本意义既具有历时意义，即意义（或主题）通过语言文本的重复使用而沉积，成为人们共享的知识；文本又具有共时意义，新的文本通过重述、确证、辩驳而丰富和延展已有的意义和知识，并使其处于一种动态的发展和变化过程中。在语料库扩展意义单位分析中，围绕节点词（或短语）从语料库中不同的文本中提取索引行，通过观察重复出现的型式（包括搭配、类联接、语义偏好及语义韵）反映了互文的结构关系，是一种文本网络之间的意义指涉与关联，分析的结果代表了语言使用的典型性和共性。但索引行分析方法同样也可以用来解决单篇文本的意义互释。针对单篇文本的意义单位分析能够发掘文本意义的内在连贯性和一致性，通过观察和分析意义的互释，进而发现作者在语篇层面态度的统一性。由于任何文本都不孤立，互文性是必要的，是理解文本的知识基础和线索，同时也是重要的参照系。但互文并不能直接解释当前文本，而只能对当前文本的意义提供可参照的备选解释。这种备选解释与当前文本意义的关联性随意义单位的扩展而减弱。

对当前文本的直接解释必须基于文本自身的释意，即文本的内文性。

6.4.2.1 对研究题目的辩难

《经》文本首句"道可道也非恒道也名可名非恒名也"①，可视作整篇的大纲和主题陈述，既陈述"道"这一概念的来源，又表明作者的态度，同时还论述了相关概念"名"的基本定义和言说者的态度。"道"和"名"既是同现的词语，又是相互联结的概念；"恒"分别出现在"道"和"名"前，且跟否定意义联接，表明二者具有相同的语义表述结构。因此，对首句的解读之于全篇其他表述的理解至关重要。但首句也是各家注释解读发生分歧最多的地方。简述如下：

（1）道：对该句最早的阐发见于《庄子·知北游》"道不可闻，闻而非也；道不可见，见而非也；道不可言，言而非也。知形形之不形乎？道不当名"（陈鼓应 2009：620）；王弼注"可道之道，可名之名，指事造形非其常也，故不可道不可名也"（参见楼宇烈 2008）；河上公注解读为"谓经术政教之道也"，而把"非常道"解释为"非自然长生之道也，常道当以无为养神无事安民，含光藏晖，灭迹匿端不可称道"；陈鼓应认为三个道字分别表示三个不同的意义：第一个道字为人们习称之'道理'，第二个道字指'言说'，第三个道字是老子哲学上的专有名词，指构成宇宙的实体与动力（陈鼓应 1985：53）；高明虽依据帛书本校释，也采用王弼的说法，认为"'不可道'之'道'，'不可名'之'名'，则永存恒在"（1996：222）。以上解读注释都认定老子的文本中存在两种"道"，即"可道之道"与"常道"，而二者是对立的。但在《经》文本中，庄子的"道不可言"、王弼的"指事造形"、河上公的"经术政教"与陈鼓应的"道理"都是来自他们基于各自的互文体验和知识所进行的解读，他们所使用的术语在《经》文中并不存在。

（2）常（恒）：对"常道"的传统解释，主要基于存在一个独立的

---

① 此句用字依据马王堆帛书本（参见高明 1996：221）；王弼通行本与河上公注本均为"道可道，非常道，名可名，非常名"；汉文帝刘恒以后的版本讳"恒"字，皆以"常"字代之。但帛书本《经》文本中也有数处使用"常"字，可见这两个字至少在《经》文本中的语义还是有区分的，但二者是否能互换使用，需要进一步分析文本。

"常道"这一预设,把"常道"作为一个专有名称,如解释为"真常,永恒之意"(陈鼓应1985:53);"盖"道"者,变化之总名。与时迁移,应物变化"(《老子校释》;引自陈鼓应1985:54)。"天下之理未有不动而能恒者也,动则终而复始,所以恒而不穷。……惟随时变易,乃常道也。"(程颐《周易程氏传》;引自陈鼓应1985:54)。各种注译对"常"的解释最为复杂多元。就本句而言,依据汉以来版本的所有注译,皆围绕"常道"释解;高明认为"'恒'、'常'同义"(1996:221)。如果像程颐那样把"常"解释为"随时变易",但原句前面有表示否定的"非"字,这样就产生了解读中的两个"道";此外"常"作"随时变易"解,既缺乏文本证据,也不符合词义。其实,从字面上看,"非常道也"的意思才是"随时变易之道"。

(3) 名:陈鼓应认为,三个名字亦分别有三个解释:第一个名字指具体事物的名称;第二个名字指称谓,作动词用;第三个名字为老子特用术语,是称"道"之名(陈鼓应1985:54)。陈鼓应采信蒋锡昌说,"'常名'者,真常不易之名也。"又,"老子深恐后人各以当世所习用之名来解老子,则将差以千里,故于开端即作此言以明之"(蒋锡昌《老子校诂》,引自陈鼓应1985:54)。陈鼓应引证张岱年说,"道家以为名言不足以表述真知,真知是超乎名言的"(《中国哲学史大纲》;引自陈鼓应1985:54-55)。河上公注"名可名"为"谓富贵尊荣高世之名也",而把"非常名"解读为"非自然常在之名也。常名爱如婴儿之未言,稚子之未分,明珠在蚌中,玉处石间,内虽昭昭,外如愚顽。"以上对"名"的释意虽言之凿凿,却难以在《经》文对"名"的词语互释中得到验证。以上注解颇多晦涩难解之处,但是其晦涩不在老子的文本,而在各种注解释读。

近二十年年来,对该句的新解频出,如解为道可以言说,而"常道"即是平常的道理(如郭世铭1999;许渊冲2012);也有学者从文字学出发解读,认为该句意为"可以言说明白的,便不是一般的道"(何铁山 & 卫兵2013:78);也有解读为"能让人死板地去执行的道不是真正的"道""(潘文国,2010:82);也有把"可道"解做践行,而把第一个"道"解读为"规范"(高海波,2015:56);或认为"恒道"是一个专有名词,是"新概念"(杨岚1997:49-50);一些互文主义者甚至否定读懂文本原意和理解准确性的价值，认为一切解读只要自圆其说都是合理的（廖德明2010：24）。

6.4.2.2 研究问题

根据以上讨论，我们从内文本解读视角出发，提出三个问题：（1）在句法上，"可道（也）"是否作为限定性条件从句，而后句"非常（恒）道（也）才是主句"？整句是否确定释读为"可道之道非常道"，"可名之名非常名"？（2）"道"、'常'与'恒'在文本中分别有哪些释意？（3）该句通过内文释意和验证，其解读结果是什么，表达何种语义韵？第一个问题针对互文解读的预设，即是否能确证老子的话语中有'常道'的存在，而可言说的道不是'常道'；'常道'即是'常名'；而第二个问题主要针对互文解读与内文释意的冲突：若按通行的读法，常道不可道，而'常'作'不变易'解，则"非常道也"的论断又该如何解释？概而言之，本文旨在回答：老子是否认为"道"可以言说，其态度（语义韵）又是什么？

对"道"、"恒"与"常"的互文解读，其难题首先是句读。王弼的释读一直被后人沿用，进而影响到大多数英译本："道可道"被解读为"可道之道"，被视作从句，后句"非常道"被视作主句，整句被解读为"可道之道非常道"。下句"名可名非常名"同样被解读为"可名之名非常名"。这种解读有两个预设：老子的话语中存在两种道，一个是可道之道，另一个是不可道之常道，并与可名之名及常名分别对应；第二个预设是可道之道与常道是对立的，后者不能成为前者，反之亦然。此两句的互文性解读蕴含一个基本命题，即常道不可言说，不可命名。按王弼的解释，"可道之道"与"可名之名"皆为"指事造形"，而这些都"非其常也"，因为"常道""不可道不可名也"。按陈鼓应的解释，"恒（常）道"不能解释为不变易的道，因为他意识到《经》文本中多处论及道的变化，解读为不变易的道无法使第一个预设成立，所以他的解读是"真常，永恒之意"。但他在注中又引程颐说"天下之理未有不动而能恒者也，动则终而复始，所以恒而不穷。……惟随时变易，乃常道也"，并认为"程氏以'随时变易'解'常道'，正合老义"。而朱谦之的"虽有变易，而有不易者在，此之谓常"似乎是努力为"常道"之说找一个平衡点，把常道解读为变易中的不变易。程氏的"随时变易"说可能"正合老义"，却与陈氏的"永恒之意"不合，与朱谦之的变易中的"不易"意义相反。简单一句话，却引出如此矛盾的解读，其症结都在于过分依赖个人的互文体验，缺乏对《经》文本自身意义互释的尊重。对第一句话的释意，其中对"恒（常）道"的预设是关键，其二是句读问题。如果在《经》文本中能确证"恒道"这一专有名称，且能验证该概念与可言之道对立，那么上述解读或可成立；若不能得到文本的支持，其解读只能被视作解说者个人的理论。

6.4.2.3 方法

根据 Sinclair（2004）文本内意义互释的基本理念，以及蔡廷干"以经解经"的意趣，以"道"、"常"、"恒"、"名"为主要关键词，采用整句索引方法，从《经》文本中提取所有索引行；根据关键词的共文和语境，分析围绕这些关键词的意义表述和解释。基于《道德经》文本的内文性，尝试通过文本证据释读《经》首章首句，方法和步骤分为：（1）先确认原句，不加句读，并根据最新发现文献（马王堆帛书本），补正原文用字，以保持文本原貌；（2）依据陈鼓应释读本，给出已有的释意、句读以及英译（互文性释读，如上）；（3）对注译中各种矛盾冲突提出质疑并辩难；（4）以关键字（词）为索引，遍历全文检索，以获得该字（词）的整句索引行；通过分析索引行获得该字（词）的释意；（5）检查原句的词语型式（patterns），并在索引行中检索相似型式，以得到句读依据；（6）通过分析《经》中的语义韵，即作者对待所表述意义的态度，并根据以上证据得出原句的句读、释意和语义韵（内文性释读）。

6.4.2.4 分析与讨论

（1）"道"的意义互释

在《经》中，"道"字在帛书本中出现了71次，在王弼通行本中出现

第六章　典籍中的文化概念表述分析

了 76 次①，以下整句索引依据高明编撰的帛书本（包括句读标点），引号中是王弼通行本；两个版本相同者不再标示。限于篇幅，抽取以下整句索引（部分），分析其从不同视角解释道的定义和功能（以下索引自《道德经》，后跟括号表示章节号，若两个版本章节不同则分别标出）：

1. 道冲，而用之有弗盈也。渊呵，始万物之宗；"道冲而用之或不盈，渊兮似万物之宗。"（4）

2. 知常容，容乃公，公乃王，王乃天，天乃道，道乃久，没身不殆。(16)

3. 孔德之容，唯道是从。道之物，唯恍唯忽。"道之为物，惟恍惟惚。"（21）

4. 有物混成，先天地生。萧呵寥呵，独立而不改，可以为天地母。吾未知其名，字之曰道，吾强为之名曰大。大曰逝，逝曰远，远曰反。道大，天大，地大，王亦大。国中有四大 "有物混成，先天地生。寂兮寥兮，独立不改，周行而不殆，可以为天下母。吾不知其名，强字之曰'道'，强为之名曰'大'。大曰逝，逝曰远，远曰反。故道大，天大，地大，王亦大。域中有四大。"（25）

5. 道，恒无名朴；唯小，而天下弗敢臣。"道常无名，朴虽小，天下莫能臣也。"（32）

6. 譬道之在天下也，犹小谷之与江海也。"譬道之在天下，犹川谷之于江海。"（32）

7. 道汎（泛）呵，其可左右也 "大道氾兮，其可左右。"（34）

8. 故道之出言也，曰：谈呵其无味也，视之不足见也，听之不足闻也，用之不可既也。"故道，淡兮其无味，视之不足见，听之不足闻，用之不可既"。（35）

9. 道，恒无名，侯王若能守之，万物将自化。"道常无为而无不为。侯王若能守之，万物将自化。"（37）

10. 反也者，道之动也；弱也者，道之用也（41） "反者道之动，弱者道之用。"（40）

---

① 由于所依据的版本不同，其他学者所统计的频数略有出入。

· 153 ·

11. 是以《建言》有之曰：明道如费，进道如退，夷道如类。上德如谷，大白如辱，广德如不足，建德如偷，质真如渝；大方无隅，大器晚成，大音希声，大象无形。·道褒无名；夫唯道，善始且善成。（40）"故建言者有之：明道若昧，进道若退，夷道若类，上德若谷，大白若辱，广德若不足，建德若偷，质真若渝，大方无隅，大器晚成，大音希声，大象无形，道隐无名。夫唯道，善贷且成。"（41）

12. 道生一，一生二，二生三，三生万物。（41/42）

13. 道生之而德畜之，物形之而器成之·"道生之，德畜之，物形之，势成之。"（51）

14. 大道甚夷，民甚好解。"大道甚夷，而人好径。"（53）

15. 道者，万物之注也，善人之宝也，不善人之所保也。"道者万物之奥，善人之宝，不善人之所宝。"（62）

16. 唯有道者。是以圣人为而弗有，成功而不居也。（79）"唯有道者。是以圣人为而不恃，功成而不处。"（77）

"道"与"天"同现，构成固定短语，表明道的体用，《道德经》中多次提到天（之）道：

17. 功遂身退，天之道也。"功成身退，天之道也哉。"（9）

18. 人法地，地法天，天法道，道法自然。（25）

19. 不窥于牖，以知天道。"不窥牖，见天道。"（47）

20. 天之道，不战而善胜。（75/73）

21. 天之道，犹张弓者也。(79)"天之道，其犹张弓与？"（77）

22. 故天之道，损有余而益不足。(79)"天之道，损有余而补不足。"（77）

23. 夫天道无亲，恒与善人。(81)"天道无亲，常与善人。"（79）

24. 故天之道，利而不害。(68)"天之道，利而不害；"（81）

图 6-8　"道"的索引实例

"道"首先被界定为"物"，如例 3 的"道之物"，例 4 中的"有物"；对"物"连续解释的同义名称有："大"、"逝"、"远"、"反"、"朴"；有三组词语分别描述"道"的情状及体用，表明老子先论说道是什

第六章　典籍中的文化概念表述分析

么，然后以道喻理，说明天之道与人之道的联系与对比；按照《经》内文本逻辑，老子对"道"的表述也可分为三层，分别是"道"的界定性意义，"道"的运动变化规律，"道"之于人的体用价值：（1）"混成"、"惟恍惟惚"、"萧"、"廖"、"恒无"、"无名"、"隐"、"冲"、"渊"与上述名称中"大、逝、远、朴"为意义互释，描述"道"的虚无而不易直观感知；而"小谷之于江海"则说明道的泛在与运动；（2）"独立而不改"、"周行而不殆"、"道泛呵"、"道生一"、"反也者道之动也"、"道法自然"解释"道"的运动变化及"反"的涵义；道超越人对大小尺寸与无有虚实的直观感知，因为大小无有都可以用来言说道；道运行有自，动静往复，变易与恒定都是相对的；（3）"天之道"、"大道"、"有道"、"闻道"等相关表述解释"天道"与人的行为之间的关系。从语义韵上看，老子对"道"的物性界定中，态度弘扬而语气谨慎，使用"可以为"、"强为之名"、"字之"、"曰"等表达或然情态的词语，表现出名言的不确定性以及概念之间的指涉性；在描述"道"之情状时则不惮使用多种模态进行刻画和判断，如"混成"、"惟恍惟惚"诉诸意识，"萧"、"廖"诉诸听觉和空间感觉，"隐"、"冲"、"渊"诉诸视觉，而"恒无"、"无名"则属于言说，二者都是对道的指涉；在论说"天道"的体用时大多先预设主题（"天之道"），后给出论断，如"功遂身退"、"不战而善胜"、"犹张弓者也"、"损有余而益不足"、"恒与善人"、"利而不害"；"天之道"与"人之道"相对。道的意义在反复的界定、解释、论证中凸显。从以上分析可以看出，老子自始至终都在言说一个道，而不是两种对立的道；道具有物性，不是抽象的，也不具有神性，是运动变化循环往复的，但超越人的感官感知；道是可以言说的，正因为其可以言说，才可以被人"闻"、"观""知"，并"堇能行之"（40）。

（2）"常"的意义互释

程颐把道理解为"随时变易"可得到文本验证，即文本中的"非恒道"或"非常道"。在帛书本《经》中，"常"和"恒"分别用了7次和32次，在《经》文本以外，这两个字可能是"同义"的，可以互换使用的，但在《经》文本内部，这两个字的使用语境与意义完全不同，文本中对"常"的界定与释意如下：

· 155 ·

1. 复命常也，知常明也。不知常，妄；妄作凶。知常容，容乃公，公乃王，王乃天，天乃道，道乃久，没身不殆。(16)
2. 用其光，复归其明，毋遗身殃，是谓袭常。(52)
3. 和曰常，知常曰明，益生曰祥，心使气曰强。(55)

在第 25 章与 27 章，"常"被定义为"复命"、"和"，在这里"复命"及"和"与"常"的意义形成互释，而"复命"与"静"互释，"静"与"归根"互释（第 16 章"归根曰静，静是谓复命。"），所以"复命"、"和"、"静"、"归根"都是"常"的内文意义阐释；而"知常"为"明"和"容"。此外，在以上表述中，"常"的共文中从未见"恒"字，其用法也与"恒"迥然相异，表明"常"在《经》文本中是一个具有严格定义的独立概念。

（3）"恒"的意义互释

"恒"出现 32 次，主要有以下意义：一，后跟表达行为动作的词语，意为通常、时常，如："故恒无欲以观其妙；恒有欲以观其徼"（1）、"恒使民无知无欲也，使夫知不敢弗为而已，则无不治矣。"（3），"是以圣人恒善救人"（27），"圣人恒无心，以百姓之心为心"（49），"牝恒以静胜牡，为其静也，故宜为下"（61），"我恒有三宝"（69），"天道无亲，恒与善人"（81）；二，后跟表达概念事物的名称，形成固定搭配，表示不变易，如"恒德"在第 28 章集中出现 6 次："恒德不离"、"恒德乃足"、及"恒德不忒"三句各出现 2 次。三，"恒"字单独使用时，被界定为概念的相对性状态："有无之相生也，难易之相成也，长短之相形也，高下之相盈也，音声之相和也，先后之相随，恒也"（最后句"恒也"不见于王弼通行本）。由此可见，在《经》文本中，"恒道"只出现在首句的论断中，不是专有名称，而"恒德"反复出现，可视作专有名称。"恒道"作为"永恒之道"的独立概念难以在《道德经》中找到文本证据。文本内围绕"道"这一概念形成了一个完整的互相释意的话语体系，基本排斥了所谓的老子概念中还有一个"从不变易的常道"存在。同时，"常"和"恒"在《经》文本中属于两个既有联系，又有区分的两个概念。

（4）"名"的意义互释

与"道"构成语义解释关系的还有下一句中的"名"。词语"名"在

· 156 ·

《经》文本中出现了25次，集中出现在11个章节中，统计见下表（表6-1）。与"名"形成同义解释的词语有"字"、"曰"。根据语境，"名"表达以下三种意义：一是表示命名、称名，主要结构为"N+名"和"名+N"（N表示作为宾语或宾语补语的名词），如"名可名也"、"名万物之始也"、"名朴"等；二是表示名称，如"吾未知其名"、"其名不去"、"名与身孰亲"等；三是表示言说，如"不见而名"、"绳绳不可名"等。其实，以上三种意义也是互相解释的，"名称"也好，"命名"也好，都是言说行为；第一种意义表示言说的过程，而第二种意义表示言说的结果。与第一句联系起来，名在这里就是指"道"这个名称。

道无名而老子名之，正是道可道，名可名的言说。倘若老子根本就认为道不可道，名不可名，又何必反复界定、例证及阐发其意义呢？但老子同时也清楚意识到言说的有限性，道虽可道，名虽可名，皆勉强为之；能言之，但不能穷究，道不可以穷究，所以"多言数穷，不如守中"，"视之不见名曰夷，听之不闻名曰希，搏之不得名曰微。此三者，不可致诘"。因为道超出一般人的直观感知，而又由于表达感知的言语的有限性，即分别从听、视、触三种感知去谈论道，即是对道的碎片化片面化认知，而这三种认知到最终还是无所获的，所以穷究道的说辞反而有害。视之不见，听之不闻，搏之不得的事物既超出人的感官感知范围，也很难进入人的语言体系，所以是"绳绳而可名"，所以要概而论之（"混而为一"），以"无物"名之（"复归于无物"）。可见，老子的文本中不存在一个可言说的道和一个不可言说的道，二者是一个东西，是归一的，可言但难言的都是道。

表6-1　　　　　　　　　"名"的索引句例

章次	频数	句例
1	6	名可名也，非恒名也。无名万物之始也；有名万物之母也。① 两者同出异名，同谓玄之。
14	4	视之而弗见，名之曰微；听之而弗闻，名之曰希；捪之而弗得，名之曰夷。一者，其上不攸，其下不忽，寻寻呵不可名也，……

---

① 高明校注本句读为"无名，万物之始也；有名，万物之母也。"此处取消标点，以待另文论述。

续表

章次	频数	句例
21	1	自今及古,其名不去。
25	2	吾未知其名,字之曰道,吾强为之名曰大。
32	3	恒无名朴;始制有名,名亦既有。
34	2	成功遂事而弗名有也。万物归焉而弗为主,则恒无欲也,可名于小。
37	3	恒无名,侯王若能守之,万物将自化。化而欲作,吾将镇之以无名之朴。镇之以无名之朴,夫亦将不辱,……
40	1	道褒无名:夫唯道,善始且善成。
42	1	天下之所恶,唯孤、寡、不谷,而王公以自名也。
44	1	名与身孰亲?
47	1	是以圣人不行而知,不见而名,弗为而成。

(5) 句式解读的内文性验证

根据以上讨论,如果老子话语体系中根本不存在"常道"或"恒道"这样的独立概念,那么问题就出在句式解读上。《道德经》的开篇首句不是复合句,而是并列句,是先提出话题,然后连续给出论断,后句一律省略主语,可表征为:

N+V1, V2, V3... Vn

这种先给出话题(主语),其后连续论述的句式和行文方法,在《道德经》中比比皆是,如:

(a) "天地不仁,(天地)以万物为刍狗;圣人不仁,(圣人)以百姓为刍狗"(5)

(b) "水善利万物而不争,(水)处众人之所恶,故(水)几于道。"(8)

上文实例第1、4、5、15都是这种句式。这些句式不能把第一句解读为限制性条件,而把后句作为主句,如例(a)不能解读为"不仁的天地是以万物为刍狗的;不仁的圣人是以百姓为刍狗的",也不能预设此外还存在仁的天地和仁的圣人；例（b）不能解读为"善利万物而不争的水处于人人都厌恶的地方，所以很接近道"，也不能预设还存在不处于人人都厌恶的地方的水（所以不像道）。第二句与第一句在结构上相同，所表达的意义也与第一句构成同义解释。根据以上内文释读分析，该句可解读为：

> 道是可以言说的，而道不是恒定不变的；名称是可以命名、言说的，而名称（言说）的意义也不是恒定不变的（非恒名也）。

(6) 英译分析

翻译也是一种互文解读。对中国典籍而言，基于不同注本的翻译甚至是对解读的解读。翻译前景化文本的单线程解读，显化某一种意义解释倾向。然而，由于翻译受其目的和活动本身的约束，其往往在互文和内文解读中获取某种平衡：既不能在互文解读中过于奔放，至少要声称忠实于文本的原意；同时又要关照其他的互文解读。

虽然大多数英译本基于的版本和注本各有不同，但对该句的翻译解读大多沿袭了上述王弼的注释，主要差异在于对"恒（常）"词义的理解上。从搜集到的各种英译本看，《道德经》最早的英译是 John Chalmers 1868 年的翻译。对自 1868 年至 2015 年能确定日期的 159 种《道德经》英译本进行统计，发现《道德经》的英译在二十世纪末至二十一世纪初二十年间达到了一个新的高峰，尤其是 2004 年就出版了 12 种译本（见图 6-9），显示了该经典持久而日益增长的生命力。本文使用汪榕培所收集的八十多种译本，结合其他译本，选取 15 种，分别代表自十九世纪以来各个时期。选取的标准有两个，一是按时间长度每隔大约十年抽一个译本，再就是选取传播范围较广，影响较大的译本，如理雅各（James Legge）和威利（Arthur Waley）等，中国译者选取了林语堂、刘殿爵和任继愈的译本。

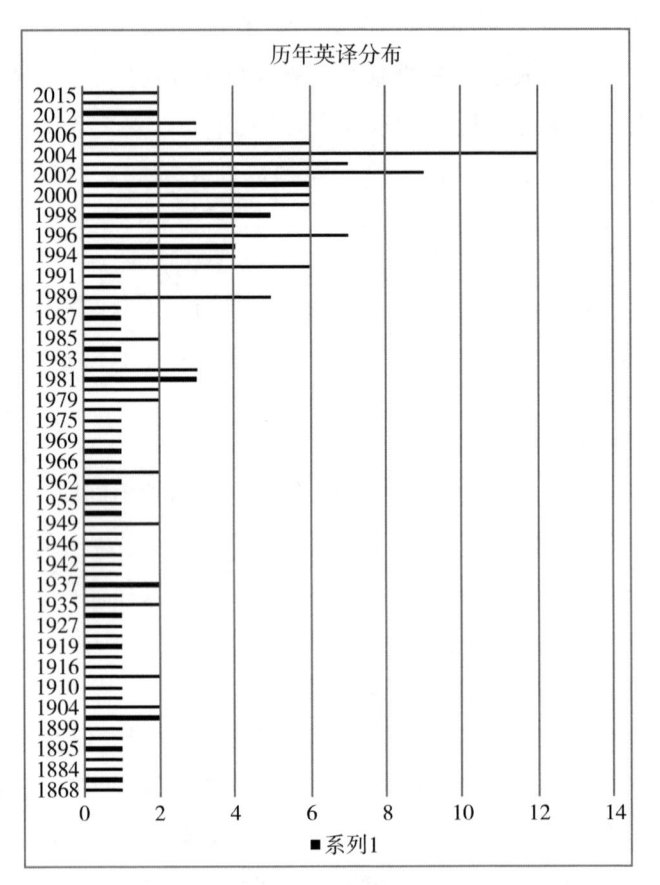

图 6-9　《道德经》英译本初步统计（1868—2015）

表 6-2　　　　　　　　各译本对《道德经》首句的翻译 *

译者	年代	译文
J. Chalmers	1868	The tau (reason) which can be tau-ed (reasoned) is not the Eternal Tau (Reason). The name which can be named is not the Eternal Name.
F. H. Balfour	1884	The TAO, or Principle of Nature, may be discussed [by all]; it is not the popular or common Tao? Its Name may be named, but it is not an ordinary name
J. Legge	1891	The Tao that can be trodden is not the enduring and unchanging Tao. The name that can be named is not the enduring and unchanging name.
C. S. Medhurst	1905	The Tao which can be expressed is not the unchanging Tao; the name which can be named is not the unchanging name.

第六章 典籍中的文化概念表述分析

续表

I. Mears	1916	Tao that can be expressed is not Everlasting Tao. The name that can be named is not the Everlasting Name.
A. Crowley	1923	The Tao-Path is not the All-Tao. The Name is not the Thing named.
A. Waley	1934	The Way that can be told of is not an Unvarying Way; The names that can be named are not unvarying names.
W. Bynner	1944	Existence is beyond the power of words // To define: Terms may be used But are none of them absolute.
Lin Yutang	1955	The Tao that can be told of // Is not the Absolute Tao; The Names that can be given // Are not Absolute Names.
D. C. Lau	1963	The way that can be spoken of // Is not the constant way; The name that can be named // Is not the constant name.
Gia-Fu Feng	1972	The Tao that can be told is not the eternal Tao. The name that can be named is not the eternal name.
Ren Jiyu	1985	The Tao that can be spoken of is not the eternal Tao; The name that can be named is not the eternal name.
R. B. Blakney	1995	There are ways but the Way is uncharted; There are names but not nature in words:
T. Chilcott	2005	The Way that can be spoken of is not the changeless DAO. The name that can be named // is not the changeless Name.
R. Rosenbaum	2013	The Way that can be spoken of is not the eternal Way; // the name that can be named is not the Immortal Name.

* 本表中所收集的文本及年代标示均来自 http://www.bopsecrets.org/gateway/Passages/tao-te-ching.htm

从表 6-2 可以看出，有九种译本在句式和表达方式上基本一致，都是把第一小句译为从句，而把第二小句译为主句，其翻译句式为：

The TAO that can be V-ed+is not the ADJ+TAO（TAO 包括其他翻译表达：Way, Dao）

在这一句式中，that 引导定语从句，限制主语 the Tao。其中 ADJ+TAO 主要翻译"恒（常）道"，形容词表示对"恒（常）"的理解，可分三个译义群：一是"不变易"义：enduring, unchanging, unvarying, constant, changeless（分布在五种译本）；二是"永恒"义：everlasting, eternal, immortal；三是"绝对"义：absolute（林语堂译）。在其他的翻译中，Blakney 译为 uncharted（未标明的，陌生的），似乎是指道不能言表，Crawley 所译的 All-Tao 意义不甚明确，与源文意义相去甚远，Bynner 把"道"译作 Existence，是对基督教神性的类比，三个译者对"恒（常）道"都干脆不译。值得注意的是 Balfour 译本，他的翻译与其他十二种翻译绝不相同，在句式上他把首句解读为连续判断，而不是把"道可道"理解为限定性条件；但他把"常道"译作 popular, common Tao，把"常名"译作 ordinary name，似是对"常"的字面解释。在英国国家语料库（BNC）中，第一组译义中的 enduring, unchanging, unvarying, changeless 属于自由搭配词，很少构成典型搭配；constant 右一位置高频词语搭配词依次为 rate, pressure, stream, source, supply, companion, use；第二组译义中的 eternal 右一位置的高频词语搭配词依次为：life, city, damnation, youth, verities, triangle, student, love, friendship, truth, credit；everlasting 的高频词语搭配词依次为：life, rest, arms, love, Gospel, fire, credit, peace, bonfire, serials, torment, truth；immortal 的高频词语搭配词依次为：soul, words, line(s), life, phrase, sea, hate, truth, germ, spirits；第三组译义 absolute 的高频词语搭配词为：majority, terms, minimum, value, zero, numbers, truth, power, necessity, certainty, right, rubbish, nonsense, egalitarianism, price, size, control, discretion, silence。从翻译的词语选择看，高频搭配往往形成固定词组，表达某种专有的意义或概念，而自由搭配更多表达态度或评价。从上述译义中可以看出，如果把"常道"理解为专有概念，即认为老子的语篇中的道分为"可道之道"与"恒（常）道"，那么第二组和第三组词语更接近文本意旨；但如果把该句理解为连续判断和评价，即认为老子语篇中的道是可道的，不是恒常不变的，那么第一组词语更接近文本意旨。在大多数译文中，译者使用定冠词或首字母大写等手段，强调"常道"的专有性，说明译者至少在翻译首句时，大多采用了王弼等人的经典注释。

  从历时视角看，对该句的翻译基本沿袭了以 Chalmers 和 Legge 为代表的两种译解传统：前者把"常道"译为"永恒之道"（the Eternal Tao），而后者译为"不变易"（the enduring and unchanging Tao）。虽然说前一种翻译照应了西方基督教文化的互文性（如相信存在永恒的神性及真理），但却无法推及《经》文本中其他相同词语的翻译，如"常"所表示的"复归"含义。由此可见，翻译须照应文本内部各种概念的意义互释，体现其意义的整体性和一致性，而不是只注重孤立章句的翻译。内文性不仅可以用来释读文本内部的意义联系，验证互文性解读的有效性，同样也可以用于翻译评价。

6.4.3 结语

在内文互释中，节点词语与其共文往往形成紧密的语义联系，同现的词语在语义和结构上与节点词语彼此约束，形成完整表述；同一文本内部相似的语境与表述彼此互相解释，阐发和补充，在文本内部的时间上构成前后连续、在空间上彼此通衔接的意义网络，从而实现语篇的整体话语和谐。Sinclair 把笔语文本称作交际的'自主面'，在《老子道德经》文本中，"道"这一"强为之名"的概念在不同的表述中被界定、解释、描述，其语义特征不断丰富和完善；"道"与"名"的关系也在重复的论说中变得清晰："道"的涵义通过"名"（言说）而凸显，但又不得不受言说的局限和约束，二者都处在演化变易的过程中，一切言说中的二元极性，如无与有（"有无之相生也"）、动与静（"归根曰静"）、大与小（"大象无形"），无不是互相转化，彼此相生，循环往复的。"道"的一切意义就是文本中所有关于"道"的言说。这种内文性拒绝任何对文本不可知论或神秘主义解读。老子自己意识到这种危险，因此告诫说，"大道甚夷，民甚好解"（53）；他说"道"是简单明白，容易遵行的，"吾言甚易知也，甚易行也，而人莫能知也，莫能行也"（72）。

《老子道德经》文本中"道"的意义是通过相似搭配词以及短语不断重复而得到充分界定和解释。一个文本的整体性是通过文本内意义的互相联通和释意而实现的；孤立地解读单个章句，或者以互文性体验任意割裂文本，其互文解读不受约束，且彼此冲突。内文分析的前提是，文本的意义是一致而和谐的；通过词语、共文、语境的相互释意，核心概念的意义得到确立和发展，而这种一致性的意义是可以通过文本分析发现并概括的。互文性是一种外部的解释力量,保证了文本的能解读和可交际性;内文性是一种文本内部的解释力量,是文本意义的具体构建。互文性与内文性交互作用,才是文本解读的完整过程。互文性代表了文本的共性,而内文性代表了文本的个性。互文性解读对以下文本意义元素的解读更有效:相关的背景知识、隐喻、指涉性的惯用词语、用法、型式及表达方式;而内文性解读对文本的意旨、思想、作者的态度感情,以及评价指向更有效。因此,内文性之于互文性是补充性的,而不是对立性的,是成就性的,而不是颠覆性的。尽管互文解读是文本解读的必然,但内文的意义构建却是多元解读的原点。此外,内文意义约束互文的自由,是保持文本意义稳定的重要力量。借用 Sinclair 于 2004a 年出版的一本书名,我们对《老子道德经》的解读应持的态度是:"信任文本"。

6.5 案例分析之二:文化概念在英译中的表述演化

6.5.1 引言

基于语料库的翻译分析首先需要定位和确立分析的切入点:什么才是合适的分析单位,或翻译单位?从文献上看,面向译本产品的学者大多采用双语视角,试图在源文本和目的文本的对应中界定翻译单位,但对其大小和边界意见分歧极大,翻译单位被界定为文本中"最小片段"(Vinary and Darbelnet 1995:21),或"从句"(Bell 1991;Malmkjaer 1998)、"复合从句"(Huang and Wu 2009),甚至"句子"(Zhu 1999, 2005)。有学者把整篇文本看作为一个翻译单位(Bassnet-McGuire 1980)。面向过程的翻译研究采用单语视角,把翻译单位定义为"吸引译者注意焦点的源文本片段"(Alves and Gonçalves 2003:10-11)。Bennett(1994)批评 Vinary 等的"最小片段"难以操作和测量。而面向过程的翻译研究由于注重通过"缩小实验"来重构译者对源文本进行处理的实时心理过程。面向产品的翻译研究焦点是目的文本,翻译单位被定义为"可以映射到源文本某一单位的目的文本单位"（Malmkjaer 1998：286）。其主要特点和难题是，由于源文本与目的文本中的片段互相界定，其边界不能基于结构进行预测；通过匹配两个文本的翻译进行主观识别，并依此重构译者的翻译选择。在自然语言处理领域，翻译单位被界定为源文本中的片段及其在翻译存储器中的对应翻译（Bowker 2002），其翻译单位是成对的。

语料库翻译研究中另一个核心问题是对齐问题，即源文本与目的文本的形态对齐，对齐的层级可分为行对齐、句子对齐，以及短语对齐，对齐的层级越小，技术困难也越大，问题也越多。李文中的研究表明，翻译的对应性极为复杂，对应关系交错，并认为以单个词语"为依据进行形态、结构和意义分析及转换十分靠不住。"（2010：26）我们认为，对齐、对应与等值是不同的概念：对齐是技术处理过程中的操作程序，是数据的准备格式；对应是数据分析过程中的判断结果；而等值则是一种理想化的评价。翻译单位理论由于研究目的的不同，各家观点差异较大，在操作上缺乏可行性。在我们的研究中，我们采用对应单位这一概念，即"对应源文本和目的文本中任何可识别的文本块或片段。对应单位具有意义的完整性和对应性，并且具有各自的句法特征"（李文中 2010：22），对应单位"对语境高度敏感，并在结构上动态变化"，相互之间的可逆关系具有不确定性（李文中 2010）。而在语料处理中，对齐的层级定位在句子。

一些经典文本总会被重复"唤醒"和"解读"，产生新的理解和意义。同理，在翻译实践中，对同一源文本多次重复翻译和传播，也比较常见。译者在动手翻译已经过多次翻译的文本时，首先会选择阅读该文本不同的注释本和批评，然后再去阅读各种译本，并在自己的翻译中加入新的解释。由此，围绕源文本衍生的数量众多的注释本、今译本及外语译本，构成了一个庞大的文本群落和复杂的主题网络。Teubert（Teubert 2004）认为，译者自成一个共同体，通过与源文本、他译者与读者的交互，构成一个翻译话语共同体。译者通过翻译活动，实现交互和谈判，并促生和确立源语言和目的语之间的意义解释和翻译转换。"正确的翻译被采用并重复，错误的翻译被淘汰。"（Teubert，2005）按这个观点去审视翻译的历时维度，翻译可被视作一个通过译者交互而不断进化的历程：由于翻译事件的重复，被多数译者认可的翻译得到确立，适者生存，并逐步演变为规范或标准。

本研究的观察对象是中国经典《道德经》的多个英译本，研究目标是利用语料库方法，把多篇目的文本收集起来，与源文本一起，构成一个微型双语平行语料库，以源文本为主索引，检索多个对应文本，观察译文的重复和变异情况；通过一个源文本与多个目的文本的一对多的历时对齐，应用对应单位理论，观察和分析翻译的重复性，并依此检验 Teubert 所提出的理论，即翻译通过重复而确立。

《道德经》成书年代为公元前六世纪，具体时间尚存争议。经过两千多年的流变，该书版本众多，多家注释，意义各异。根据河南社会科学院丁巍（2007）的考证，汉文版本 100 多种，各种校订本注本达 2000 多种，英译本达 180 余种。各种英译本所依据的汉语版本也不同，更有一些译本是依据其他语种译本再译为英语。最为常见的版本为王弼通行版本，其他版本，如河上公本、帛书本以及郭店楚简本，较少见于英译（参见辛红娟 & 高圣兵 2008）。因此，国内学界相关研究成果，只在分析译本过程中参照，这里不再赘述。

6.5.2 研究问题和方法

本研究采用的英译本是苏州大学汪榕培教授收集的 84 种英译本，其中 21 个译本没有年代标示。经过挑选，选择 63 个译本作为对比观察文本库。围绕《道德经》文本核心概念"道"，选取相关章节进行历时对应分析，以检查其翻译的重复模式。

我们的研究问题是，《道德经》中的核心概念"道"在不同的译本中有哪些重复特征，其意义解释的共同点有哪些？通过短语学分析，其高频对应单位呈现何种历时重复模式及意义关系？

方法和步骤：首先，通过我们自己开发的"平行语料库建库与分析系统"（参见李文中 2010），把《道德经》源文本与多个英译本入库对齐；以核心概念"道"为关键词进行平行检索，获得索引行（见图 6-10）；第二步：提取索引行，利用正则表达式提取每行索引行的时间信息；第三步：按照语料库索引行分析方法，观察重复性翻译序列。由于例句较多，本文只呈现部分索引行。

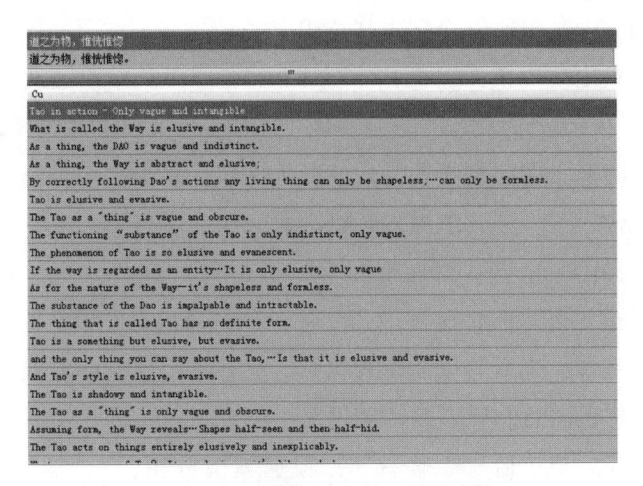

图 6-10 《道德经》平行索引示例

6.5.3 结果与分析

《道德经》分上下两篇，上篇 37 章，为"道经"；下篇为 44 篇，为"德经"。目前发现最早的版本德经在前，道经在后，且不分章节，此处存而不论。本研究采用的版本整篇 799 个字（类符），5307 个字次（删除篇目和章节名称）。频数最高的前 10 个字分别为：之、不、以、其、而、为、无、者、天、人。表 6-3 是字分布基本统计结果：

表 6-3　　　　　　《道德经》汉语文本单字统计

单字	频数（字次）	类符百分比%	字次百分比%
前 10 个字	1418	1.25	26.71
前 20 个字	2057	2.5	38.7
前 30 个字	2407	3.75	45.35
前 40 个字	2676	5.0	50.42
前 50 个字	2888	6.25	54.41
一次字	331	44.42	6.23

＊注：由于所用版本和处理方法不同，本统计数据可能与类似统计不一致。

从表中可以看出，频数最高的前 10 个字占其总用字的 1.25%，但占总字次的 26.71%；前 50 个字占其总用字的 6.25%，占总字次的 54.41%。有 331 个字只出现一次，占总用字的 44.42%，占总字次 6.23%。《道德经》篇幅虽小，但与一般文本特征相同，用字分布极不均匀。前 10 个字中，具有实际意义的字有 3 个，其他皆为虚字，其中表示否定含义的字就有两个："不"、"为"。作为核心概念的"道"字出现 76 次，排在第 13 位，"德"字出现 44 次，排在第 21 位。

选取《道德经》具体阐述"道"的语句，通过对应单位检索，获得该语句的不同翻译，观察其重复模式和对应关系，由于空间有限，索引表中只列出部分样例，行首数字表示年代。

"道可道，非常道"（第一章）根据索引分析，"道"的英译有以下几种：（1）音译，分别译为"Tao"或者"Dao"，以前者最为常见；（2）直译，译为字面对等的"道路"、"路径"：a way, the Way, path；（3）抽象译：如 spirit、reason、principle。由于《道德经》中所言的道，不可名状，难以言说，意义丰富而晦暗，在英语中缺乏对应的词汇，大部分译本都采用音译。

"常道"与译文构成了一个完整的对应单位，其翻译意义有：（1）普遍的、圆满的、包罗一切的道，如：common Tao, the Principle of Nature, the all-embracing and immutable Tao, the entire Tao, the All-Tao；（2）永恒的、持久的、不变的道，如 the eternal Tao, the eternal Road, a lasting Way, an Unvarying Way, the invariant Tao, the enduring and unchanging Tao, the constant Tao, Ever Lasing Tao, the ever-abiding Tao；（3）绝对的、最终的道，如 the Absolute Tao, the Tao of the Absolute, the Ultimate Way；（4）真实的、真理性的道，如 the true Tao, the real Tao。以上翻译中，第二种翻译最为常见，其次为第四种翻译。在源文中，"常道"或"道"是一个一致的概念，与"大"、"无名"、"玄"等具有同义解释关系。《道德经》第 25 章说它"独立而不改，周行而不殆"，可为注脚。

"可道"的翻译大体可分为两种，即"言说"与"践行"，前者包括描述、名称、定义、讨论、理解、推理、教导，用词如 call, speak, discuss, describe, tell, understand, express, know, teach 等，后者包括行走、追随，用词如 trod, follow, walk 等。从这句话的翻译上看，从 1884 年到

1999年的43个译本中,有32个译本高度重复,其重复模式为:the+TAO+that can be+V-ed+of is not the+ADJ+TAO(见表6-4:行首数字表示年代),占74.5%。但在2000年以后的20个译本中,该重复模式只有15%,表明在近10年,该句的翻译呈现出更多的个性,似乎与已经确立的规范渐行渐远。在这个重复模式中,该翻译模式显示出限制性强且具有否定意味:常道不可言说,不可捉摸,难以追随。从"道"这个概念翻译的历时视角看,从1884年到1988年100多年间,道德经译文在翻译"道"这个概念时,大多采用音译Tao,而意译的the way只有不多几例,2000年以来,译本大多采用意译,而音译的Tao只出现少数几例。

表6-4　　　　　"道可道,非常道"的对应英译历时索引

1884	The TAO, or Principle of Nature, may be discussed〔by all〕; it is not the popular or common Tao
1891	The Tao that can be trodden is not the enduring and unchanging Tao.
1904	The Tao that is the subject of discussion is not the true Tao.
1904a	The Tao that can be expressed is not the eternal Tao;
1905	The Tao which can be expressed is not the unchanging Tao;
1913	The Reason that can be reasoned is not the eternal Reason.
1913a	The principle that can be enunciated is not the one that always was.
1916	Tao that can be expressed is not Everlasting Tao. 1919 The Tao that can be understood cannot be the primal, or cosmic, Tao,
1923	The Tao-Path is not the All-Tao.
1934	The Way that can be told of is not an Unvarying Way;
1944	To define: Terms may be used But are none of them absolute.
1946	The Tao that can be expressed is not the Unchanging Tao;
1954	The Way that may truly be regarded as the Way is other than a permanent way.
1955	There are ways but the Way is uncharted;
1955a	The Tao that can be told of Is not the Absolute Tao;
1962	The Tao described in words is not the real Tao. Words cannot describe it.
1963	The Tao that can be told of is not the eternal Tao;
1963a	The way that can be spoken of Is not the constant way;
1972	The Tao that can be told is not the eternal Tao.
1981	The tao that can be talked about is not the Absolute Tao.

"道冲而用之或不盈。"(第四章)此句的英译有三种翻译重复模式,实际上也是三种不同的意义解释,在平行文本中形成了三个对应单位:(1)把"道冲"读在一起,翻译为"道是空无":The Tao is empty(hollow, void);(2)翻译为隐喻,"道是(就像)容器":The Tao is an empty container（vessel），也有用"as"、"like"等词，但翻译句法模式基本稳定；（3）把"冲"译为动词，解释为"冲流"、"流动"、"创造"（见表6-5）。此三种翻译解释与汉语通行本（王弼）解释大不相同。对此句的汉注由于断句以及对字义的解释不同，分歧非常大，因此，英文翻译因循各说，译法纷呈，但重复较多的翻译是："道是空无的，用之不尽"，只有少数译本翻译为"空无地去用它"，如理雅各的翻译："The Dao is (like) the emptiness of a vessel; and in our employment of it we must be on our guard against all fullness."。在英译中，除了直译，不少译本选择使用"vessel"、"container"、"well（井）"、"water"等隐喻，解释和表达"冲"及"用之不盈"的涵义。本句重复最多的模式为：DAO+is+(like an) empty+VESSEL (container, bowel)……"用"字被译为"use"、"exploit"、"drain"、"exhaust"、"fill"，在语义上与隐喻"水"、"容器"具有对应关系。值得注意的是，从译本时间上看，越接近现代，译本呈现出更大的变异性，该句翻译的隐喻几乎消失：

表6-5　　　　"道冲用之或不盈"英译的历时索引

1884　The TAO is full [q. d., exhaustless and complete]; yet in operation as though not
1891　The Tao is (like) the emptiness of a vessel; and in our employment of it we must be on
1904a　Tao, when put in use for its hollowness, is not likely to be filled.
1905　The Tao is as emptiness, so are its operations. It resembles non-fullness.
1919　The Tao appears to be emptiness but it is never exhausted. Oh, it is profound! It appears
1934　The Way is like an empty vessel
1946　The Tao is like a hollow vessel that yet cannot be filled to overflowing;
1954　The Way is like an empty vessel which, in spite of being used, is never filled. How
1963　Tao is empty (like a bowl). It may be used but its capacity is never exhausted
1972　The Tao is an empty vessel; it is used, but never filled.
1981　The Tao is empty, yet when applied it is never exhausted.
1991　The Way is unimpeded harmony; its potential may never be fully exploited.
2000　This nothingness is like a well
2002c　Tao is empty; and when used, never fills up.
2003　The Way is full; use won't empty it.
2003a　Endless Abundance: The Tao as an infinite resource
2005a　Dao is constantly being emptied, and its usefulness comes from the fact that it can never
2005b　Empty, like a well, is the Cosmic Whole;
2005c　The way (is) fluid, and yet in its practice
2005d　Tao is empty yet when used, it is never used up.
2006　The Tao washes away and drinks them, possibly never getting full.
2008　Tao looks like void. Yet, It is omnipotent!

英译大多采用字面直译，不加过多的解释，所用的关键词"empty"、"hollow"、"void"都有"空无"、"虚无"义。

"不窥牖，见天道。"（第四十七章）在译文中，"天道"的翻译主要有：heaven's Tao, heaven, the sky and its pattern, the nature of Dao, the Way of Heaven, the Celestial Tao, the Tao of heaven, the way of heaven, the Dao of Nature, the essence of the Tao, the beauty of heaven（见表6-6）。"窥牖"被译为"窥视"、"瞭望"、"开窗"。"见天道"的主要翻译重复模式有三种，"看到"、"观察"：see, view, observe, behold (the Heaven's Tao)；"知道"、"了解"：know, understand, grasp (the Heaven's Tao)；"感知"、"感觉"：perceive, become aware of (the Heaven's Tao)。值得注意的是，第一句"不窥牖"的翻译多有重复，采用 without V + ing out（through）(of) the window… 句式。其常见的对应单位为：without LOOKING（peeping, glancing, peaking, peering）OUT (through) (of) the window, ONE (you) can see the Heaven's Tao。该句与前后句可相互参照："不出户知天下；不窥牖见天道。其出弥远，其知弥少。是以圣人不行而知，不见而名，不为而成"，与第二十二章"不自见故明"可互为解释。

表6-6　　　"不窥牖，见天道"英译历时索引

1904	Through his windows he can see the supreme Tao.
1913	Without peeping through the window The heavenly Reason I contemplate.
1916	Without opening my window I perceive Heavenly Tao.
1919	Not peeping through the window I perceive heaven's Tao.
1934	Without looking out of his window He knows all the ways of heaven.
1963	One may see the Way of Heaven without looking through the windows.
1972	Without looking through the window, you may see the ways of heaven.
1981	Without glancing out the window one can see the Tao of heaven.
1982	Without looking through the window you can see the way of heaven.
1982a	All ways of heaven may be known Despite shutters blacking the window's view.
1985a	Without looking through the window, one can see the Way (Tao) of Heaven.
1985b	Without looking out of the window You can see heaven's way.
1986	Without looking through the window, See the Tao in Nature.
1988	Without looking out your window, you can see the essence of the Tao.
1993	Without peeping through the window, See heaven's Tao.
1993a	Without even opening your window, you can know the ways of Heaven.
1994	Without looking through your window, You can see the Tao (the Laws of the Universe).

续表

1996b	Without looking out the window, you can see heaven.
1997	One can see the dao of the big wide beyond here without looking out of one's windows
1997b	Without looking out the window you can see the manifestations of Infinity.
1998	Without peering into windows, one may know the secrets of the Universe.
2000a	You don't have to look out the window to appreciate the beauty of heaven.
2002b	Without peeping through the window, One can see the Dao of Nature.
2002c	Without looking out the window, you may behold Heaven's Way.
2002d	Without looking out of the window, the sky can be known.
2002e	Without looking through a window, you can see Heaven's Tao.
2003a	Without peering out our window we can see the Tao of Heaven.
2005	Without looking out of your window, you can see heaven.
2005a	You don't have to peek out the window to understand the nature of Dao.
2005d	You don't need to look from the window To see the way of heaven.
2006	Without peaking out the windows, see the Celestial Tao.
2008	Without looking from the window, he sees the Primordial Tao.

从表中可以看出，该句的翻译重复模式非常明显，不但句式一致，所用的关键词也基本一致；变异较多的是第二句，尤其是"天道"的翻译，除了 Heaven's Tao（Way）这种主流译法，尚有 manifestations of Infinity（1997b）、the secrets of the Universe（1998）、the beauty of heaven（2000a）、the sky（2002d）、the Celestial Tao（2006）、the Primordial Tao（2008）等。

"大道泛兮，其可左右。"（第三十四章）今译为：大道如水，源泉滚滚，盈满而溢，或左或右，无所不在！译文的重复模式主要围绕源文喻象，把"大道泛兮"译为"水"、"洪水"、"潮水"、"河水"，第二种译法是抽象解释，使用 extend, boundless, reach, all-pervading 等词翻译"泛"这个词的意义。第三种译法，干脆另造喻象，如 the cycle of life, boat。有些翻译虽然没有使用"水"喻象，但使用 flow, drift, float 等动词，包蕴了水的意象。但第二句"其可左右"翻译变异性较大，翻译意义也不一致（见表6-7）。常见的对应单位为：

The+（great）Tao+FLOW（like a flood）and Go left and right（every direction）

第六章 典籍中的文化概念表述分析

表 6-7　　　　　"大道泛兮，其可左右"英译历时索引

1884	The Great TAO is all-pervasive; it may be seen on the right and on the left.
1891	All-pervading is the Great Tao! It may be found on the left hand and on the right.
1904a	The great Tao pervades everywhere, both on the left and on the right.
1905	Supreme is the Tao! All pervasive; it can be on the left hand and on the right.
1919	Great Tao is all pervading! It can be on both the right hand and the left. Everything
1934	Great Tao is like a boat that drifts; It can go this way; it can go that.
1946	The great Tao flows in all directions: To left, to right, at the same time.
1954	How ambiguous is the great Way! It may go left or it may go right.
1963	The Great Tao flows everywhere. It may go left or right.
1972	The great Tao flows everywhere, both to the left and to the right.
1981	The great Tao is so all pervasive, how can we tell where its right or left is?
1991	The Great Way is universal; it can apply to the left or the right.
2000	The empty center's everywhere It flows both left and right
2002	How great the Way, like a flooding river flowing left and right!
2002c	Great Tao is everywhere, to the left and to the right.
2003a	The Great Way is boundless! It flows in every direction.
2005	The great DAO flows everywhere and reaches all things whether left or right.
2005a	Dao drifts about aimlessly! It willingly goes to the left or to the right. 2005b Sublime, the Cosmic Breath That limitlessly pervades and imbues
2005c	How the great way (is a) flood! It is apt to go (both) left & right
2006	The great Tao is a flood! It can [go] left and right.
2008	The Eternal Tao pervades everything. It is present to the left and to the right.

从上表索引行可以看出，源文中"泛"这个概念通过"flow, all pervasive, drift, pervade"以及比喻"flood, boat"等隐喻变得具象化，使意义更为清晰。值得注意的是，从十九世纪到二十世纪，期间的译本大多采用"flow, pervade"（流动、参透）这种译法，而之后的一些译本采用"flood, flooding river"这个新喻象。

"大道甚夷，而民好径"（第五十三章）今译为：大道何等平坦，但人民总喜欢险僻的小径。此句的重复模式主要是对"夷"解释，"甚夷"译为"平坦"、"宽阔"、"平直"、"安全"，一般使用同义形容词，如 smooth and easy, even, level, broad, straight。而 obvious and simple, ordinary 只是个案。上述语句与第二句"而民好径"的"径"形成意义对比。常见对应为：The Great Tao is SMOOTH (easy, even, level, safe), but people prefer the SIDE-TRACK (by-roads, byways, side path, detour)。

· 173 ·

表 6-8　　　　"大道甚夷，而民好径"的英译历时索引

1884	for the great TAO is far removed, and the common people are addicted to walking in cross-roads.
1891	The great Reason is very plain, but people are fond of by-paths.
1913a	But to this wide road many prefer the narrow sidetracks.
1916	Great Tao is very straight, But the people love by-roads.
1934	Once he has got started on the great highway has nothing to fear So long as he avoids turnings. 1
1944	If I had any learning Of a highway wide and fit, Would I lose it at each turning?
1946	Though the great Way is quite level, people love bypaths.
1955	I would not leave this main path, so easily followed, but many people prefer the by-paths.
1963	Though the highway is smooth and straight, The common people prefer the byways.
1985a	The great Way is very smooth but people love bypaths.
1993	The Great Way is easy but people are forever being taken down sidetracks.
1994	On the main path (dao), I would avoid the by-paths. Some dao main path is easy to walk [or drift] on,
1997a	It is the easy route that will lead to the Way. The path that promises illusions delivers sadness.
2001	That in walking the great high Way I shall fear only to deviate From the high way plain and fair;
2001a	The Great Path is simple and direct yet people love to take the side-routes.
2005c	The great way is so very ordinary And the people love the detours.

译者对"而民好径"的理解差异较大，其中"径"被译为"by-paths（1891，1946，1955，1994，2001a），by-roads（1916），sidetracks（1913a，1993），byways（1963，2001），side-routes（2001a）" "便道、边道"，个别译文甚至译为"交叉路口"（1884）及"绕行"（detours，2005c）（见表6-8）。

"道隐无名"（第四十一章）中的"隐"在《道德经》汉语注释中指"不可见，无可名状"；而"无名"则指万物生成得名之前的混沌状态。此句在各个译本的翻译具有非常高的一致性，重复模式显著，对应单位序列边界清晰。其中"道隐"被译为：(The Tao is) hidden and indescribable, hidden, concealed；"无名"译为：beyond all name, nameless。译法比较一致。但"The Tao is nowhere to be found"与其他翻译差别较大。常见的对应是：The Tao is hidden and nameless (have no name)。表6-9中，2008年的翻译对"道隐无名"先进行了延伸解释，再翻译出原句："It is said of as hidden and mysterious"。从所有索引行看,"hidden and nameless"重复最多,可接受性强。但是,英文中的"hidden"和"nameless"与汉语源文本中的"隐"和"无名"由于文化语境不同,其含义与意象存在差异,在意义上并不对等。

表6-9 "道隐无名"的英译历时索引

1891	The Tao is hidden, and has no name;
1904a	Tao, while hidden, is nameless.'
1905	The Tao is concealed and nameless,
1934	For Tao is hidden and nameless.
1954	The Way is hidden and without names.
1963	Tao is hidden and nameless.
1972	The Tao is hidden and without name.
1981	Tao is hidden and nameless.
1991	the Way hides in namelessness.
2002	The Way is hidden and without name,
2002c	Tao is hidden and nameless,
2003a	The Tao is hidden and has no name,
2005	The DAO is hidden, beyond all name;
2005c	The way is hidden & nameless
2006	The Tao is hidden.
2008	Tao has no corporal image and face. Therefore, It is said of as hidden and mysterious.

6.5.4 讨论

从以上索引分析中可以看出,《道德经》在历时的英译本中,除少数个案外,翻译重复是一种普遍现象,主要体现在短语和句式的选择上,这种重复特征对译文翻译规范的确立具有重要意义。与汉语界对《道德经》的研究和注释相比,其英译呈现出较小的变异性,翻译模式清晰,呈现出短语学特征:核心词语和结构稳定,搭配词语和外缘结构变异增强。此外,历时的英译文本也表明了译者对源文本意义解释的差异性和创造性。

通过《道德经》译本对比发现,译者之间前后存在继承性影响,翻译是一种交互的过程。译本之间会发生重复,其重复模式表现在使用相同的词语或同义词,还多见于短语序列和句子结构。《道德经》文本的多译本对比分析表明，Teubert 关于翻译重复的理论可以得到验证，在翻译对应上，尽管一些文本在翻译时添加注释和解释，源文本与目的文本的对应单位边界基本清晰，呈现出较大的一致性。此外，通过翻译，源文中一些隐晦的表达在译文中显得更加直白，呈现出意义显化特征。从历时维度上看，后期译本对早期译本呈现出明显的参考和借用。尽管不同时期的译者试图表现自己翻译的独创性，并声称其翻译能更准确传达原作的涵义和意境，但在翻译实践中难以逃离前译本的影响。此外，后译者会向前译者学习，重复其认可的翻译，但这种重复呈现多元性。由此可见，"规范"的标准不是唯一的，意义等值很难确立。当然，也可以把翻译的变异性解释为译者策略：译者为避免重复或抄袭，可能有意选择规避重复翻译，采用同义、近义的语句。

从索引分析技术应用上看，对应单位作为一个操作概念，可以很好地用于平行文本分析，以捕捉和观察目的文本中的短语特征；对应单位通过双语文本互证和重复频率，确立某一翻译模式的存在和演变。这种分析方法对翻译的描述研究及翻译训练具有一定的价值和意义。

第七章 文化隐喻表述分析[①]

7.1 引言

《道德经》是中国哲学思想史上经典之作。自十九世纪中叶始,《道德经》英译本层出不穷。1973 年发现的帛书本（高明 1996；陈鼓应 2009）及 1993 年发现的楚简本（陈鼓应 2009），引发了新一轮的《道德经》研究和翻译高潮，其英译本至今已有一百八十多种（丁巍，引自辛红娟 & 高圣兵 2008：79）。有的西方学者基于王弼的注引及各种古本，试图重构《道德经》文本，并译成英文（如 Wagner 2003）。此外，Moeller（2006）采用对比的方法对《道德经》的哲学意义进行了研究和翻译；Ames and Hall（2003）采用结构主义方法解读和重译了《道德经》；Burik（2009）通过对比 Heidegger、Derrida 和道家思想，提出道家思想与西方形而上学思想的根本差异，主张基于中国文化重新解读《道德经》。国内相关研究主要集中在《道德经》的英译、个别词语翻译、译本评析及文化意象转换（文军 & 罗张 2012：19），少有基于语料库的隐喻分析，因与本文旨趣较远，这里不细作回顾。由于历史上大多数英译本都以王弼通行本或河上公本为源文本，本研究对各种版本的细致差异不做深入讨论，仅在对比原文时适当参考不同版本的字义差异，以说明问题。所使用的英译本主要来自汪榕培

[①] 本章基于作者已发表的论文《〈道德经〉核心概念及隐喻的英语表述分析》（《解放军外国语学院学报》2015 年第 5 期）改写完成。

教授的收集，时间跨度从 1884 年 Frederic Henry Balfour 的译本到 2006 年 Aalar Fex，共 84 种；原来的文本格式经过处理，删除了目录、前言以及译者的评价，只保留正文全文。

对《道德经》的各种英语翻译，我们作以下理论假设：

（1）英语译语文本是一个动态的、开放的话语；

（2）《道德经》话语社团由各个译者和读者的交互构成；

（3）这种交互发生的语境是文化间交际（intercultural communication）。

目前对隐喻的研究存在几个主要问题，分别为如何界定、识别、分析和解释隐喻；而对这几个问题的回答或解决，体现了不同的研究途径：（1）修辞学研究把隐喻看作一种修辞手段，"通过言说此事物即彼事物，以把此事物比喻为彼事物"（Kövecses 2010：vii）；隐喻只是一种语言修饰，其主要特征是通过语言的机智运用，而获得某种言说效果。（2）认知语言学把隐喻分为源域和目标域，并把它看作概念系统中跨域映射。Lakoff（Lakoff & Johnson 1980；Lakoff 1987，1993，1999）的理论核心观点是，隐喻表达主要由隐含的概念隐喻系统激发出来，一个经验域被概念化为另一个，"隐喻的位置根本不在语言之中，而在于我们把一种心理域概念化为另一个方式"（Lakoff 1993：203）。（3）语用学研究把隐喻看成一种非协调性语言表达，该表达隐含通过言说而影响他人意见及判断之意图。语用研究强调了语言批评意识，着重分析说话人如何选择词语中隐含的说服功能，以影响受众对文本的解读（Charteris-Black 2004）。（4）基于语料库的隐喻研究试图整合认知语言学及语用学的研究成果，在验证认知语言学提出的一些概念隐喻的同时，对新的语料库证据试图给出自己的解释。与认知语言学不同的是，语料库研究认为隐喻是"一种语言表达，源于某一词或短语从符合预期的语境或义域，迁移到另一个超出预期的语境或义域，从而引起语义张力"（Charteris-Black 2004：21），其核心是意义在两个语境或义域的迁移（Ibid.：19）。由于语料库研究观察的是真实的文本，其对隐喻的界定离不开文本和语言视角，隐喻可能是一个词语或表达的意义组成部分，只是隐喻意义与该词语的核心意义（或基本义）不一致。因此，隐喻表达了一种与词语核心意义相联系的被感知的关系，或者是两个语义域之间的关系（Deignan 2005：34）。

第七章　文化隐喻表述分析

认知语言学对修辞学隐喻研究的批评是有力的。首先，隐喻的功能是深化概念理解，而不仅仅是语言运用的锦上添花，这就深化了我们对隐喻本身的认知，为隐喻的普遍性提供了理论解释。其次，认知语言学论述了隐喻语言与思维都是来自人类最基本亲身体验，隐喻不仅是产生新词和表达的关键性工具，还是组织人类思维的重要手段，在理解和推理中扮演重要角色。隐喻在创造社会、文化及心理现实中发挥关键作用。这些论断无疑具有重要的理论价值。语用学视角则是隐喻选择及隐喻效应研究重要途径，表明隐喻及其运用不仅是一种心理现实，还是一种语言现实和社会现实。基于语料库的隐喻研究接受了认知语言学对隐喻的分类方法，并充分肯定认知语言学的理论贡献，认为它是一个"广泛的、概括性的、并且在实证上经过验证的理论"（Kövecses 2010：xii）。但是，当语料库学者检索到大量隐喻实例，并试图通过数据验证认知语言学对隐喻语义关系的解释时，他们发现，并不被认知语言学看重的隐喻表达，在真实文本中呈现出多元而复杂的词语运用型式，而这些型式与隐喻意义又存在着微妙的对应关系。本文试图基于《道德经》译文语料库，对其中隐喻的重构进行分析和讨论。

7.2　研究问题和方法

本研究的主要兴趣在于，由于汉英属于远距离文化，作为汉语经典的《道德经》包含多个核心概念，以及围绕该概念的整套隐喻；这些概念和隐喻在英语表述中如何确立意义联系及隐喻意象？利用所搜集的八十四种英译文本，构成了一个同源译文微型语料库；以《道德经》的王弼通行本为主要源文本，适当参照其他版本，基于概念隐喻理论框架，应用语料库短语学分析方法，试图回答以下三个研究问题：（1）通过索引行分析，观察语言隐喻的运用型式和意义，英译文本中对源文本的核心概念构建了哪些隐喻和意象？（2）这些隐喻和意象以及其所映射的概念，与源文本相比，存在何种联系与差异？（3）译语文本中的隐喻在体系上展现的关系如何？研究方法和步骤包括：（1）以《道德经》核心概念"道"为主索引词，检索译文对应章节的语言隐喻和意象；（2）以该目标域为检索词进行索引分析，发现其短语单位意义构建的'强型式'；（3）检索和分析相关隐喻及其短语学单位。由于本研究只聚焦在核心概念的隐喻分析，并试图探讨在英译文本中，围绕"道"这一概念的表述而形成的隐喻及意义表达，而对于英译的历时演变及意义变化，限于篇幅，这里并不涉及。

7.3 分析与讨论

通过对《道德经》源文本（王弼通行本）统计发现，核心概念"道"共出现了 73 次，分布在 36 个章节中，在英文译本中对应的翻译有 Tao, Way, Dao, Reason, Principle 等几种（见表 7-1；同一译文有时出现多个译法并存的现象；一些低频的译法未统计在内；翻译词词首字母大写，前有定冠词）：

表 7-1　　　　　　　　　"道"的英译统计

英译	频数	百分比（%）*	译本分布	百分比（%）
Tao	4380	74/0.6	59	70
Way	997	17/0.14	50	59
Dao	315	5/0.04	12	14
Reason	91	1.5/0.01	6	7
Principle	87	1.4/0.01	8	9
Path（s）	50	0.8/0.006	13	15

* 总类符数为 18662，总形符数为 720068；该栏斜杠前数值为某一英译词与频数栏数值的比值，斜杠后的数值为该英译词频数与文本库总大小的比值。

早期译本一般采用威氏拼法，所以占比例较大，字面直译为 the Way, the Path（s），以及 the Road 也较为普遍。此外，还有译作 primal, cosmic, existence, infinity, infinite, spirit, atheism, ineffable, guide, nature，但每个

译法只有一个译者,重复性小。在分析中以"道"作为主关键字,先查找其所在源文本章节及对应英译,识别出围绕其对应翻译的隐喻表达,再以该隐喻表达为关键词查找全库的短语型式,进行索引分析(在分析中,把那些多次重复出现的搭配及结构称为强型式);并采用认知隐喻的表达方法,即"DAO(目标域)IS X(源域)",概括出隐喻的短语意义,包括隐喻的基本语义属性(qualities)与语义功能(functionalities)。通过分析发现,在英译文本中围绕"道"这一概念,有三个大的隐喻群,分别为"母性"、"水"、与"河谷"。此三种隐喻互为蕴含,共同构建"道"的基本语义。

7.3.1 "道是母性"(DAO IS MOTHER)

源文本中的关键句为"无名万物(天地)之始,有名万物之母"。在英译文本库中,mother 一词共出现 316 次,其主要的型式为"the mother of+名词或名词短语"。通过检索 BNC 书面语语料,发现这个型式中所包含的名词或名词短语如果是指有生命的人或动物,则名词 mother 往往表达字面意义,即生物属性的母亲,如"the mother of five children";而后跟的名词或名词短语指无生命的事或物,则 mother 大多表达隐喻。而英译文本正是借用这一型式,凸显了 mother 的隐喻指向;围绕该词短语表述如下(括号内为各种搭配词,用"|"隔开,数字为短语或搭配词出现的频次):

(*it is* | *to be* | *seems*) *the mother of the universe* (8)

... *the mother of heaven and earth* (4)

... *the mother of the* (*social*) *world* (20)

... *the mother of* (*the* | *a*) (*state* 4, *realm* 2, *kingdom* 3, *nation* 2, *country* 1, *empire* 1)

... *the mother of* (*all* (*things* | *beings* 35 | *everything* 8 | *ten thousand things* 10 | *myriad of things* | *creatures* 4)

与 mother 具有意义联想的词是 female，共出现 218 次，表示了前者的基本语义属性。但前者的语义集中在"创生"和"初始"，而后者是前者的语义延展和说明，通过搭配词分析可发现，有三组语义属性，分别为（1）"渊深、黑暗、隐秘"；（2）"玄远、精微"；（3）"静谧、安静"。在索引行中对应的搭配词为 dark，deep，darkness，mystical，mysterious；profound，subtle；stillness，tranquility，quietude，serenity。表达核心概念语义功用的搭配词可分为四组，其语义互相解释，共同表达"创生、始源"及源文中的"胜"（牝常以静胜牡）义：*give birth to (all beings)，gate，gateway，door，doorway，root of the world，origin，beginning* 及 *overcome (male)，subdue*。参照源文，发现以下章节的对应英语表述形成了强型式，使隐喻意义更加凸显（括号内数字为章节号，以下同）：

"玄牝之门，是谓天地根"（6）："*The gateway of the mysterious female is called the root of heaven and earth*"

"知其雄，守其雌"（28）："*Know the male but keep to the female*"

"未知牝牡之合而全作"（55）："*Not yet knowing the union of male and female, …*"

"天下之牝"（61）："*It is the female of the world*"

"牝常以静胜牡"（61）："*The female always overcomes the male by stillness*"

从其意义上看，"道"的母性属性具有创生和始源的特性，其玄远、神秘、沉静，并能胜过其对立的属性。在英语语言中，*mother* 和 *female* 与上述三组语义联想关系非常脆弱，但英译文本中围绕这两个意象的搭配词构成了文本要求的语义解释，换言之，这些搭配词与搭配型式一起解释了"道"（Dao）的隐喻意义，这个过程可视为一种再隐喻化和再概念化，是一种意义解释的过程。也是通过这个过程，源文本的文化意象从源语言移入到目的语，相关索引如下。

165	> <P N="28"> Acknowledge the male, But retain the female: Be a drain-way for the world below the sky	2001_Moss Roberts.txt
166	rom its low position assumes the female role. The female overcomes the male by the power of her posi	Unkown_John H. McDonald.txt
167	6"> The valley spirit dies not, aye the same; The female mystery thus do we name. Its gate, from whi	1891_James Legge.txt
168	's pool, The female under heaven In stillness The female constantly overcomes the male, In stillness	1993_Stephen Addis.txt
169	rld the female of the world through stillness the female conquers the male in order to be still she	1996_Bill Porter.txt
170	to all things. All things have their backs to the female and stand facing the male. When male and fe	1988_Stephen Mitchell.txt
171	<P N="28"> To know the male yet hold fast to the female is to be a channel for the world. If you ar	2005_Tim Chilcott.txt
172	t. </P> <P N="28"> Know the male, yet keep to the female: receive the world in your arms. If you rec	1988_Stephen Mitchell.txt
173	tlety. </P> <P N="28"> Know the male, keep to the female; be humble toward the world. Be humble towa	1991_Thomas Cleary.txt
174	ry. </P> <P N="28"> Know the male and keep to the female. Become the valley of the world. Being the	1996_Sanderson Beck.txt
175	tes of heaven open and close, Can you keep to the female role? When your mind penetrates the four di	2003_A.S. Kline.txt
176	od. </P> <P N="28"> Know the male but keep to the female, and become the valley of theworld. As a va	Unkown_Ned Ludd.txt
177	y. </P> <P N="28"> Know the male, but keep to the female and be thus a valley to the world.When one	Unkown_Patrick E. Moran.txt
178	<P N="28"> He who knows the male and keeps to the female Becomes the ravine of the world. Being the	1963_Wing-Tsit Chan.txt
179	P N="28"> He who knows the male, yet keeps to the female, Is like the ravine of the world. Being the	Unkown_Cheng.txt
180	N="28"> When you know the male yet hold on to the female, You'll be the ravine of the country. When	1989_Robert G. Henricks.txt
181	ho knows the male (active force), yetkeeps to the female (the passive force or receptive element), b	1997_Tormond Byrn.txt
182	low, a place where everything comes together, the female of all. The female overcomes the male with	1996_Sanderson Beck.txt
183	of her tranquility. Becauseof her tranquility the female is the lower one. {Therefore it is appropri	Unkown_Patrick E. Moran.txt
184	of the universe, The mother of the universe. The female overcomes the male with stillness, Lying lo	1972_Gia-Fu Feng.txt
185	Know your male qualities, Yet know how to use the female abilities. Be like a channel for the world'	2002_John Dicus.txt
186	y within the Empire; it is the Empire's wife. The female controls the male by her quietude and submi	1919_Dwight Goddard.txt
187	the small streams under Heaven. It is as with the female, that conquereth the male by her Silence. S	1923_Aleister Crowley.txt
188	m grasp The male does not yet know union with the female Yet its virility is strong It has essence e	Unkown_David Lindauer.txt
1	Know your male qualities, Yet know how to use the female abilities. Be like a channel for the world'	2002_John Dicus.txt
2	</P> <P N="28"> Know what is male Keep to what is female Act as the ravine of the world. Acting as t	Unkown_David Lindauer.txt
3	ection of the world. The female of the world. The female, always by means of gentleness, overcomes t	2006_Aalar Fex.txt
4	n), the world's field and the world's female. The female always conquers the male by quietude, which	1904_Chu TaKao.txt
5	the world. It's like the female of the world. The female always defeats the male with calmness. Beca	2005_Agnieszka Solska.txt
6	f the world unite. In the union of the world, The female always gets the better of the male by still	1963_D.C. Lau.txt
7	To illustrate from) the case of all females:--the female always overcomes the male by her stillness.	1891_James Legge.txt
8	heaven. It is the female of All-under-heaven. The female always overcomes the male by stillness; by	1954_Unkown.txt
9	of the world; It is the female of the world. The female always overcomes the male by tranquillity,	1963_Wing-Tsit Chan.txt
10	considers itself as the female under Heaven. The female always overcomes the male by stillness, bec	1985_Ren Jiyu.txt
11	ith the world. It is the female of the world. The female always overcomes the male by stillness; Thr	1986_R.L. Wing.txt
12	h always submits to the masculine. Recall how the female always overcomes the male by means of her p	Unkown_Archie J. Bahm.txt
13	d which functions as the female of the world. The female always overcomes the male through stillness	Unkown_Cheng.txt
14	f the world The receptive female of the world The female always overcomes the male with serenity Usi	Unkown_Derek Lin.txt
15	the Earth, the feminine Spirit of the World. The female always overcomes the male by stillness. Sti	Unkown_John R. Mabry.txt
16	the interactions that take place in the world,the female always overcomes the male by means of her t	Unkown_Patrick E. Moran.txt
17	d. Like the unifier of everything in the world. A female always uses stillness to subdue a male. Tha	2005_Nina Correa.txt
18	(To illustrate from) the case of all females:-the female alwaysovercomes the male by her stillness.	Unkown_Andre Gauthier.txt
19	N="28"> Know the male But keep to the role of the female And be a ravine to the empire. If you are a	1963_D.C. Lau.txt
20	> <P N="28"> Recognize the male but hold onto the female and be the world's maid being the world's m	1996_Bill Porter.txt
21	y. </P> <P N="28"> Know the male, but keep to the female and be thus a valley to the world.When one	Unkown_Patrick E. Moran.txt
22	od. </P> <P N="28"> Know the male but keep to the female, and become the valley of theworld. As a va	Unkown_Ned Ludd.txt
23	ee produced all things. All things carry the Yin (female) and embrace the Yang (male), Harmony is ac	Unkown_Cheng.txt
24	s grip is firm. It does not yet know the union of female and male And yet it?s completely made: The	2006_Aalar Fex.txt
86	it receives all waters in peace and harmony. The female integrates the male by residing in peace an	1997_John WorldPeace.txt
87	embracing female The gateway of The all-embracing female Is appropriately called the root of heavens	Unkown_David Lindauer.txt
88	mysterious female. The gateway of the mysterious female Is called the root of heaven and earth. Dim	1963_D.C. Lau.txt
89	mysterious female. The opening of the mysterious female is called the root of heaven and earth. Con	1991_Thomas Cleary.txt
90	mysterious female." The opening of the mysterious female Is called "the root of Heaven and Earth." C	1997_Charles Muller.txt
91	the mysterious female. The gate of the mysterious female Is called the root of heaven and earth. Bar	2003_A.S. Kline.txt
92	lled the mystic female. The opening of the mystic female Is called the root of Heaven and Earth. It	2006_Aalar Fex.txt
93	d the mystical female The gateway of the mystical female Is called the root of Heaven and Earth It f	Unkown_Derek Lin.txt
94	ious female.The portal of the dark and mysterious female is called the root of heavenand earth. It h	Unkown_Patrick E. Moran.txt
95	ow (the sacred body). Heaven below is female. The female is eternal and tranquil which sustains the	2002_Alan Sheets.txt
96	P N="28"> He who knows the male, yet keeps to the female, Is like the ravine of the world. Being the	Unkown_Cheng.txt
97	e. In her apparent passivity and inferiority, the female is superior to the male (for it is she who	1999_Derek Bryce.txt
98	of her tranquility. Becauseof her tranquility the female is the lower one. {Therefore it is appropri	Unkown_Patrick E. Moran.txt
99	found female. The gate of the subtle and profound female Is the root of Heaven and Earth. It is cont	1963_Wing-Tsit Chan.txt
100	found female. The gate of the subtle and profound female is the root of Heaven and Earth. It exists	1985_Ren Jiyu.txt
101	led the mystical female. The door of the mystical female is the root of heaven and earth. It seems t	1996_Sanderson Beck.txt
102	the mysterious female. The gate of the mysterious female, Is the root of Heaven and Earth. It exists	Unkown_Cheng.txt
103	Primitivism To know its 'male' and preserve its 'female' is to act as the world's ravine. To act as	Unkown_Chad Hansen.txt
104	<P N="28"> To know the male yet hold fast to the female is to be a channel for the world. If you ar	2005_Tim Chilcott.txt
105	efore, the doorway to the essence of the mystical female is what we can call the root, origin, or ge	Unkown_Derek Lin.txt
106	Even while it knows not of the mating of male and female, its genitals get aroused; this is the epit	1991_Thomas Cleary.txt
107	Though it knows not yet of the union of male and female, its male member will stir. This is because	1954_Unkown.txt
108	6"> The valley spirit dies not, aye the same; The female mystery thus do we name. Its gate, from whi	1891_James Legge.txt
109	hings as we know them. All living things bear the female nature And espouse the male nature. In inte	2002_Lok Sang Ho.txt
112	ies so says the mysterious female. The mysterious female of the gate speaks of Heaven and Earth's or	2002_Alan Sheets.txt
113	ng oneself willingly in the inferior state of the female (of the hen); keeping oneself willingly in	1999_Derek Bryce.txt
114	wnward. The interchanges in the social world! The female of the social world! The female constants u	Unkown_Chad Hansen.txt
115	the streams descend. It is the meeting place, the female of the world. Quiet, passive, overcoming th	1962_Frank J. HacHovec.txt
116	t is the converging point of the world; It is the female of the world. The female always overcomes t	1963_Wing-Tsit Chan.txt
117	w downward To intersect with the world. It is the female of the world. The female always overcomes t	1986_R.L. Wing.txt
118	tate is like the lower part of a river; It is the female of the world; It is the meeting point of th	1989_Robert G. Henricks.txt
119	ows downward into intercourse with the world. The female of the world always prevails over the male	1991_Thomas Cleary.txt
120	the streams descend; It is the concourse and The female of the world: Quiescent, underneath, It ove	1995_Raymon B. Blakney.txt
121	te is a watershed the confluence of the world the female of the world through stillness the female c	1996_Bill Porter.txt
122	is a floodplain, the confluence of the world, the female of the world. The female passively overcome	2002_English Kromal.txt
123	ke the meeting ground of the world. It's like the female of the world. The female always defeats the	2005_Agnieszka Solska.txt
124	e meeting place of everything upon the earth, the female of the world. The female can always overcom	2005_Tim Chilcott.txt
125	t and flowing: The intersection of the world. The female of the world. The female, always by means o	2006_Aalar Fex.txt
126	tate is like the lower part of a river. It is the female of the world. It is the meeting point of th	Unkown_Bram den Hond.txt
127	e the world converges, and which functions as the female of the world. The female always overcomes t	Unkown_Cheng.txt
128	nd spread lower The intersection of the world The female of the world. The female entirely conquers	Unkown_David Lindauer.txt
129	r The converging point of the world The receptive female of the world The female always overcomes th	Unkown_Derek Lin.txt
130	ow-lying land where the flowing waters meet:1 The female of the world. It is the stillness of the fe	Unkown_Keith H. Seddon.txt
131	e and will always be. We can call it the mystical female, or the sacred feminine. The sacred feminin	Unkown_Derek Lin.txt
132	which all converge. It plays the female part. The female overcomes the male by quiescence: she puts	1946_Herman Ould.txt
133	of the universe, The mother of the universe. The female overcomes the male with stillness, Lying lo	1972_Gia-Fu Feng.txt
134	the streams unite. In all things under heaven the female overcomes the male by her stillness, and be	1982_Tolbert McCarroll.txt
135	everything comes together, the female of all. The female overcomes the male with tranquillity. Tranq	1996_Sanderson Beck.txt

图 7-1　“母性”隐喻的英语表述索引行

7.3.2 "道"是水（DAO IS WATER）

英译文本中围绕"道"的第二大隐喻群是"水"，在源文本中分别表现为"水"（3）、"溪"（2）、"江海"（2）、"渊"（3），英译文本库中对应的英译词为 water（s），stream（s），rivers and seas。这些关键词左边常出现的搭配词有"muddy（ied）（96），deep（14），all（8），murky（6）"，表述源文中的"渊"、"静"、"浊"，其他的搭配词包括"more, better, weaker, softer, gentle, fragile, delicate, yielding, pliant, changeable"等，表述源文中"柔弱"义。英译中围绕"water"形成的强型式强化了水的柔弱，大多表现为明喻，其结构框架为"as ... as water"和"is like water"。值得注意的是，由于"柔弱"这一搭配词及意义在源文本中总是与水联系在一起，该词成了水的隐喻标示词，即凡是出现"弱"字的地方，在英译中往往显化为"water"，而与之相对应的"坚"，在英译中被隐喻化，成为具象的"石头"（如第43章）。"water"的搭配强型式主要有：

(BE) as soft and yielding as water

(BE) soft and weak as water

(Prep.) deep water

good (ness) is like water

Like (as) muddy water

参照源文，英译的典型表述如下：

"上善若水"（8）："the highest good (ness) is like water"

"浑兮其若浊"（15）："confused like muddy water"

"鱼不可脱于渊"（36）："fish cannot leave deep waters"

"天下之至柔，驰骋天下之至坚"（43）："softness and yielding as water will wear away stone"

"天下莫柔弱于水"（78）："Nothing in the world (under the heaven) is as soft and yielding as water"

通过索引行分析发现，核心词“*water*”右向的搭配词往往表示该隐喻的应用功能，复现的搭配词有“*benefit*, *giving*, *bring help*, *staying low*, *without competing*”，表述源文的“水善利万物而不争”。可以说，英译中搭配词通过隐喻或明喻强化了水的柔弱特性和利物功用，在水的隐喻与道的概念之间建立了意义联系，通过意义解释说明了道的语义。意义解释的过程通过词语搭配和型式来实现，其发生与完成都是在文本内部进行。如英译中隐喻“水”的表述翻译：

128	interest? </P> <P N="8"> The highest good is like water; Water is good at benefiting the ten thousan	1989_Robert G. Henricks.txt
129	ll themselves? </P> <P N="8"> Higher good is like water: the good in water benefits all, and does so	1991_Thomas Cleary.txt
130	ulfilled. </P> <P N="8"> The highest good is like water which benefits all things and contends with	1996_Brian Browne Walker.txt
131	illment. </P> <P N="8"> The greatest Good is like water. The Goodness of Water benefits all things w	2002_English Kromal.txt
132	Life: Like water for Tao The highest good is like water. Water is capable of benefiting all things,	2003_Roderic.txt
133	ain them? </P> <P N="8"> The highest good is like water. Water benefits the myriad things and does n	2005_Agnieszka Solska.txt
134	interests </P> <P N="8"> The highest good is like water Water?s goodness benefits the myriad beings	2005_Bradford Hatcher.txt
135	mselves? </P> <P N="8"> The greatest good is like water. Water is of benefit to every living thing a	2005_Tim Chilcott.txt
136	</P> <P N="8"> Intimacy The highest good is like water. Water give life to the ten thousand things	Unkown_Bram den Hond.txt
137	wishes? </P> <P N="8"> The ultimate good is like water. Water benefits all things without competing	Unkown_Cheng.txt
138	ulfilled. </P> <P N="8"> The supreme good is like water, which benefits all of creation without tryi	Unkown_John H. McDonald.txt
139	exertion. </P> <P N="7"> The highest good is like water. Water is good at benefitting the myriadcrea	Unkown_Patrick E. Moran.txt
140	shed? </P> <P N="8"> The highest goodness is like water. Water is beneficent to all things but does	1904_Chu TaKao.txt
141	e conserved? </P> <P N="8"> True goodness is like water, in that it benefits everything and harms no	1919_Dwight Goddard.txt
142	lled? </P> <P N="8"> The highest goodness is like water. The goodness of water consists in benefitin	1954_Unkown.txt
143	ze his self? </P> <P N="8"> True goodness is like water; Water benefits the ten thousand things But	1985_Herrymon Maurer.txt
144	P> <P N="8"> The highest form of goodness is like water. Water knows how to benefit all things witho	1994_John Louis.txt
145	self? </P> <P N="8"> The highest goodness is like water. Water easily benefits all things without st	1997_Charles Muller.txt
146	age. </P> <P N="8"> Transcendent goodness is like water. Water likes to do good to all beings; it do	1999_Derek Bryce.txt
147	lled. </P> <P N="8"> The highest goodness is like water. Water effortlessly benefits all things with	2002_John Dicus.txt
148	ment </P> <P N="8"> The foremost goodness is like water. Water is good at benefiting all living thin	2005_Nina Correa.txt
149	P> <P N="8"> THE highest form of goodness is like water. Water knows how to benefit all things witho	Unkown_John C.H. Wu.txt
150	lf up to it? </P> <P N="8"> True goodness is like water It gives itself to all without argument It l	Unkown_Ted Wrigley.txt
151	nces self. </P> <P N="8"> The wise leader is like water. Consider water: water cleanses and refreshe	1985_John Heider.txt
192	of wood. Receptive as a valley. Turbid as muddied water. Who can be still until their mud settles an	Unkown_John H. McDonald.txt
193	an inviting, open valley; friendly, like muddied water, freely mixing. Who can make sense of a worl	1962_Frank J. HacHovec.txt
194	. Munificent: like a valley Obscure: like muddied water Who can, while muddy, using calmness gradual	Unkown_Chad Hansen.txt
195	ning at rest, gradually one learns to allow muddy water to settle and proper responses to reveal the	1996_Brian Browne Walker.txt
196	together, like muddy water. Who is able, as muddy water, by Stilling to slowly become clear? Who is	1992_Michael Lafargue.txt
197	as a valley. So integrated! As if acting as muddy water. Who can harmonize with muddy water, And gra	1986_R.L. Wing.txt
198	green branch Fertile as a valley Opaque as muddy water If you take muddy water and still it, it gra	Unkown_Ted Wrigley.txt
199	ious as an unexplored valley, perplexing as muddy water. Can you see the calm in turbulent waters; t	1997_John WorldPeace.txt
200	shaped wood, Broad as a valley, Seamless as muddy water. Who stills the water that the mud may settl	Unkown_Peter Merel2.txt
201	ike muddy water. Who is able to gently calm muddy water, clearing it? Who is able to endure gently s	Unkown_David Lindauer.txt
202	ull as the waters of a marsh. Who can clear muddy water? Stillness will accomplish this. Who can obt	1923_Aleister Crowley.txt
203	used like muddy water. Who else could clear muddy water By quieting it? Who else could move clear wa	1985_Herrymon Maurer.txt
204	e - As if an open valley. Opaque - As if in muddy waters. Waiting quietly while the mud settles, Rem	1981_English Taplow.txt
205	that form it). They were accommodating like muddy water, (they, the clear water, not repelling the m	1999_Derek Bryce.txt
206	and expansive, like a valley; Chaotic, like muddy water. Who can still muddy water and gradually mak	1981_Tam Gibbs.txt
207	ved wood, Open like a valley, Confused like muddy water. Who else could clear muddy water By quietin	1985_Herrymon Maurer.txt
208	n-minded, like a valley; and Confused, like muddy water. Who can get rid of the muddiness? It gradua	Unkown_Cheng.txt
209	ything; vacant like a valley, and dull like muddy water. Who can (make) the muddy water (clear)? Let	1891_James Legge.txt
210	d. Open, like a valley. Mixing freely, like muddy water. Calm the muddy water, It becomes clear. Mov	1993_Stephen Addis.txt
211	pen-minded, like a valley; easy-going, like muddy water. Who can wait quietly while the mud settles?	Unkown_Ned Ludd.txt
212	wood. Merged, undifferentiated was he! Like muddy water. Broad and expansive was he! Like a valley.	1989_Robert G. Henricks.txt
213	spacious, like a valley So well mixed, like muddy water. Who is able to gently calm muddy water, cle	Unkown_David Lindauer.txt
214	ceptive, like a valley; freely mixing, like muddy water. Who can make sense of a muddy world? Let it	1996_Sanderson Beck.txt
215	ved block; Vacant like a valley; Murky like muddy water. Who can be muddy and yet, settling, slowly	1963_D.C. Lau.txt
340	P> <P N="78"> Nothing in the world is weaker than water but against the hard and the strong nothing	1996_Bill Porter.txt
341	doxes of Life Nothing under heaven is weaker than water. Yet nothing however proficient in attacking	2002_Lok Sang Ho.txt
342	enerosity. </P> <P N="78"> Nothing is weaker than water; Yet, for attacking what is hard and tough,	Unkown_Archie J. Bahm.txt
343	ior. </P> <P N="78"> There is nothing weaker than water But none is superior to it in overcoming the	1955_Lin Yutang.txt
344	is in all the world nothing softer or weaker than water, but in attacking the hard and strong, nothi	1954_Unkown.txt
345	8"> Nothing in the world is Softer or Weaker than water. But when it attacks what is hard and strong	1992_Michael Lafargue.txt
346	"> Nothing under heaven is gentler or weaker than water, and yet nothing is better at cutting-throug	1998_Jerry C. Welch.txt
347	8"> Nothing in the world is softer or weaker than water Yet nothing is better at overcoming the hard	Unkown_Derek Lin.txt
348	the whole World nothing is softer or weaker than water. And yet even those who succeed when attacki	Unkown_John R. Mabry.txt
349	P> <P N="78"> What more gentle in this world than water? Yet nothing better conquers hard and strong	2001_Moss Roberts.txt
350	ng in the world is more elastic and yielding than water; yet itis preeminent to dissolve things rigi	1923_Aleister Crowley.txt
351	der heaven nothing is more soft and yielding than water. Yet for attacking the solid and strong, not	1972_Gia-Fu Feng.txt
352	g in the world is more flexible and yielding than water. Yet when it attacks the firm and the strong	1991_Thomas Cleary.txt
353	in the world is more submissive and yielding than water. Yet nothing can equal it in cutting the inf	1997_John WorldPeace.txt
354	There is nothing more flexible and yielding than water. And yet there is nothing better for attacki	2002_John Dicus.txt
355	78"> There is nothing more soft and yielding than water, Yet nothing is better for overcoming the ha	Unkown_Ned Ludd.txt
356	<P N="78"> Nothing is more soft and yielding than water, for cutting things hard and strong, nothing	Unkown_Tienzen Gong.txt
357	hing under heaven is softer or more yielding than water; But when it attacks things hard and resista	1934_Arthur Waley.txt
358	<P N="78"> What is more fluid, more yielding than water? Yet back it comes again, wearing down the r	1944_Witter Bynner.txt
359	hing in the world is weaker or more yielding than water; yet nothing is its equal in wearing away th	1962_Frank J. HacHovec.txt
360	hing under heaven is softer or more yielding than water. Yet it has no equal for attacking things th	1982_Tolbert McCarroll.txt
361	8"> SINCERITY There is nothing more yielding than water, yet when acting on the solid and strong, it	1984_Stan Rosenthal.txt
362	P N="78"> Nothing is softer or more yielding than water. Yet, given time, it can erode even the hard	2000_Ron Hogan.txt
363	in the world is softer nothing more yielding than water and yet it overcomes the hard and rigid. Not	Unkown Schmidt.txt

图 7-2 “水”隐喻的翻译表述行

7.3.3 "道"是谷（DAO IS VALLEY）

"谷"是围绕"道"形成的第三个隐喻体，与上述的"母性"和"水"构成了同义解释。英译文本中围绕"*valley（river, streams）*"出现的搭配词表示了该隐喻的语义，即"空无、虚静、渊深、始源、化生"，如"*empty, hollow, tranquil, abysmal, source, origin, fertile*"，"*valley（s）*"共出现460次，其主要表述型式为：

(*BE* | *BECOME*) *the valley PREP* (*of, to, for*) *the country*

其对应的源文英译在文本库中形成了强型式，

"谷神不死"（6）"*the valley spirit never dies*"
"为天下谷"（8）"*… be the valley to*（*of, for*）*the world*（*empire, kingdom, realm*）"
"旷兮其若谷"（15）"*as open as a valley*"
"犹川谷之于江海"（32）"*so are streams and valleys to the rivers and seas*"
"谷得一以盈"（39）"*the valleys attained unity and became filled*"
"上德若谷"（41）"*great virtue appears like a valley*"
"江海所以能为百谷王者"（66）"*Rivers and oceans can be the kings of a hundred valleys*"

在核心隐喻"谷"周围出现的其他喻象有"*river*（*s*），*stream*（*s*），*sea*（*s*），*ocean*（*s*），*king*（*s*）"，在源文本中，"江海"这一隐喻要高于"谷"，如第66章的表述"江海所以能为百谷王者"，所以后者从属于前者。通过索引行分析可见，"谷"的隐喻意义在于"空旷、幽深、虚静"，其功用在于"始源（*origin, source*）、化生（*fertile*）"。

第七章 文化隐喻表述分析

> 多言数（shuò）穷，不如守中。谷神不死，是谓玄牝（pìn）。恐发（fèi），神无以灵将恐歇，谷无以盈将恐竭，万物无以生将无极；知其荣，守其辱，为天下谷。为天下谷，常德乃足，复归荣，守其辱，为天下谷。为天下谷，常德乃足，复归于朴。朴散之将释，敦兮其若朴，旷兮其若谷，浑兮其若浊。孰能浊以止，若退，夷道若纇（lèi），上德若谷，大白若辱，广德若不足，建清，地得一以宁，神得一以灵，谷得一以盈，万物得一以生，侯。是以侯王自谓孤、寡、不穀（谷 gǔ）。此非以贱为本邪（yé）。人之所恶，唯孤、寡、不穀（谷 gǔ），而王公以为称。故物或所以不殆。譬道之在天下，犹川谷之于江海。知人者智，自知者然后乃至大顺。江海所以能为百谷王者，以其善下之，故能为百谷王者，以其善下之，故能为百谷王。是以欲上民，必以言下之

图7-3 《道德经》"谷"的索引行

许慎《说文解字》：泉出通川为谷。由此，谷的本义是川中泉水，英译文本多译为 *valley*（BNC 中出现 3124 次），与中文的意象既有重叠，又各异其趣。在英语文本中，*valley* 的解释为：

> A valley is a low area between hills, often with a river running through it.（Wikipedia）（山谷即山间低地，常有河流贯穿其间。）

英语中的 *valley* 重点在地势，中文"谷"的重点在水流；在使用上，英语 *valley* 多与高山对比，凸显低地的恐怖与死亡意象，其主要型式为：

Prep. +the (a) valley
the+N (dale, hills, mountains) and valley (s)
the+N+Valley (proper names)
the+Adj+valley

如 *the valley of death*，*the valley of fire*，*the valley of fear* 等。使用 Bing 的图片检索功能，分别检索 *valley* 和中文的"谷"，可看出显著差异：
"谷"在《道德经》中隐喻化的基本型式为：

[话语对象（靶域）是（映射）具体意象（源域）]
江海为百谷王。

· 187 ·

图 7-4 英语中的 *valley* 图片

图 7-5 中文的"谷"图片

Water (river, stream) is the king of valleys.

valley 在译文中被赋予新的意义特征：empty, hollow, tranquil, abysmal, source, origin, abundance。

为天下溪。

(BE | become) the valley (of, to, for) the world
{VALLEY HAS QUALITY OF FERTILITY}

该句是《道德经》核心表述之一，溪、水、谷、江海属于同一隐喻的变异意象，无论在源文本，还是在译文中，其被赋予的意义都是全新的，英译通过 valley 释义表述，与"道"相互释义，与"天下、上德"关联起来：

1	raced And be a valley to the empire. If you are a valley to the empire, Then the constant virtue wil	1963_D.C. Lau.txt
2	inine, And be a valley to the realm. If you are a valley to the realm Then constant virtue won?t lea	2003_A.S. Kline.txt
3	humble And be a valley to the realm. If you are a valley to the realm Then constant virtue will be c	2003_A.S. Kline.txt
4	lity is to be a valley to the world. If you are a valley to the world, the DE will be enough; you wi	2005_Tim Chilcott.txt
5	assuming like unworked wood; they were empty as a valley; and dull as the waters of a marsh. Who can	1923_Aleister Crowley.txt
6	melting ice,' 'Green as an uncut tree, 'Open as a valley,' And this one also, 'Roiled as a torrent,	1944_Witter Bynner.txt
7	as a block of wood. Their minds were as wide as a valley, and their hearts as clear as spring water.	2000_Ron Hogan.txt
8	y dims itself, The highest virtue is as deep as a valley, And the Tao in its straightness seems roug	2002_John Dicus.txt
9	rries and petty ideas? they seemed [as open] as a valley. [Apparently] acting without a plan? they s	2006_Aalar Fex.txt
10	ing ice; as simple as uncarved wood; as open as a valley; as chaotic as a muddy torrent. Why "chaoti	1996_Brian Browne Walker.txt
11	ice. Shapable as a block of wood. Receptive as a valley. Clear as a glass of water. Do you have the	1988_Stephen Mitchell.txt
12	ts; they were rough as undressed wood, empty as a valley, confused as troubled water. Who is able by	1916_Isabella Mears.txt
13	. Like a vast empty space! They were as open as a valley. Confused? They appeared muddy. Who has the	2005_Nina Correa.txt
14	modest is to become a valley floor of life. As a valley floor of life he finds himself the source o	Unkown_Schmidt.txt
15	ty; Be a valley for the world below the sky. As a valley for the world below the sky, Your constant	2001_Moss Roberts.txt
16	But preserve what is base in you, And serve as a valley for the world. When you serve as a valley f	2005_Agnieszka Solska.txt
17	ve as a valley for the world. When you serve as a valley for the world Your true virtue will grow am	2005_Agnieszka Solska.txt
18	e in mind and body as a green branch Fertile as a valley Opaque as muddy water If you take muddy wat	Unkown_Ted Wrigley.txt
19	to be free from danger. Tao is to the world as a valley or brook is to a river or ocean. </P> <P N=	1981_Tam Gibbs.txt
20	melting ice, Genuine as unshaped wood, Broad as a valley, Seamless as muddy water. Who stills the wa	Unkown_Peter Merel2.txt
21	cting wiht simplicity. So open! As if acting as a valley. So integrated! As if acting as muddy water	1986_R.L. Wing.txt
22	glory yet retains humility and obscurity is as a valley that can hold the earth. He has Teh and has	1962_Frank J. MacHovec.txt
23	roughness The summit of character is as good as a valley The greatest whiteness is as good as soiled	2005_Bradford Hatcher.txt
24	rved block of wood. They were as open-minded as a valley. They were open to infinite possibilities,	Unkown_John R. Mabry.txt
25	Know the honored (But) keep the humble Serve as a valley to the world Serving as valley to the world	2005_Bradford Hatcher.txt
26	hole as an uncarved block of wood. Receptive as a valley. Turbid as muddied water. Who can be still	Unkown_John H. McDonald.txt
27	Their simple honesty was sincere, and broad as a valley. Without a purpose, they appeared dull. He	2002_English Kromal.txt
28	e female, and become the valley of theworld. As a valley, you have all your original powers, becomin	Unkown_Ned Ludd.txt
29	- be free of yourself, be humble, be earthy, be a valley for the whole world. Be a channel for the e	1993_Kwok.txt
30	Acknowledge honours, But remember humility; Be a valley for the world below the sky. As a valley fo	2001_Moss Roberts.txt
31	a newborn. Knowing honor, embrace humility. Be a valley for all under heaven: integrity will ever f	2002_Douglas Allchin.txt
32	ur But keep to the role of the disgraced And be a valley to the empire. If you are a valley to the e	1963_D.C. Lau.txt
33	the masculine But keep to the feminine, And be a valley to the realm. If you are a valley to the re	2003_A.S. Kline.txt
34	Know the glorious But keep to the humble And be a valley to the realm. If you are a valley to the re	2003_A.S. Kline.txt
35	know honour yet hold fast to humility is to be a valley to the world. If you are a valley to the wo	2005_Tim Chilcott.txt
36	less. Know glory but keep to disgrace and so be a valley tothe world. If one is a valley to the worl	Unkown_Patrick E. Moran.txt
37	lity and yet keep small and modest is to become a valley floor of life. As a valley floor of life he	Unkown_Schmidt.txt
38	ws honour and yet keeps to humility Will become a valley that receives all the world into it; Being	1904_Chu TaKao.txt
39	you receive honor; guard your disgrace. Become a valley to the world. When you become a valley to t	2005_Nina Correa.txt
40	. Become a valley to the world. When you become a valley to the world, your perpetual De will always	2005_Nina Correa.txt
41	knowing honour, yet dwells in humility Becomes a valley for all the world. Being a vlaley for all t	1946_Herman Ould.txt
42	lorious, yet keeping to ignominy, that is being a valley for Allunder- heaven. Because he is a valle	1954_Unkown.txt
43	feminine. Become for the world a valley. Being a valley for the world, Constant virtue does not lea	2006_Aalar Fex.txt
44	lley that receives all the world into it; Being a valley of the world, with him eternal virtue Will	1904_Chu TaKao.txt
45	Is in himself a valley of the world, And. being a valley of the world, Continuously, endlessly Condu	1944_Witter Bynner.txt
46	ly hard. The greatest virtue is to be emptylike a valley. Those who think they are perfect neverare	1993_Kwok.txt
47	highest of men And humblest also Is in himself a valley of the world, And. being a valley of the wo	1944_Witter Bynner.txt
48	nd rough True strength is hidden, like seeds in a valley before the rains True white shows every blo	Unkown_Ted Wrigley.txt
49	ng a valley for Allunder- heaven. Because he is a valley for All-under-heaven, the permanent Virtue	1954_Unkown.txt
50	ehind me are tall mountain peaks. Behind you is a valley river. The water makes its way from the sky	2000_Ray Larose.txt
51	e and be thus a valley to the world.When one is a valley to the world, the constant virtue will not	Unkown_Patrick E. Moran.txt
52	grace and so be a valley tothe world. If one is a valley to the world then constant virtue will besu	Unkown_Patrick E. Moran.txt
53	s not been fashioned into anything; vacant like a valley, and dull like muddy water. Who can (make)	1891_James Legge.txt
54	ke a piece of undressed wood, Open-minded, like a valley, And mixing freely, like murky water. Who c	1955_Lin Yutang.txt
55	ine, like a piece of raw wood; open-minded like a valley; and blending freely like a troubled, muddy	1997_Tormond Byrn.txt
56	ke a piece of of virgin wood; Open-minded, like a valley; and Confused, like muddy water. Who can ge	Unkown_Cheng.txt
57	od-block untouched by a tool, How sincere! Like a valley awaiting a guest, How receptive! Like a tor	1995_Raymon B. Blakney.txt
58	They were like unseasoned wood. They were like a valley between high mountains. They were obscure l	1919_Dwight Goddard.txt
59	is carves; Yet they were open to receive, like a valley between hills. Yet they seem to some of us	1946_Herman Ould.txt
60	g. Natural! like uncarved wood. Receptive! like a valley. Blending! like swirling water. What is mud	2003_Roderic.txt
61	, like uncarved wood; Broad and expansive, like a valley; Chaotic, like muddy water. Who can still m	1981_Tam Gibbs.txt
62	g to melt, Simple like uncarved wood, Open like a valley, Confused like muddy water. Who else could	1985_Herrymon Maurer.txt
63	ke melting ice, plain as uncut timber,open like a valley. Dark as deep water. Who can as they interp	Unkown_Andre Gauthier.txt
64	; simple, like uncarved wood; open-minded, like a valley; easy-going, like muddy water. Who can wait	Unkown_Ned Ludd.txt
65	iece of uncarved wood; open and receptive, like a valley; freely mixing, like muddy water. Who can m	1996_Sanderson Beck.txt
66	oth Tao seems rough. The loftiest Te seems like a valley great purity seems sullied abundant Te seem	1992_Michael Lafargue.txt
67	ms to go up and down." Great power appears like a valley. Great purity appears tarnished. Great char	1996_Sanderson Beck.txt
68	Level tao looks uneven Better ideal looks like a valley Great whiteness looks spotted Extensive ide	Unkown_David Lindauer.txt
69	oth Tao appears uneven High virtue appears like a valley Great integrity appears like disgrace Encom	Unkown_Derek Lin.txt
70	level appears uneven. Great virtue appears like a valley (hollow). Great purity appears like disgrac	1963_Wing-Tsit Chan.txt
71	! How solid, like uncarved wood! How wide, like a valley! How turbid, like muddy water! What may all	1954_Unkown.txt
72	e muddy water. Broad and expansive was he! Like a valley. If you take muddy water and still it, it g	1989_Robert G. Henricks.txt
73	a muddy pool. Broad and expansive was he, Like a valley. If you take a muddy pool and still it, It	Unkown_Bram den Hond.txt
74	ction, but let imperfection be You will be like a valley in which all manner of things aregrown Fert	Unkown_Ted Wrigley.txt
75	a piece of uncarved wood, Open and broad, like a valley, Merged and undifferentiated, like muddy wa	1963_Wing-Tsit Chan.txt
76	to melt; Blank, like uncarved wood. Open, like a valley. Mixing freely, like muddy water. Calm the	1993_Stephen Addis.txt
77	ice; Thick like the uncarved block; Vacant like a valley; Murky like muddy water. Who can be muddy a	1963_D.C. Lau.txt
78	ined, like a piece of uncarved wood; Open, like a valley; Murky, like muddy water. We must wait for	1999_George Cronk.txt
79	elt. Simple, like an uncarved block. Open, like a valley. Obscure, like muddy water. Who else can be	1982_Tolbert McCarroll.txt
80	ard, like an uncarved block of wood. Open, like a valley. Obscure, like muddy water. Who can be mudd	1997_Charles Muller.txt
81	thaw. Simple, like uncut wood. Wide open, like a valley. Obscure, like murky water. Who can keep mu	2005_Agnieszka Solska.txt
82	naffected: like uncarved wood. Munificent: like a valley Obscure: like muddied water Who can, while	Unkown_Chad Hansen.txt
83	out to melt Genuine, like plain wood Open, like a valley Opaque, like muddy water Who can be muddled	Unkown_Derek Lin.txt
84	emain impartial. </P> <P N="6"> The Tao is like a valley, receptive. Your true essence is the Tao, m	Unkown_David Bullen.txt
85	Way looks rugged. The highest Virtue looks like a valley. Sheer white looks soiled. The widest Virtu	1954_Unkown.txt
86	nuine, like their true nature So spacious, like a valley So well mixed, like muddy water. Who is abl	Unkown_David Lindauer.txt
87	Knowing the Yang, yet keeping to the Yin, Like a valley stream receives All Things under the heaven	1981_English Taplow.txt
88	rouble. For the Tao goes through the world like a valley stream leading us to the rivers and ocean.	2003_Roderic.txt
89	ows glory,) yet cleaves to ignominy Become like a valley that receives into it all things under heav	1934_Arthur Waley.txt
90	But be more like the yin in your being. Be like a valley that parts to its stream; Be like a stream	1993_Kwok.txt
91	seems regressive; The highest virtue seems like a valley; The purest white seems discoloured; The mo	1904_Chu TaKao.txt
92	ing. The highest character seems recessive like a valley; the purest virtue seems tarnished; the mos	1962_Frank J. MacHovec.txt
93	e Tao seems tied in knots." Great Te seems like a valley. The completely immaculate seems disgraced.	1981_Tam Gibbs.txt
94	o be uneven; The highest virtue [is empty] like a valley; The purest white appears to be soiled; Vas	1989_Robert G. Henricks.txt
95	g into the Tao seems rough. True virtue is like a valley. The immaculate seems humble. Extensive vir	1997_Charles Muller.txt
96	his is because great virtue hollows itself like a valley, the great light voluntarily dims itself, v	1999_Derek Bryce.txt
97	ing the Dao. The truly virtuous are humble like a valley, The truly stainless souls appear sullied.	2002_Lok Sang Ho.txt
98	w is ignored." The Wise Person looks empty like a valley, The pure Virtue looks to be without core,	2002_Octavian Sarbatoare.txt
99	to be uneven; The highest Virtue is empty like a valley; The purest white appears to be soiled; Vas	Unkown_Bram den Hond.txt

图 7-6　*valley* 作为话语对象的索引行分析

通过搭配词对比可发现，以上讨论的三大隐喻共享一些搭配词，如"*dark*，*deep*，*tranquil*，*weak*，*origin*，*root*"，具有相同的意义联想关系，但每个隐喻又有自己独特的搭配词，如"母性"的共现搭配词"*female*，*gate*，*gateway*，*door*，*doorway*"表示"门"的喻象；"*water*"的搭配词"*soft*，*yielding*"表示水的柔弱特征；而"谷"的共现搭配词"*empty*，*hollow*"则表示"旷、渊深"的意义特征，表明三个隐喻在意义上既有联系，又有自己独立的意义贡献，不是一种重复循环的意义隐喻。三个隐喻具有前后的嵌套关系，意义相互交织，共同解释核心概念"道"的基本涵义；其中后两个隐喻，即"水、江海"与"谷"，都接受第一个隐喻"母性"的统属。这些隐喻不仅具有相同的搭配词，其搭配型式也非常相似，最为显著的统属型式（the dominant pattern，Sinclair 2004）为：

(a) (BE | BECOME) +*the*+ [SOURCE DOMAIN] (*mother*，*water*，*river*，*valley*) of the world (*country*，*kingdom*，*heaven and earth*，*ten thousand things*)

(b) (LIKE) *as*+ADJ+*as* [SOURCE DOMAIN]

其中，"*be*，*become*"为同义解释，源域由三个主要隐喻群构成，而介词 *of* 后跟的词语为"天下、万物"的不同译法，也可视为同义解释。由于这些主要隐喻的重复使用，而他们内部的意义联系又相互解释和交织，使得源域的不同喻象组合在一起，构成了一个和谐的图景（scenario），对文本的核心概念"道"形成了很强的解释力。Charteris-Black（2004）使用了"概念键"（conceptual key）这个术语，有点类似 Grady（1997）的关键隐喻。概念键概括多个相关概念隐喻，通过推断而获得。在本文中，"母性"即是围绕核心概念"道"而形成的概念键。

7.3.4 讨论

英译文本通过词语 *mother*，*water*，*river*，*valley*，并与其共享和各自统属的搭配词一起，形成搭配的强型式，重构了"母性、水、谷"隐喻，试图

第七章 文化隐喻表述分析

解释出"道"这一概念在时间、空间和应用三个维度的意义属性特征,即"初始"、"空无"以及"创生、虚静、无为"。从整体上看,各个隐喻既有层级和嵌套结构关系,又有内在的连贯性与和谐性,作为短语单位在应用上具有极高的复现率和稳定性,使隐喻的意义图景显得既凸显清晰,又饱满和谐。在这里,英译文本中的隐喻主要功能在于为核心概念提供意义解释,反映了文本内部的意义关系。如果使用认知语言学概念隐喻理论,似乎很难解释这种译文中隐喻重构和意义解释过程:来自源文本的隐喻及其表达的意义,于目的语而言,完全是新奇的;意义的联想关系需要重新构建,而这一过程是通过词语搭配以及其构成型式完成的,源域与目标域的意义关系表现为文本内部的解释(paraphrase, Sinclair 2004; Teubert 2005),隐喻、词语搭配以及构成型式作为一个统一体,共同完成意义表达。离开词语搭配及型式,很难孤立地去观察隐喻。作为目标域的"道"既缺乏自定义,其意义完全靠周围的隐喻建构,而道本身又不是一个抽象的概念,它是"实存的"(陈鼓应 2009:15)。

通过分析发现,《道德经》英译文本通过重构源文的隐喻建立了"*Dao*"的话语语境,并通过词语搭配型式确立的一系列隐喻的意义联想关系,而这些联想关系在英语语言中并不是最常见的。如"*water*"在当代美国英语语料库(COCA, 4.5 亿词)中前十个搭配词"*cold, drinking, hot, cup, clean, boiling, supply, quality, running, add*",而英译文本中围绕隐喻的搭配词在 COCA 中极为罕见,类似的情况在其他隐喻中也同样存在,表明英译文本的隐喻所建立的意义联想在英语中是一种全新的文化体验。而英语读者要理解这些隐喻,只能依靠文本的意义解释。也就是说,译文文本建立一种解释话语,在这一话语中,重构的隐喻创建了新的意义,而这些意义不一定是源域物像的内在属性。对西方文化而言,水的"柔弱、不争、创生"等意义联系代表了一种不同的文化信息,与西方人对水的文化体验和认知大相迥异。"河谷"的隐喻同样如此。在基督教文化中,"河谷"这一意象往往喻示着"绝望"与"危险","我们有太多的痛苦、患难和忧伤隐喻都集中在河谷里"(Plus 2010),《道德经》中有关河谷作为万物始源和创生的意象也是全新的,须在英译文本中重构,而这些隐喻意义的构建都与文本中的词语搭配型式密不可分,隐喻和搭配型式形成了一种互选关系，从而验证了 Sinclair 意义单位理论的可靠性。

《道德经》文本中对"道"的概念反复使用同一个隐喻，如"*mother, female*；*water*；*valley*"，该喻象就会形成意象，而对该概念使用不同的隐喻，并使这些喻象反复出现，所形成的意象交织起来，在意义上互相解释，与某种表达型式形成共选关系，围绕核心概念"道"形成了一个动态的意象图景，该图景即是一个交锁互联的语义网络，也是一个具有充沛意图的话语："道"不再是一个单一的概念，而是一套完整的思想表述。同时，由于英译文本的译释视角及翻译策略各不相同，不同的译本与意义解释层层叠加，形成了一个既有前后关联，又有冲突的历时话语，但文本中由隐喻交织而建构的意象图景，使核心概念的基本意义保持了相对的稳定性：无论再有多少新的解释和翻译，译者（读者）必须基于源文本，基于已有的翻译或解释进行新的阐发，使得那些可接受性强的解读不断得到重复，从而也保证了该话语意义不会被彻底颠覆。此外，由于源文隐喻及其意象图景的作用，不同译文围绕这些隐喻及其表达型式的翻译彼此构成了同义解释：

> *water*：*river*，*river water*，*sea*，*flood*，*flow*
> *valley*：*mountain valley*（*s*），*river valley*（*s*），*abyss*

正如 Ames（2003：7）所言，"这些重复出现的词语及隐喻，在读者心中唤醒了一个不断扩展的语义及语音网络"，核心概念"道"由一系列意象构成，这些来自自然的意象只是被用来解释或说明"道"的含义，而不是直接界定它。隐喻的功能似乎在于指引了理解"道"的途径，起到一种索引（indexical）的作用，既揭示了"道"在语义上的多重性和动态性，又暗示了"道"在万物中弥漫性存在。文本中围绕核心概念，通过意义联想、隐喻重复与叠加以及复现搭配型式，呈现核心概念与其他子概念之间复杂的意义互释，从而达到概念的确立与解释，体现了一种显著的内文本性（intratextuality），即文本意义在内部得到构建，而对文本的解读也同样可以在文本内部找到充分证据。

在同一章节的翻译中，存在一些围绕"道"新创或罕见的隐喻，如

"*the green tea*, *guide*, *the Spirit*"，体现了英语表述的变异性，同时也表明，这些隐喻在译文话语中缺乏搭配型式的同义解释，在隐喻意象图景中缺乏协调和兼容，重复率极低；由于不受内文本的约束，这些新的表述偏离了意义互释的边界，显得突兀而孤立。同时，本研究再次验证了翻译的重复性（Teubert 2005；李文中 2010），同源译文的重复不仅表现在短语单位和词语型式上（李文中 2010a），还表现在隐喻重构和概念化层面。

7.4 结论

"道"的"空无、虚静、创生"与"充盈、有用、往复"等多重含义是通过隐喻及搭配型式得到呈现，相似的隐喻与相似的短语结构高度重复，形成强型式或统属型式，在语义上彼此解释和说明。隐喻化不仅是源文本呈现思想的主要组织手段，也是目的语文本的主要翻译策略。正如Croft（1993：336）所言，"语义（语言）表达与知识表达并无根本不同，研究语言的语义就是研究人类经验的常识"。隐喻作为一种普遍的认知模式存在共通性，这是跨文化和语言理解隐喻的基础；同时，隐喻的使用及意义又在不同的文化和语言中极具个性。隐喻的活跃程度因说话人不同而变化，也因不同语言的说话人而存在差异。所以，一个语言中习用的隐喻，在另一种语言中显得极为新颖。隐喻的解读依据仍然存在于文本，而不是先存于人的大脑。语料库文本不仅能够提供有关隐喻解读的大量证据，其本身也是解读的结果。隐喻解读本身成为其意义的组成部分，即任何解读活动都不免成为解读对象意义演变的过程。对《道德经》译文文本的分析表明，隐喻意义与词语搭配型式形成共选关系，二者不可分割；孤立地看任何一个词语，我们无法判定其是字面意义还是隐喻意义，当它和其他词一起使用时，其意义的走向才显现出来；当这种共现形成某种搭配型式时（李文中 2010b），由于词语、搭配以及型式的交互作用，其字面义或隐喻义倾向才会凸显出来。Deignan 发现，词性选择、固定搭配型式以及搭配词选择对隐喻的产生进行限制。这三种限制中的任何一种出现，都可能触发隐喻（2005：217）。这一说法在本研究中得到进一步验证：触发隐喻的因素既包括了一系列搭配词，也包括复现的型式，如"N+OF+N"。

　　《道德经》的英译文本形成了一个动态演变的、开放的阐释性话语，其意义互释具有极强的内文本性，其参与者既包括源文本和作者，又包括读者、译者和研究者。在这一话语中，重复构建的隐喻确立了围绕话题"道"的各种意义联想，从某种意义上讲，英译文本是源文本的再隐喻化和再概念化，这一过程使得各种语义互相关联的隐喻汇聚在一起，构成了一个"道"思想庞大的意义网络：任何解读不过是通过叠加、离合、创新不断扩展这一网络。

第八章 文化表述中局部语义韵与话语管理[1]

本章概要：本章主要讨论文化表述分析中另一个重要参数，即态度评价。在语料库语言学分析中，对意义单位态度的把握一般通过语义韵研究获得。在本研究中，作者提出局部语义韵和话语管理概念，并试图以此解释完整文本分析中遇到的问题。

语义韵分析是文化表述分析的一个重要概念。在语料库研究中，语义韵（Semantic prosody）即蕴含在词项中说话人或作者的态度和交际意图，是共选的词语交互影响意义的结果。现有的文献最早可追溯到公元二世纪中叶著名的语法学家 Apollonius Dyscolus 以及他的儿子 Aelius Herodianus（或 Herodian），他们使用 prosody 一词指单个词语的发音、音调及送气（Blank 2006：327-8）。在 Firth 的音系学研究中，一个音会对临近的音产生影响，使之发生同化现象；Firth 把音韵视作"非音段实体"（Langendoen 1969：317）。而对词语意义的相互影响的关注可追溯至十九世纪末，如 Louw（1993）在文献回顾中追溯到十九世纪法国学者 Bréal 在研究惯用搭配时把意义传递现象称作"传染"。二十世纪初，丹麦语法学家 Jespersen（1904：67）注意到在许多词语组合中，一个词的意义像"气味"一样弥漫整个语境。

Sinclair 在二十世纪八十年代末借用了音韵这个概念，并使用了"语义韵"这一术语[2]。但 Sinclair 对搭配中词语意义相互影响的关注最早见于他

---

[1] 本章基于已发表论文《局部语义韵与话语管理》（《外国语》2019 年第 4 期）修改完成。

[2] Louw（1993）在他的论文中披露，Sinclair 在与他 1988 年的个人通信中，首次使用了"语义韵"这个术语。

在二十世纪六十年代对词语研究，当时他在极为有限的口语语料中注意到"a good omen"这个短语，尽管他没有明确使用语义韵这个术语，但认为在这个搭配中，与 good 共现对 omen 更有意义，而不是相反（Sinclair 1966：428）。二十世纪八十年代中期，Sinclair 利用刚刚建成的 COBUILD 语料库，对词语研究获得了更充分的证据，他在讨论"set in"这个短语动词时，提到该短语最显著的特征是其主语大都是一些不愉快的情状（Sinclair 1987：155；1991：74）。在之后的研究中，他进一步观察到，"很多词或短语在使用中趋于出现在某种语义环境中"，并提到"happen"总是与一些不愉快的事情联系在一起（1991：112）。对这种"不愉快"的情状或事情所构成的语义环境的分析，表明 Sinclair 当时已经开始关注词语搭配在共文中的延伸，并表现出某种评价性意义。后来，Sinclair（2004b：19）显然受到了弗斯有关音韵概念的启发，并试图把它运用到文本的意义分析中去，"我发现自己越来越被弗斯在音系学中的音韵这一概念吸引，并试图把它应用到文本中观察到的、具有大量结构良好的证据的意义分布"。Louw 尽管受到 Sinclair 的启发和影响，他认为单个词语具有语义韵的观点影响了或说是误导了之后的很多学者。直到 1996 年，Sinclair 为语义韵给出了描述性定义，明确指出语义韵是词项（意义单位）所特有的，是态度性的，具有语用属性（Sinclair 1996：87），同时，Sinclair 也指出，语义韵也标识了是词项的边界（Ibid：88）。在他的研究实践中，Sinclair（1996，2004b）把语义韵作为意义单位两大要件之一（另一个是节点词），并把它放在综合分析程序的最后一个步骤（李文中 2016：110）①，在他看来，语义韵把词项的意义与说话人的意图联系在一起，没有语义韵，一个词项只能表达意义，是无法用于有效交际的；语义韵表明对事件的态度，维持了词语内部的语义和谐（Sinclair 2004a：276）。Louw 后来试图修正自己的定义，认为语义韵是"通过临近的具有一致性的搭配词系列而确立的意义形式，通常具有积极或消极的特征，其首要功能是表达作者（或说话

---

① 扩展意义单位分析包括义核、类联接、语义倾向、语义韵；Sinclair 认为语义韵是词项分析中比语义倾向（semantic preference）更为抽象的阶段（Sinclair 1996），本文中，"词项"与"意义单位"同义。

人）对某一语用形式的态度"（Louw 2000：60），同时，Louw 还把这个术语改称为"语境韵理论"（Contextual Prosodic Theory）（Louw 2000；Milojkovic 2013），但未能界定什么是"意义形式"，什么又是"语用形式"，越说越糊涂，反而失去了理论的简洁性。Partington 把语义韵与词语含意（connotation）等同起来，认为语义韵"独立于个体的说话人"，并不"完全处于语义学范围之外"（2004：152）。语义韵理论及分析实践各家学说不一，同中存异，缺乏一致性的框架。

8.1 语义韵理论存在的争议

语义韵理论提出以后，得到了语料库语言学界不少学者的响应，但其关注的焦点和态度却不尽相同。由于各家的界定标准以及所用术语多有分歧，导致其在研究实践中存在诸多难题。语义韵理论尚存在以下问题或争议：（1）如何确定语义韵与词语含意的关系？（2）语义韵与语义倾向存在何种关系？（3）整篇文本中多个语义韵是如何在话语管理中协调的？本章将对语义韵概念及应用进行理论探讨，并基于文本实例分析提出自己的假设。尤其是第三个问题，涉及文本意义分析的视角问题，即是多文本集合视角，还是单文本整合视角。传统的语料库索引分析是多文本的、散点式的、互文性的，分析者眼中所见，皆是围绕节点词而成的单个扩展意义单位，除了由于复现而呈现出的共选型式，各个索引行之间彼此互不关联。而在单个整篇文本内文视角下（李文中 2017），节点词往往是文本的主题词，围绕主题词观察扩展意义单位，会发现各个索引行之间的关系更为复杂，也更加相互依赖，当我们试图跨越意义单位的边界，观察临近的其他意义单位和语义韵时，所看到的东西与以往也大不一样。

8.2 语义韵与含意

语义韵在语言使用中表达评价、态度和情态意义；作为一种语用现象，语义韵是实存的，这一点在各家观点中似乎并无太大分歧。而语义韵的发生机制在于语言使用共同体共享的意义联想。语义韵的焦点在单个词语还是更大的序列？对这一问题的不同回答，取决于研究者的分析视角和方法。Louw（1993：157）的观察焦点似乎在词语，但强调其来自搭配词；Partington（1998：65）把词语意义分为概念意义（conceptual meaning）和含意（connotation）（即言外意）①，并引用 Cook（1992：8）的定义，认为含意即是"一个词语对另外一组词语和单个词语的模糊联想"；Partington 又声称"好的或者坏的含意通常并不包含在单个词语中，而是存在于由该词语与其他词语或搭配词联合的表达中"（1998：67），语义韵则是"指含意色彩超越单个词界的散布"（Partington 1998：68），其跨越话语单位并维持"评价和谐"（Morley & Partington 2009：139）。由此可见，在 Partington 看来，不超出单个词语的意义联想是含意，而跨越单个词以上的意义散布就是语义韵。尽管 Partington 也认为语义韵的效应延伸得很宽，可跨越相当长的文本片段，但他的焦点只是关注两个词语之间的关系（2004：150）。Stubbs 区分词语的字面义（denotation）为"词语合适的指涉范围"，而含意则"表达情感、联想、态度和情绪意义"（2001：34）。Louw（2000）则认为语义韵不仅具有含意性，还包含语境因素。含意也是语言共同体所共享的。Xiao and McEnery 则试图区分含意与语义韵，认为"由于节点词与其典型搭配词交互而产生的搭配意义称作语义韵"，并认为"单个词语及短语都有语义韵"（2006：105）；但同时他们又说，含意"既具有搭配性，又具有非搭配性，而语义韵只能是搭配性的"（Xiao and McEnery 2006：107）②。在他们的研究实践中，以英语词语为焦点，然后再去检查其在另外一种语言中最近的等值词的语义韵（Xiao and McEnery 2006：108）。Wei and Li（2014：117）尽管也承认，在一些个案中，某些单个词语具有强烈的语义韵，但反对单个词语具有缺省的语义韵这种理论

---

① Connotation 一般译为"含义"，本文更倾向使用"含意"，因其表达作者或说话人态度和感情意义，属表达的语用功能，不同于一般意义上的指涉关系。

② 受此影响，国内一些学者在应用语义韵分析时，一般会在词语及搭配序列中确定语义韵，如胡显耀与曾佳（2010）；更多的研究则是以节点词为中心，观察其在共文中的语义韵，这里不再一一赘述。

假设，也反对 Louw 的关于作者通过有意违背这种缺省语义韵来取得反讽效果的说法。他们只接受一个词语具有潜在的不同的语义韵，而这些语义韵可能在不同的词语共选型式中实现；这些不同的语义韵可分为主要型式和次要型式，其主要依据是使用的语境和概率。

另一个极富争议的话题是语义韵的地位。不少学者认为，与字面义相比，含意是"次要的"（Lyons 1977：278）、"处于词语核心意义之外的"（Backhouse 1992：297）、是"偶然的，不是基本的"（Leech 1974：15），"词语的字面义是第一阶的、基本的意义，而含意是第二阶的、主观的、临时的意义。但主要字面义与次要含意的区分纯粹取决于人们的视角，其界限并不清晰"（Stubbs 2001：35）。相比而言，Sinclair 似乎更看重后者，"意义中的指涉因素总是被置于优先态度因素的地位，其理由并不正当；很显然，在使用词项时应具备这两个方面的意识，而这种意识的缺失主要是语用方面的错误，而不是词语指涉意义错误"（Sinclair 2000：199）。他还指出，"语义韵表达态度和语用意义；它们是形式与功能的交叉点。我们之所以选择用一种方式，而不是用另一种方式表达自己的理由就编码在语义韵中，语义韵是词项必需的组成部分"（Ibid.：200）。但 Whitsitt（2005：284）辩驳说，如果一味强调语义韵的语用功能，其语义迁移的重要性则大大减弱，我们还能否继续使用语义韵这个术语就成了问题。我们提出的问题是，如果不能区分单个词语的含意与词项中的语义韵，就必然会得出语义韵既是词语内在属性，又是词项的语用属性这种结论，同时也使含意和语义韵在概念上纠缠不清。

8.3 语义韵与语义倾向

Sinclair（2004b：33-34）在词项分析中把与义核同现的、共享某一语义特征的一组词语定义为语义倾向。语义倾向具有灵活的词性选择，比类联接更为抽象，且在位置分布上更为松散，支配搭配和类联接的型式。在他的分析中，语义倾向中词语本身的语义变化以及与同现的语法结构交互影响，蕴含语义韵。Partington（2004：149-151）注意到语义倾向与语义韵之间的密切联系，不无正确地指出二者是交互的，并认为"语义韵支配整个环境，而该环境约束节点词语的倾向性选择"，语义倾向为"语义韵的构成做出重大的贡献"（Partington 2004：151）。但 Partington 有两个观点值得商榷，一是他把语义韵看作语义倾向的一个次范畴，即具有相似态度的语义特征，再就是他认为语义倾向与语义韵的区别在于二者的作用范围不同：前者是搭配词的特征，而后者是节点词的特征（Ibid.）。按照这个观点，语义倾向包含语义韵，而语义韵也包含语义倾向，这在理论上是不清晰的。此外，把语义韵仅仅看作节点词的特征，违背了 Sinclair 扩展意义单位分析的初衷，也与实际分析步骤不合。我们认为，首先语义倾向作为一个分析步骤，与搭配（词语同现）和类联接（搭配与语法选择同现）的观察相平行或有先后顺序，其基础是具有不同词性的、在临近多个位置上分布的词语集合，是纯粹语义的特征，而语义韵分析确定扩展意义单位边界的最后一个步骤，其基础是综合性的语用分析，既要观察语义倾向，还要观察序列中同现的其他元素，如类联接和搭配，而不是仅限于个别词的特征。尽管具有相同语义倾向的词集对语义韵分析具有极大的作用，语义倾向分析为语义韵分析提供细节和依据，但其本身并不能替代语义韵分析。

8.4 语义韵、话语韵与话语管理

词语在使用中经常与一些具有显著褒贬色彩的词语共现，并受其影响而产生一种"近朱者赤，近墨者黑"的效果。而 Sinclair（1987，1991）早期的研究及其后来的意义单位理论（Sinclair 1996，2003，2004a）表明，语义韵是对词项系列及语用环境的进一步抽象，反映的是说话人或作者对待所述事件的态度或感情，属于词项序列的隐含的语用功能，"是意义单位最外缘，是共文与语境融汇的地方"（Sinclair 1996：88）。由此看来，Sinclair 的视角更宽，但其所分析的语义韵不超出扩展意义单位的边界，即后来他所说的词项（Sinclair 2008c）。Sinclair 的语义韵分析有两个涵义，其一，语义韵是针对整个意义单位，而不是意义单位内部单个词语（节点词)而言的;其二,语义韵是在语言使用现场(共文与语境交互)动态发生,但由于重复使用而产生某种似然性,因此是可以观测和概括的。

在 Sinclair 的理论中,一个意义单位只是他所分析的最小单位,而那些由不同意义单位组成的命题或陈述又是如何呈现语义韵的,换言之,同一命题内部不同的意义单位的语义韵如何交互影响,最终形成一个统一的态度或评价? Stubbs 与 Hunston 意识到这种难题,所以更注重语境或更宏观的话语功能。因此,Stubbs 倾向使用"语义韵",并认为语义韵延展跨越词项(意义单位),表达言说者的理由,"并用来识别功能话语单位"(Stubbs 2001:65)。在 Stubbs 看来,"词语选择创造一种话语微型世界或宇宙,并使其他词语在相同的语境中得到共选"(Ibid.:7)。Hunston 似乎更接近 Sinclair 和 Stubbs 的观点,认为语义韵不是单个词语内在的属性,是一种话语功能,即当一个词语经常用于具有明确态度意义的语境时,其沾染的态度的色彩会影响到该词语在其他语境中的使用,"除非对其共文及短语作更为精细的观察,论断某一个词语'有语义韵'可能会受到重大质疑"(Hunston 2009:91);所以 Hunston 更倾向使用"态度偏好"(attitudinal preference)这一术语。但是,在语义韵之外附加语义韵面临两个危险,其一,语义韵可能会被误解为超越语义韵之上的上位概念,而这是与语言使用实际不相符合的,"言语流是线性的,其中没有哪一个片段具有比另外一些片段更高级或抽象的地位"(Sinclair 2008c:26);其二,"所有有关态度或交际意图的证据都来自共文,是可观察的,而不是来自语用学中所谓的语言之外的语境"(Stubbs 个人通信 2016 年 7 月 26 日)。由此可见,语义韵虽然是语用功能,但在分析中不脱离文本与共文,仍属于语义分析。所以,Stubbs(2013:24)又重新回到语义韵这个术语,但是认为语义韵具有两个重要形态,一是言外之力,另一个是话语管理,由于前者是文本中前述片段的回应,是功能性的,而后者表明任何一个文本片段总是处于一个更大的片段之中,因此他提议把话语管理作为扩展意义单位分析的第五个参数。此外,Stewart(2010:16-18)在回顾 Tribble、Partington、Stubbs 以及 Hoey 等人研究时,提到局部意韵(Local Prosodies),认为表达态度的意韵是随文类、领域以及话题的改变而不同的。换言之,态度意韵是依赖语境的,它可以蕴含在词项这种微观意义单位中,但其总体使用趋势受语境的各种参数约束。

8.5 讨论

Partington（2004：152）提到语义韵独立于个体的作者或说话人，他还认为语义韵并未完全超出语义学的范畴，但同时又承认语义韵高度依赖语境，在话语共同体中保持相对稳定。但是 Partington 在概念使用上与 Sinclair 不同。首先，Sinclair 说的是词项，是包括搭配在内的、表达意义单位的多词序列，语义韵是其要件之一；词项本身是有共文的，所以才有语义韵。而 Partington 说的是词语，他认为词语的指称意义和语义韵都是多变的，二者都是词语的内在属性。Sinclair（1996：87）强调了语义韵作为词项的重要使用功能，"在语义—语用连续统上居于语用端的"，而 Partington 把语义韵归于语义端，甚至把语义韵与词语含意等同起来。我们认为，Partington 的表述是自相矛盾的：如果承认语境决定语义韵，就不能接受语义韵是词语内在属性这一论断。换言之，以下两种陈述是不相容的：既要说语义韵是词语本身自有的、稳定的，同时又要说语义韵是语境决定的。当然，语境决定性不是绝对的、单向的，有些词语由于其强大的语用惯性，反过来影响语境的整体态度。此外，仅仅以搭配性或非搭配性这一标准不仅不能真正区分含意和语义韵，也未能解决二者的认识分歧。如果说含意既包含在单个词语中，也包含在搭配中，则含意成了语义韵的上位概念。然而，如果认为孤立静态的单个词语具有潜在的语义韵，势必与 Sinclair 词项语义韵的理论定义相抵牾，而把词语共选型式中的语义韵分为主要型式和次要型式，在分析实践中也容易造成困惑：如果两个共选型式各自具有自己的语义韵，则这些型式就是两个不同的词项；如果不同的词语共选型式拥有同一个语义韵，则这些型式应被视作一个词项。共选型式的变异不能作为判断主要或次要语义韵的依据。驻留在单个词语或短语中的表达个人或情感联想、传达态度的意义是含意（即言外之意，因为它往往表达说话人的主观态度，与语用相关），这些含意是话语共同体长期使用的结果，习惯成自然，含意变成了词语或短语意义的一部分，也即是人们对使用词语的感情预期，因此具有语用学价值，如 Bublitz（引自 Stewart 2010：9）所言，"不断在相同语境中使用某一个词语，最终导致其意义发生移变，即该词获得其邻近词语的语义特征"。但是，如果拓展观察视角，超越单个词语去观察更大的单位，如意义单位和话语单位，语义韵不是静态附着于词语的态度和感情潜势，而是动态流动在整个意义单位甚至命题之中的评价意义，这时，语义韵才是区分不同词项的边界。因此，含意与语义韵既有联系，又有区分：孤立的单个词语具有显性的态度潜势，是词语含意；这些词语在词项中使用，通过交互作用，影响整个意义单位的态度，产生语义韵。由此，我们应当把语义韵的讨论严格限制在扩展意义单位（词项）的分析中，而不把具有明确态度倾向的、孤立的单个词语包括进来。

另外，如果我们的分析焦点是单个词项的共选型式，则每个词项只有一种语义韵，但该词项在一定范围内可能有多个变异型式，"由于意义单位通常止于单词，极少跨越标点单位的边界，其行为只能通过统计才能预测"（Sinclair 2008a：410）。这时，我们的观察视野不会超出词项或扩展意义单位中的语义韵。但是，如 Sinclair 所言，如果我们观察整个文本或话语事件，我们会观察相邻的意义单位，而由于每个意义单位都有自己的语义韵，那么两个以上的意义单位的语义韵是如何组织并传达态度的？在这种情况下，我们可以采用 Stubbs 所提出的话语管理这一概念。我们发现，在一个完整的表述中，如果存在两个以上的语义韵，则该语义韵呈现出复杂的关系，如并置、统属、强化、对比等，在分析中应用话语管理来解决。通过以下案例分析，试图说明上述问题，并发现新的难题。

8.6 案例分析：《论语》中"色"的语义韵

应用扩展意义单位分析路径，以《论语》为观察文本，以"色"为节点词，在源文本及其对应的英译中观察围绕该节点词所形成的搭配及型式，调查该词项的意义单位和基本表述，并进一步分析这些表述所包含的评价态度及其局部限制。

8.6.1 研究问题

(1) 在源文本和英译表述中,语义韵的影响范围及管理机制是什么?(2) 语义韵的确立如何影响意义单位的识别?(3) 英译文本是如何照应语义韵的?

8.6.2 方法和步骤

分析步骤包括:(1) 对搜集到的文本进行必要清理后,转换编码为 Unicode,并利用正则表达式分字①;英译文本主要参考 Legge(1861)、Slingerland(2003)以及 Brooks & Brooks(1998)的翻译;(2) 使用 Wordsmith Tools 对《论语》等文本进行索引分析,以"色"为主检索词;(3) 对索引行进行在屏标记并排序;(4) 报道分析结果,并基于研究发现讨论研究问题的解决。

8.6.3 结果分析

综观《论语》文本及其英译,围绕节点词"色"存在多个命题或意义表述,所蕴含的态度也复杂多样。孤立地去观察"色"的意义,是无法确定其态度的。只有通过共文才能真正确定其语义韵。"色"字在《论语》文本中共出现 27 次,主要用法及意义如下:

(1)"色"作主语,后跟动词或动词短语、形容词表语,为"色+V"型式,在该型式中作为主语的"色"表示"脸色"(countenance),引申为"外貌、外表"(appearance),如图 8-1 索引行第 1-4 行以及第 6-8 行,与其搭配的谓语动词(短语)有"举(changed)、勃如(dignified)、思温

---

① 该步骤主要目的是使文本能使用 Wordsmith Tools 6.0(Scott 2015)进行词表统计和索引分析,该软件只接受 Unicode 编码的分字汉语文本;转换编码使用 PowerGREP 4.6.5(Goyvaerts 2013),并使用该软件"search and replace"分字,正则表达式为: (\ \p{Han}) 替换为 \ \1(反斜杠 1 后跟空格)。

第八章 文化表述中局部语义韵与话语管理

(needs to be warm)、庄(grave)、厉(stern firmness)、难(difficult to keep a pleasant countenance)"等,都表示脸色的改变;其中第 5 行"色恶(discolored),不食"(10.8)表示食物的颜色,第 9 行"色取仁而行违"(he assumes an appearance of virtue, but his actions are opposed to it)(12.20)中的"色"引申为"外貌、外表",该组搭配词同时也是一组共享语义特征的词集,其语义倾向为"庄重、温和、谨慎";在这一结构中,对充当谓语的词语选择,显示了词项的变异,不同的词语对词项的意义具有微调作用(参见 Sinclair 2004b),如"勃、庄、厉"为同义互释,而"温、难"也可以相互解释。拓展观察更大的共文范围,该型式实际上可分为两个词项,分别对应两大典范形式(canonical form),每一典范型式各有两个变异型式(英译的型式在后):

(1) 表示判断,呈现出积极与倡导的态度

(1a) 色+V+ [也矣]① (appearance | countenance) +V

(1b) 色+思温 (appearance | countenance) +needs to be warm (脸色温和)

(2) 表示质疑或通过对比表达否定态度

(2a) 色+V+者乎? has he + (ADV) +V-ed+*the appearance of the virtuous man*?

(2b) 色+V+N 而+N+V (appearance | countenance) +V+N

在表示判断的型式(1)中,所反映的态度是积极的,具有"指导、主张"的意味;而在表示质疑或否定的型式(2)中,其语义韵通过疑问或对比显示出质疑和批评的意味,态度是否定的,如图 8-1 的第四行"论笃是与,君子者乎?色庄者乎?"中"论笃是与"(人们称赞言辞诚恳的人),其态度似乎是积极的,到了"君子者乎"(这就是君子吗),设问的句式创建了某种态度预期,到了第三句"色庄者乎"(还仅仅是外表庄重?),问句变成了质疑和否定,后文的语义韵管理前文,统摄整个话题。

---

① 中括号在这里表示这些词语的出现是可选的。

205

在《论语》的文本话语中，与“色”相辅相成的是“仁”，分别表示人的外在行为和内在品质，内在的“仁”是决定性的，而“色”只是其外在的表现：有仁德的人必定外表庄重、温和或严厉，但仅仅有这些外在特征，并不一定就是“仁”。

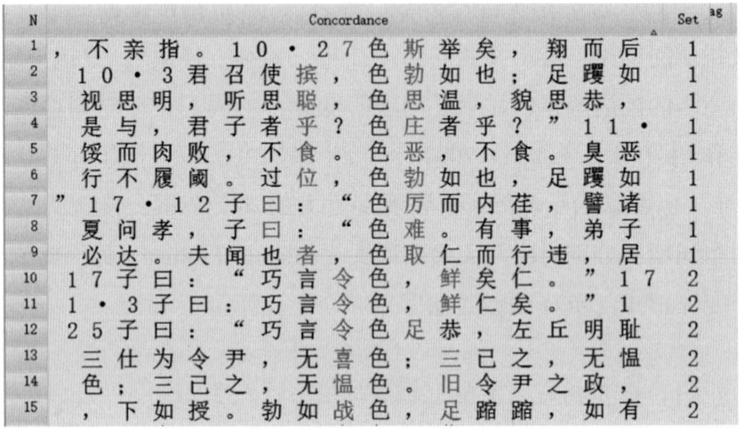

N	Concordance	Set
1	，不亲指。10·27色斯举矣，翔而后	1
2	10·3君召使摈，色勃如也；足躩如	1
3	视思明，听思聪，色思温，貌思恭，	1
4	是与，君子者乎？色庄者乎？”11·	1
5	馁而肉败，不食。色恶，不食。臭恶	1
6	行不履阈。过位，色勃如也，足躩如	1
7	”17·12子曰：“色厉而内荏，譬诸	1
8	夏问孝，子曰：“色难。有事，弟子	1
9	必达。夫闻也者，色取仁而行违，居	1
10	17子曰：“巧言令色，鲜矣仁。”17	2
11	1·3子曰：巧言令色，鲜仁矣。”1	2
12	25子曰：“巧言令色足恭，左丘明耻	2
13	三仕为令尹，无喜色；三已之，无愠	2
14	色；三已之，无愠色。旧令尹之政，	2
15	，下如授。勃如战色，足蹜蹜，如有	2

图 8-1　作为主语以及头名词的“色”

（2）“色”前有形容词限定，有时与其他相同结构的搭配并用，成为一个扩展词项，为“Adj+N +Adj+色”（ADJ+N+ADJ+（*appearance* | *countenance*））型式，在句法上或整体作为主语，如图 8-1 第 10–12 行，或作为宾语，如图 8-1 第 13–15 行。其中，“令色”与“巧言”在语义上属于平行表述，“巧”和“令”都具有“美好”的含意，整个词项可释为“美妙的言辞，和悦的外貌”，在第 10–11 行，对该词项的评价意义在于“鲜矣仁”或“鲜仁矣”，显示出否定的意味（即“很少有真正的仁德”）；译文 *cunning words and pleasant countenance* 基本传递了源文的否定性意味。第 12 行“巧言令色足恭”中”足恭”（过分恭敬）传达出具有否定意味的态度，但后句“左丘明耻之，丘亦耻之”给出了进一步的评价（“左丘明认为可耻，我（孔丘）也认为可耻”），即强烈的批评态度，这表明了语义韵的话语管理，因为没有后两句，我们仍无法得知说话人对待前述行为的真正态度。第 13–14 行，“无喜色”（“没有表现出高兴的样子”）和“无愠色”（“没有表现出不高兴的样子”）是说子文这个人，升迁时不

第八章 文化表述中局部语义韵与话语管理

喜，罢职时不怨，似乎是一种正面的评价，但真正表达孔子对此人态度的还在更远的语境：当子张问孔子这算不算"仁德"时，孔子回答"未知，焉得仁？"此处的疑问句表达了孔子的质疑：子文这样做只能算表现了"忠"，但"忠"只是"仁德"的一个方面，是一种外在的表象，仅凭此表象是无法确定其是否具有仁德的。第 15 行"勃如战色"与第 2 行"色勃如也"属于同义解释。该词项进一步解释了作为外表的"色"与内在的"仁"之间的关系，后者是先决的，而前者是表象。

（3）"色"在动词后用作宾语，使用型式为"V+［N］+色"，中括号表示可选的名词，与"色"一起构成名词短语。该型式因搭配词的语义倾向不同有三个变异型式：一是"色"表示"脸色"，与"观（observe）、有（put on）、见（watch）、正（rectify）、呈（put on）"等动词搭配（如图 8-2 第 17, 21-24 行），其语义倾向为"可见性"，所传达的态度皆有积极的意义。二是第 16、25 行"变色、易色"（change countenance）中"色"为转喻，表示"态度、形色"：有盛大筵席时，态度要变得庄重；在学习贤人时，态度要变得庄重①。三是第 18、19 行为重复使用，把"好德"与"好色"放在对照性语义关系中，实际上是对"德"与"色"关系的陈述：外在的"色"与内在的"德"相比，后者更为重要，其评价意义在于孔子对世人的失望：世人过分注重外表的"色"而看轻内在的"德"，而既重仁德又重外表的人，不是少见，而是从未见。在《论语》的话语体系中，一直把"色"与"德"作为具有密切意义关联的成对概念，孔子首重"德"（仁德），次重"色"（外表），并对"色"的各种表现进行了具体而微的讨论，围绕二者形成了一个完整的道德评价体系，该体系同时拒绝对二者任何一方作其他解读，如把"色"释为"女人的美色"。在英译中，把"易色"中的"色"和"好色"都译为 lust, love of beauty,

---

① 对此句有多种解释：（1）朱熹《论语集注》说："贤人之贤，而易其好色之心。"在这里，"色"被解释为"爱好美色（的心）"，是对"色"过分解读。（2）何晏《论语注疏》：易，改也。色，女人也。（3）南怀瑾《论语别裁》："这个'色'字，很简单，就是态度、形色，'易色'也就是转变态度。"（4）《汉书》卷七十五李寻传颜师古注，并为杨伯峻《论语译注》采信："对妻子，重品德，不重容貌。"（p.5）除南怀瑾外，其他诸说皆缺乏文本证据，故本文采用南怀瑾说，并试图通过文本分析验证之。

显然是沿袭了后世对《论语》的主流注释，但缺乏文本证据支持。

16	者而！"吾其有言斯出
17	有义未见好德如好色者也。
18	盛馔，必变色而作
19	好德如好色者也
20	变色而作
21	色厉而内荏
22	色取仁而行违
23	色斯举矣
24	色难
25	7 子夏曰
26	血气
27	润色

图 8-2　作为宾语的"色"

第 26 行出自《论语·卫灵公》（第 16.7）："孔子曰：'君子有三戒：少之时，血气未定，戒之在色；及其壮也，血气方刚，戒之在斗；及其老也，血气既衰，戒之在得。'"从上下文看，所讨论的是个人修养，年少时，血气未定，心浮气躁，最忌莽撞冲动，做事不计后果；其中的"色"仍指"态度、神色"①，此句的"戒"字与其他两句构成评价语境，表达出一种强烈的警示意味。而第 27 行"子产润色之"中"润色"一词为短语动词，其语义已近今义。

8.6.4　小结

在《论语》文本中，"色"作为节点词，在疑问、否定与包含对比的型式中作"外表、外貌"解，且往往与内在的品质"仁、德"（virtue）形成关联和对比，其在与形容词搭配的型式中，作为疑问和否定性断言，呈现出作者的质疑和否定性态度，如"色庄者乎?"、"色厉而内荏"、"色取仁而行违"，"好德如好色""无喜色""无愠色"等。除此之外，"色"作为主语或动词宾语一般表示作者对待"态度、形色"的重视，以及主张所

---

① 孔子在讨论人一生三个重要阶段，皆以宏观着眼，以人生观、价值观入手，如何会突兀地论及"少年时戒女色"这种具体事例。如果简单地解释成"年少时戒女色，中年时戒打架，年老时戒贪钱"，很难配得上"君子有三戒"。

表现的"庄重、温和、严肃"态度要与内心的仁德保持一致。此外，在语言使用的线性序列中，语义韵在不同的词项中顺序呈现，通过话语管理传达作者整体的一致性的交际意图。

8.7 结论

综上所述，我们对语义韵及其应用分析作如下梳理和总结：（1）语义韵是指文本中以义核为中心的词项所蕴含的态度，反映了作者或说话人的交际意图，判断语义韵的依据来自词项序列中的共文。（2）单个词语由于使用惯例或文化成俗包含一种或多种态度潜势（attitudinal potentials），是词语的含意，为语言使用共同体所共享，是孤立的、脱离共文的词语所具有的显性特征，如贬义或褒义；单个词语的态度潜势一般不能视为语义韵。（3）一个包含完整命题的文本片段包含一个或多个意义单位，即多个语义韵，则这些语义韵在线性序列中接受话语管理；话语管理表明一个完整的意义表述的态度，表达作者或说话人基本的交际意图，体现了意义和态度建构的内文性（李文中 2017：11）。（4）文本中完全固化的习语，以及开放选择中的单个词语所包含的语义韵接受整体的话语管理。在具有多个语义韵的表述中，对作者和说话人交际意图的确定，需要观察更远距离的文本；话语管理是线性的，后述（右端）词项的语义韵往往约束和管理前述（左端）词项的语义韵，并在整个文本中形成一致性意图。因此，大多数情况下，语义韵不是附着于单个词语中的含意，而是统管整个词项的要素，并延伸和弥漫于整体话语表述。当我们分析一个单篇文本时，该文本构成了与观察词项关系紧密的最大共文；在整体文本视角中，单个词项（意义单位）的语义韵往往被新呈现（后述）的态度或交际意图而改变，形成内文的话语管理。我们发现，在单篇文本中分析出的某一词项的语义韵可能仅仅适用于该篇文本，如"色"的词项之于《论语》，该语义韵具有局部性和语篇个性，因此应当属于局部语义韵。我们由此提出：对于给定文类、领域或主题的文本分析而言，我们所观察的词项以及获得的语义韵都具有局部性和移变性，该局部语义韵是所观察的意义单位的主要识别特征。在语言大数据时代，扩展意义单位中语义韵的自动识别和处理尚存在巨大的研究空间，此外，语义韵的变异范围及边界问题也需要进一步廓清。这些关键问题留待后续的研究来解决。

第九章　典籍复译中文化表述的局部语法路径

本章概要：本章通过整句索引行提取和局部语法路径分析，描写复译中完整表述的型式序列，区分变异型式与相异表述，并以此为基础进行表述对比。本研究表明，应用内文假设，辅之以局部语法路径，可以有效验证和评价复译表述。

9.1　概述①

《道德经》的英语复译自十九世纪至今，高潮迭起，新译频出，其复译的频次及类型在世界文化史上可谓无有出其右者，"无论从数量还是持续时间来讲，《道德经》的复译都是国际翻译史上一个无与伦比的文化现象"（李文中 2017：1）。庞大的复译数量及持续时间同时也是其他中国典籍翻译的主要特征，如《论语》《庄子》等。由此，与传世典籍紧密相连的中国传统文化及广泛传播的文化思想和概念表述，在不断复译中经历了一种被反复解读、与时俱进式的表述过程，从而为这些概念和思想附加了丰富的异质文化体验和表达。我们在检查《道德经》英语复译文本时，发现其具有以下特征：

（1）复译种类繁多，翻译时所依据的源文本形态多样，包括 a）不同古本或注本（Chalmers 湛约翰 1868；Legge（理雅格）1891）；b）比较多

---

①　本章基于已发表论文《内文视角下典籍重译的共性与个性》（《外语与外语教学》2017 年第 6 期）修改完成。

个古本和注本进行考据性翻译，如 Wagner（2003，2008）；c）基于各种前译本的改译或混译，如（Bynner，1944/1972；Kinnes，1995），以及 d）对比不同的译本的汇译。

（2）复译生命力旺盛，译事频繁，读者群庞大；

（3）翻译者身份多样，包括早期的传教士、学者、诗人、哲学家、业余爱好者等；

（4）翻译与研究并重。

面对数量众多的复译文本，如何获得同一个文本片段在历时翻译中的变化轨迹，如何通过重复出现表述和短语型式获得复译的典型特征，以及如何建立一套有效的复译描述方法，这是我们该项研究的主要关切。此外，应用前章提出的内文理论，尝试验证和评价新出的表述或解读与源文本的距离和释意关系，进而检查其翻译的相互借鉴或偏移，对复译的描述研究无疑具有较强的应用价值。

9.2 复译研究假设

复译指源语言文本被再次或多次向同一目标语翻译的活动或文本（Gürça glar，2009）。对复译的研究可追溯到二十世纪九十年代法国学者 Paul Bensimon 和 Antoine Berman，他们认为复译的动因是因为前译不完备或离源文本文义太远，并且具有衰变的生命周期，需要复译不断更新；从复译的策略上讲，初始译作需引入推介，首重译品归化，强调受众及受体文化对翻译的接受和容纳；后继的复译则有推介在前，更注重原汁原味，以保持文化距离，是一种不断靠近源文本义的过程（Dastjerdi & Mohammadi 2013；Paloposki & Koshinen 2004）；其翻译质量也被认为是一种单向提高的进程。这些论断被称为'复译假设'或称"重译假设"（Gürça glar 2009：233；Gambier 1994：414；Paloposki & Koskinen 2004：28）。然而，复译是否沿着一种不断变好、持续提高的路径发展，即后出的翻译是否一定会比前译质量高，研究者意见并不一致。另一种假设认为，双语的使用者构成了一个译者共同体，译者共同谈判翻译的可接受性，好的翻译会被重复,坏的翻译会逐渐湮灭(Teubert 2005)。我们认为,在由复译假设而触发的种种辩驳和论战中,各种观点几乎都能在译本中找到支持的证据。这也从另一个角度反映了复译的多样性和复杂性。

中国复译研究开始于二十世纪三十年代的鲁迅先生,他区分了复译和重译两个概念(鲁迅 1934,1935)。在鲁迅的界定中,复译指源语文本向目标语文本的再次或多次译出,而重译则指其他目标语文本向本族语的再次译入,他认为二者都是必要的,而且"即使已有好译本,复译也还是必要的"。值得注意的是,他提出"复译"的价值不仅在于使翻译更完全,还在于因应言语随时代的变迁,"取旧译的长处,再加上自己的新心得,这才会成功一种近于完全的定本。但因言语跟着时代的变化,将来还可以有新的复译本的"(鲁迅 1935)。概观该时期相关讨论,其焦点是复译(重译)的存在价值以及翻译策略。二十世纪七十年代末至八十年代初改革开放以后,开始有学者重新关注复译问题,最初的研究主要是译者对重译动因的自叙,如楼适夷(1979:111),或对重译的建议(如傅杰青 1984:89);或讨论具体的复译策略,如重译对已有定译的概念和术语、已为读者所熟知句段的继承和尊重,以及借鉴其他目标语译本(敬恩 1980:33-35)。九十年代以后,有关复译的讨论转移到复译对前译的超越,以及翻译是否存在定本的思辨和论争。进入二十一世纪后,国内复译研究达到了一个高峰期,除了延伸讨论上述话题,还表现在对西方复译假设理论的借鉴及个案研究。田传茂(2014)以及高存(2016a,2016b)分别梳理了国内外复译(重译)研究文献,认为国外的复译研究采用"假设—验证"的实证范式,而国内相关研究基本上是以问题导向的思辨为主。通过对比分析,国内的复译研究特征可概括为:(1)学者拥有研究者和译者双重身份,基于个人丰富的复译实践和经验发声;(2)承认重译对前译的借鉴是一种优势,认为参照前译有助于对源文本的理解,使重译者专注于表达(许渊冲 1996);(3)提出源文—译文地位等同,甚至后者可以高于前者。综观国内的复译研究,思辨性及案例式研究多于实证研究,而尝试构建复译理论者更为鲜见。近几年,有学者尝试基于语料库进行复译研究,如秦洪武和王克非(2013)、庞双子(2014)、张威(2014)等,试图通过描写翻译学方法,分析复译文本的语言特征及结构特征。由此可见，基于语料库驱动方法中扩展意义单位分析路径，进行复译文本内部的语义—语用分析，当能揭示文本之间的意义解读所呈现的共性和个性特征，并呈现文本的话语态度和情感。

9.3　问题设计及分析路径

《道德经》是一个有头有尾、前后连贯的完整文本，其意义表述贯通一致，具有向心性。任何翻译都是解读。尽管多出的复译文本一边试图给出自己独特的解读，一边声称自己的解读最符合原文的意旨，但复译既是翻译，总须对原文有所凭依。传统的语料库索引分析是互文性的，因为通过节点词检索而提取的索引行来自各种各样的语料库文本，其语体风格、话题领域、发生时间各不相同，当我们聚焦某一种统领型式时，我们观察到的往往是词语用法的典型形态，而不是意义表述的流动。如 Sinclair 所言，"如果我们把意义作为探究的重点，最终的目标就必须是完整文本或交际的整体意义。我们知道这种意义随文本的展开由词语以及短语的选择及组合而创造出来，极为复杂精妙"（Sinclair 2007：409）。一个完整文本中的意义是流动的、贯通的、一致的，概念在不同的表述语境和共文中得到说明、解释和例证，意义在连续的表述中被构建出来。这就是内文性假设（Intratextuality Hypothesis），即任何具有完整形态的文本语篇都具有一致性意义，而这些意义通过给定语境中语体结构或句式、词语或短语的意义互释、话语指涉或标记词以及语义韵得到构建，并维持其连续性和贯通性（李文中 2015）。表述分析的目的，就是通过局部语法路径把这种内文意义描写出来。对复译的研究问题主要是描述性的和解释性的，一是围绕原文某一文本片段或表述，复译中形成了哪些相似或相异的英语表述，构成这些表述的基本元素是什么？二是复译表述呈现出哪些统领型式，这些型式有哪些分布特征（共性和个性）？三是冲突的表述和解读能否受内文分析的支持，进行验证的路径是什么？本研究基于内文视角，对收集到的从 1868 年至 2015 年所发表的 186 篇《道德经》首章英译进行筛选，剔除其中9篇特异文本①，把剩余177篇英译文本构成一个微型专题语料库，通过扩展意义单位分析及局部语法描写，试图回答以上问题。为回答第一个问题，深入分析文本的内部微观结构及词语细节，探索解读分歧的内在原因，并以内文视角重构该章的文本意义。对第二、三个问题的回答则基于英译的索引分析，并试图获得复译的强型式，以说明其共性和个性特征，最后通过内文互释分析，验证复译的解读冲突，并讨论复译理论在复译实证分析中的应用，以检查其描述力和解释力。

9.4 分析过程

9.4.1 内文解读与验证

首先，呈现国内对《道德经》首章两大解读路径或句读方式（陈鼓应，2009：55）：

道可道（也），非常（恒）道（也）。名可名（也），非常（恒）名（也）。

而第三句的句读是关键：

(1) 句读为"无名，天地之始；有名，天地之母"。
(2) 句读为"无，名天地之始；有，名万物之母"。

受国内两种解读的影响，英译复译也基本表现为两大阵营，下图是从复译文本中提取的索引行（图9-1）。

西方汉学家Wagner提出《道德经》文本蕴含一种严谨的空间结构，并称之为"交锁平行风格"（Interlocking Parallel Style，简称IPS），从而使读者

---

① 这里所谓"特异"文本，指那些与源文完全不对应，并呈现极端个性的诗化英译。

```
The Tao that can be defined is not the real Tao. sn2 The name t
The Tao that can be described in words is not the true Tao sn2
The tao that can be described is not the Constant Tao. sn2 The
The tao that can be describedis not the eternal Tao. sn2 The na
The Tao that can be expressed in words is not the eternal Tao.
The TAO that can be expressed in words is not the all-embracing
The Tao that can be expressed is not the Everlasting Tao. sn2 T
The Tao that can be expressed is not the eternal Tao; sn2 The n
The Tao that can be expressed is not the Unchanging Tao; sn2 Th
The Tao that can be expressed Is not the Tao of the Absolute. s
The Tao that can be expressed is not the Tao of the Absolute. s
The Tao that can be followed is not the eternal Tao. sn2 The na
The Tao that can be known is not the unknowable Tao. sn3 Namele
The Tao that can be named Is not the Absolute Tao; sn2 The qual
The Tao that can be named is not the absolute Tao. sn2 The name
The Tao that can be named is not the nameless Tao. sn2 The Tao
The Tao that can be named is not the eternal Tao. sn2 The Name
The Tao that can be put in words is not the ever-abiding Tao; s
The tao that can be said is not the everlasting Tao. sn2 If a n
The Tao that can be spoken is not the constant Tao sn2 The Name
The TAO that can be spoken is not the forever TAO. sn2 The name
```

图 9-1 "道可道也"的不同表述

对《道德经》的解读策略也应该是空间性的，而非线性的（Wagner 2000：63）。通过内文视角，该章的连贯意义是通过平行对称的结构、重复的关键词语，以及前后呼应的表述建构的，借用该理论框架以及 Wagner（2003：123）对《道德经》首章结构的空间解析，我们稍作调整（如图9-2）：

[C-C1] 道可道（也），非常（恒）道（也）。　　　　(1.1)[①]

[C-C2] 名可名（也），非常（恒）名（也）。　　　　(1.2)

[A]　　 无名天地（万物）之始，　　　　　　　　　　(1.3)

[B]　　 有名万物之母。

[A]　　 故常（恒）无欲以观其妙，　　　　　　　　　(1.4)

[B]　　 常（恒）有欲以观其徼。

[C-C3] 此两者同出而异名（异名同谓），同谓之玄。　(1.5)

[C-C4] 玄之又玄，众妙之门。　　　　　　　　　　　(1.6)

---

① 《道德经》有多种版本，现按王弼通行本引用，括号内是帛书本的字词。句后括号表明该句的章句序号，如1.1表示第一章第一句；句首的字母及序号是 Wagner 为说明 IPS 而添加的标注符号，其中 C 表示该章的总体论题，本文添加了中括号；A 和 B 表示平行的成对结构。本文在 Wagner 的框架上添加了连接线以及 C3、C4 两个分支结构，以使之更符合原文文本的实际形态。

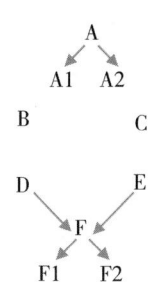

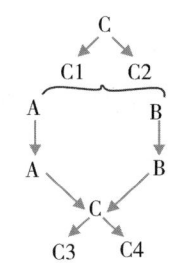

第九章 典籍复译中文化表述的局部语法路径

图 9-2 首章 IPS 结构验证（1）　　图 9-3 首章 IPS 结构验证（2）

解析以上 IPS 图 9-2 可知，图 9-3 通过交锁平行结构，很好地维持了内文性，C 所表达的主题是前后贯通的，其意义在叠加表述中不断丰富，表述中新出的词语起到释意功能，反复的释意使核心概念的意义凸显出来，在这里，"道"被"非恒""名""可名""非恒名""无""有"叠加解释，一直到后句"妙"和"玄"，都是"道"的释意。相比而言，图 9-2 的结构缺乏连贯性，得不到内文支持，"无名""有名"，以及后来的"无欲""有欲""玄""又玄"等成了互无联系的孤立概念，使首段解读堕入神秘主义歧途。由此可见，内文性对意义解读具有约束力量，使得解读不能过于自由。

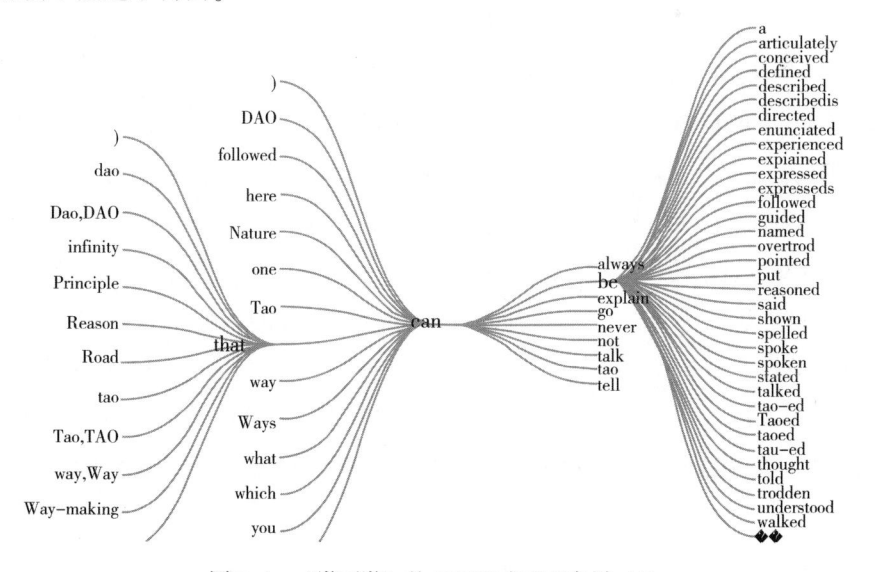

图 9-4 "道可道"的 KWIC 交互双向树（1）

· 217 ·

对英译的分析，借助可视化手段，直观地观察不同表述的路径，更有效地描述局部语法型式，如图 9-4 和 9-5（该技术采用 Chris Culy 设计的交互程序 DoubleTreeJS+KWIC）①：

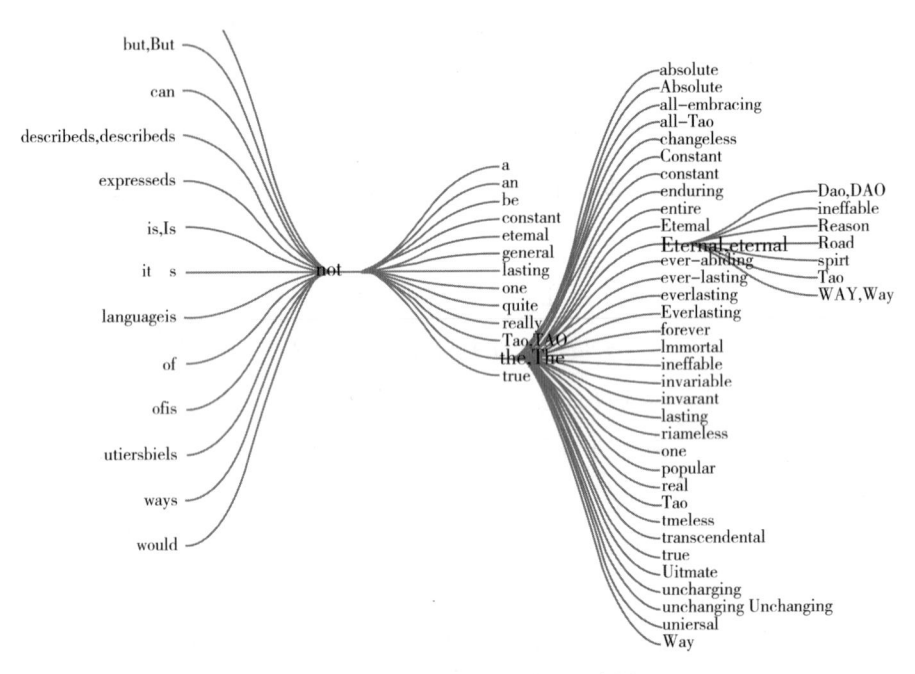

```
but,But
can
describeds,describeds                                                           absolute
                                                                                Absolute
expresseds                                                                      all-embracing
                                                                                all-Tao
is,Is                                                                           changeless
                                         a                                      Constant
it  s                                    an                                     constant           Dao,DAO
                                         be                                     enduring           ineffable
                                         constant                               entire             Reason
                                         eternal                                Eternal            Road
                                         general         Eternal,eternal        ever-abiding       spirt
languageis                       not     lasting                                ever-lasting       Tao
                                         one                                    everlasting        WAY,Way
                                         quite                                  Everlasting
of                                       really                                 forever
                                         Tao,TAO                                Immortal
ofis                                     the,The                                ineffable
                                         true                                   invariable
                                                                                invarant
utiersbiels                                                                     lasting
                                                                                riameless
                                                                                one
ways                                                                            popular
                                                                                real
                                                                                Tao
would                                                                           tmeless
                                                                                transcendental
                                                                                true
                                                                                Uitmate
                                                                                uncharging
                                                                                unchanging Unchanging
                                                                                uniersal
                                                                                Way
```

图 9-5 "非恒道"的 KWIC 交互双向树（2）

交互双向索引技术利用常规索引软件整句提取的索引行，以句子为基本单位，计算和统计从左至右延伸词位上的搭配词（以字体大小表示复现频数的高低），并响应鼠标动作，按路径交互显示某一型式序列。借助该技术，我们可以从最强型式序列开始分析，按步记录和描写某一型式序列上各个词位上的词语选择变化。如果在同一位置上出现多个词语，则可判断该位置为同一个语义倾向词集。如第一句句首的词位上出现的"dao, Dao, DAO, infinity, Principle, Reason, Road, tao, Tao, TAO, way, Way, Way-making"等构成了一个语义倾向词集，提取该词集并记录为 HW. Tao，在这里 HW 表示语义倾向集，而 Tao 为该词集的识别标签。由于

---

① 该程序可由此网址 http://linguistics.chrisculy.net 下载。

Tao 复现频数最高，所以选为标签。这种方法为以后自动提取跨距内词位上的语义倾向集提供了一条可行路径，比预设语义原型要有效。这些词构成了可以互相解释的同义表述，都翻译自原文的"道"，紧邻该词的右向序列其中一个可同行的路径是 that，后跟 can be，在 be 之后的位置又出现一个语义倾向词集，分别为"articulately, conceived, defined, described, enunciated, experienced, explained, expressed, followed, guided, named, overtrod, pointed, put, reasoned, said, shown, spelled, spoke, spoken, stated, talked, tao-ed, Taoed, taoed, tau-ed, thought, told, trodden, understood, walked"等，这些词都翻译自"道可道"的第二个"道"字。我们不可能在任何同义词典或语义原型数据库中找到这种词集，他们是在翻译实践中自然发生的，来源于真实的翻译文本。因此，我们认为，用于局部语法分析的各种范畴和语义倾向集必须从真实的文本中构建出来，而不是别的地方。

基于索引行与交互双向树，进行局部语法描写，描写步骤按索引行排序，顺序描写各种序列：

第一句 1a. 表述路径-1

道可道也，非恒道也。

Pinyin：dào kě dào yě, fēi héng dào yě。

Literal trans. Tao can be taoed, is not eternal Tao.

Canonical trans. Tao that can be spoken of is not the eternal Tao.

变异型式：

1a. (The | A) (HW1a-1：TAO) (that | which) can be (HW1a-2：SPOKEN) [of] is not the (HW1a-3：ETERNAL) (HW1a-1：TAO)

1b. If TAO can be SPOKEN, [then] it is not the ETERNAL TAO

1c. (HW1a-1：TAO can be SPOKEN, but not the ETERNAL TAO

HW1a-1：Tao, Dao, infinity, principle, reason, road, way (s), way-making, nature, truth, universe；

HW1a-2：spoken, told, articulated, conceived, defined, described, directed, enunciated, experienced, explained, expressed, followed, guided, named, overtrod, pointed, put,

reasoned, said, shown, spelled, stated, talked, taoed, thought, trodden, understood, walked;

HW1a-3: eternal, constant, general, lasting, real, true, absolute, all-embracing,

all-tao, changeless, enduring, entire, ever-abiding, ever-lasting, forever, immortal,

ineffable, invariable, invariant, popular, timeless, transcendental, ultimate, unchanging, universal

第二句2a：表述路径-1

名可名也，非恒名也。

Pinyin: míng kě míng yě, fēi héng míng yě。

Lit. Trans: A name can be named, is not eternal name.

Canon. Trans: A name can be given, but it is not the eternal name.

变异型式：

2*aa*. A name (that | which) can be (HW2a-1: GIVEN), [but] [it] is not [the] (HW1a-3: ETERNAL) Name.

2*ab*. Names can be (HW2a-1: GIVEN), [but] [they] are not (HW1a-3: ETERNAL) Names.

2*b*. TAO: the name can be SPOKEN is not the ETERNAL name

c. The (quality | world) that can be (named | constructed) is not [its] true [attribute]

HW2a-1: given, applied, ascribed, called, coded, conceived, constructed, defined, described,

expressed, known, measured, spoken, said, uttered, named, designate, capture

第九章　典籍复译中文化表述的局部语法路径

```
sn2 The name that can be named is not the eternal name. sn3 The
sn2 The name that can be named is not the eternal Name. sn3 The
sn2 The name that can be named Is not the name of the Absolute.
sn2 The name that can be named Is not the constant name. sn3 Wha
sn2 The name that can be named is not the constant Name. sn3 Non
sn2 The name that can be named is not the Constant Name. sn3 Som
sn2 The name that can be named is not the eternal name. sn3 The
sn2 The name that can be named is not the eternal name. sn3 The
sn2 The Name that can be named is not the true Name. sn3 From no
sn2 The name that can be named is not the enduring and unchangin
sn2 The name that can be named is not the eternal name. sn3 The
sn2 The name that can be named is not the real Name. sn3 The unn
sn2 The name that can be named is not the eternal name. sn3 "Not
sn2 The Name that can be named is not the constant Name sn3 The
sn2 The name that can be named is not the Eternal Name. sn3 The
sn2 The name that can be named is not the changeless Name. sn3 N
sn2 The name that can be named is not the eternal name. sn3 Heav
sn2 The name that can be named is not the eternal name. sn3 The
sn2 The name that can be named is not the ever-abiding name. sn3
sn2 The name that can be named is not the eternal name    sn3 The
sn2 the name that can be named is not the Immortal Name. sn3 Nam
```

图 9-6　"名可名"的 KWIC

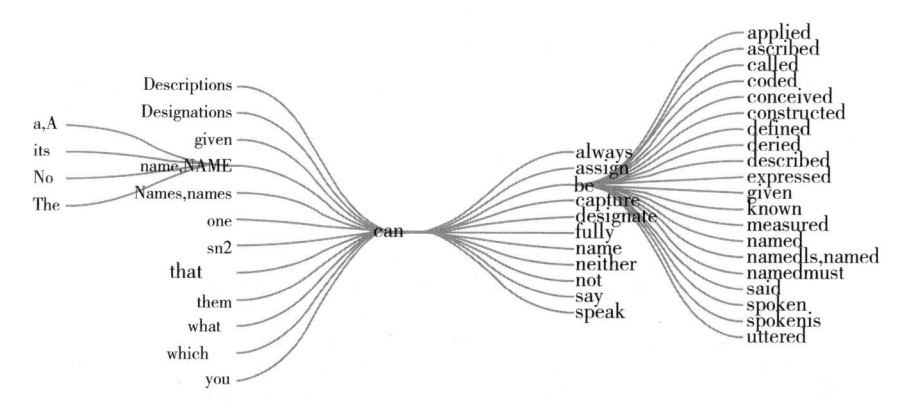

图 9-7　"名可名"的 KWIC 双向交互树

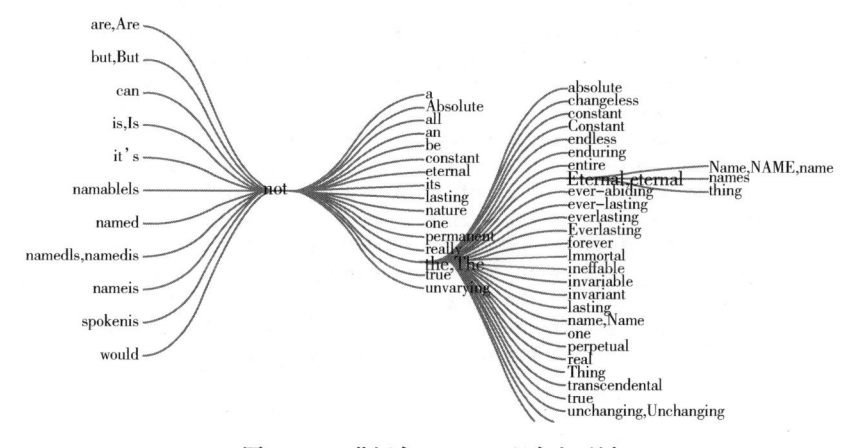

图 9-8　"非恒名" KWIC 双向交互树

· 221 ·

第三句 3a：表述路径-1

无名，天地（万物）之始；有名，万物之母。78.6%

Pinyin：wú míng，tiāndì（wàn wù）zhīshǐ；yǒu míng，wàn wùzhī mǔ。

Lit. trans：Without name，beginning of heaven and earth；named，mother of myriad of things.

Canon. trans：Nameless is the beginning of heaven and earth；Named is the mother of myriad of things.

3aa．[The]（HW3aa-1：NANELESS），[[it] is] the（HW3aa-2：ORIGIN）of（HW3aa-3：HEAVEN AND EARTH）．

HW3aa-1：Nameless，unnamable，unfathomable，unformed，unmanifested；

HW3aa-2：origin，source，beginning；

HW3aa-3：heaven（s）（Sky）and earth，myriad of things，the World，creation，the Cosmos，the thousands of things，all，the Universe

```
sn3 The nameless is the beginning of Heaven and Earth; sn4
sn3 The nameless is the beginning of heaven and earth. sn4
sn3 The nameless is the beginning of heaven and earth. sn4
sn3 The nameless is the beginning of heaven and earth. sn4
sn3 The nameless is the beginning of the ten thousands thir
sn3 The nameless is the beginning of all things. sn4 The na
sn3 The nameless is the beginning of Heaven and Earth; sn4
sn3 The Nameless is the beginning of Heaven and Earth. sn4
sn3 The nameless is the beginning of the ten thousand thing
sn3 The Nameless is the beginning of Heaven and Earth. sn4
sn3 The nameless is the beginning of the cosmic universe. s
sn3 The nameless is the boundary of Heaven and Earth. sn4 T
sn3 The nameless is the embryo of Heaven and Earth; sn4 The
sn3 The nameless is the fetal beginning of everything that
sn3 The Nameless is the origin of Heaven and Earth; sn4 The
sn3 The nameless is the origin of Heaven and Earth. sn4 The
sn3 The nameless is the origin of Heaven and Earth; sn4 The
sn3 The nameless is the origin of the myriad creatures; sn4
sn3 The nameless is the origin of heaven and earth; sn4 The
sn3 The nameless is the origin of Heaven and Earth; sn4 The
sn3 The nameless is the origin of Heaven and Earth; sn4 The
```

图 9-9 "无名，天地之始" KWIC

3ab．[The] ORIGIN of HEAVEN AND EARTH（is NAMELESS ∣ has no

name).

3ac. Without a name, it is the ORIGIN of HEAVEN AND EARTH

3ad. HEAVEN AND EARTH [originated | emerged | has no | begin in | sprang from] the NAMELESS.

3ae. That which is NAMELESS is the ORIGIN of HEAVEN AND EARTH.

第三句3b：表述路径-2

无，名天地（万物）之始；有，名万物之母。21%

wú, míngtiāndì (wànwù) zhīshǐ; yǒu, míngwànwùzhīmǔ。

Lit. trans: Nothingness, to name the beginning of heaven and earth; thingness, to name the mother of myriad of things.

Canon. trans: Nothingness, is the name of the beginning of heaven and earth; thingness, is the name of the mother of myriad of things.

3ba. (HW3ba-1: NON-EXISTENCE) is the name of the (HW3aa-2: BEGINNING) of (HW3aa-3: Heaven and Earth.

HW3ba-1: non-existence, non-being, nothingness, emptiness, absence (the absent), nothing, Null, Tao, Having-naught;

```
sn3 Non-being is the term given to the form from which Heaven a
sn3 Non-being is the name of the origin of Heaven and Earth; sn
sn3 Non-being is before the dawn of time,   sn4 Being is when e
sn3 "Non-Being" names this beginning of Heaven and Earth; sn4 "
sn3 "Non-existence" I call the beginning of Heaven and Earth. s
sn3 Non-existence is named the Antecedent of heaven and earth;
sn3 "Non-existence" is a name for the beginning of heaven and e
sn3 Non-existence is called the antecedent of heaven and earth;
sn3 Non-existence is what we call the source of heaven and eart
sn3 Non-existence is named the Antecedent of heaven and earth;
sn3 Nonbeing is called the beginning of heaven and earth; sn4 b
sn3 Nonbeing names The ten thousand things' beginning; sn4 Bein
sn3 "Not-exist" names the beginning (boundary) of the cosmos (H
sn3 Not named, (Dao is) the origin of the Heavens and the Earth
sn3 "Nothing" is the name of the origin of heaven and earth. sn
sn3 Nothing is what the universe begins with; sn4 and something
sn3 "Nothing" names the origin of heaven and earth   sn4 "Being"
sn3 Nothingness is called the origin of the world. sn4 Existenc
sn3 Nothingness is the name of the beginning of Heaven and Eart
sn3 Nothingness is used to denote the state that existed before
sn3 Null identifies the universe at the beginning. sn4 Ull [all
```

图9-10 "无，名天地之始"的KWIC

第四句 4a. 表述路径-1

故恒无欲，以观其妙；恒有欲，以观其徼。

Pinyin：gù héng wú yù, yǐ guān qí miào; héng yǒu yù yǐ guān qí jiǎo。

Lit. trans：So always be without desire, to observe its subtlety.

Canon. trans：Therefore, always be without desire so as to observe their subtlety.

Pattern 1：desireless, 77%

4aa. (HW4aa-1 ADV：THEREFORE), (always | constantly) be [without] (HW4aa-2 N：DESIRE | desireless) (so as | in order) to (HW4a-3：OBSERVE) (HW4aa-4 POSSADJ：THEIR) (HW4aa-5 N：SUBTLETY. // Desiring, one may see the manifestations.

HWaa-1 ADV：therefore, so, thus, truly, accordingly, affirmably;

Hwaa-2 N：desire (s), passion (s), intention (s), expectation, thought;

Hwaa-3 V：observe, see, perceive, behold, look at, understand, apprehend, comprehend, realize, experience, seeks to pierce, gain a knowledge of, sense, reveal, find;

HWaa-4：their, its

Hwaa-5 N：subtlety, mystery, essences, wonder, hidden essentials,

Variation：the SUBTLETY of N can be OBSERV-ed if …

4ab. Free from desire, you (realize | experience) (reality | mystery) // Caught in desire, you see only the manifestations.

4ac. Empty of desire, we see the mystery. // Constantly filled with desire, one observes its manifestations.

4ad. Only (he | one) who is [eternally] free from (worldly | earthly) passions can see apprehend its spiritual essence; //those who are possessed by desires can only behold the Manifest's outward form

4ae. Without desire (s) one sees its profound mystery revealed. // with desire, one can see the manifestations.

第九章 典籍复译中文化表述的局部语法路径

```
sn5 Therefore,Always be desireless, so as to discern Tao's wonderful essence;
sn5 Therefore, Always be without desire in order to observe its wondrous subt
sn5 Therefore, always be without desire so as to see their subtlety. sn6 And
sn5 Therefore, always be without desire so as to see their subtlety. sn6 And
sn5 Therefore, always desireless, you see the mystery  sn6 Ever desiring, yo
sn5 Therefore, always free of desire you see the secret; sn6 Always with des
sn5 Therefore, always without desire,In order to observe the hidden mystery;
sn5 Therefore, always without desire,so see its mystery; sn6 ever with desir
sn5 Therefore, by being free from passion and desire,  the subtleties of Tao
sn5 Therefore by constantly having no desire observe the sublimest in it, sn
sn5 Therefore, considered as absolute "non-being" we desire to see into its
sn5 Therefore, constantly be desireless,  Whereby to observe its minutiae; s
sn5 Therefore, constantly being without desire, you can behold the subtletie
sn5 Therefore constantly desire Inner Life in order to perceive mysteries. s
sn5 Therefore:Constantly in Non-being, one wishes to contemplate its (the Wa
sn5 Therefore constantly without desire,There is the recognition of subtlety
sn5 Therefore does the direction towards non-existence lead to the sight of
sn5 Therefore doth the wise man seek after the first mystery of the Non-Exis
sn5 Therefore, ever desireless, one can see the mystery. sn6 Those constantl
sn5 Therefore, give up your desires if you would observe its secrets. sn6 Ke
sn5 Therefore: he who conceives of nature freely grasps this Spirit  sn6 and
```

图 9-11 "恒无欲,以观其妙"的 KWIC

```
A mind filled with thought, identified with its own perc
Always be passionate In order to see the objectives  sn7
Always cherish desires —And you can only observe its out
Always desiring you see its outer edge. sn7 The source o
Always have desire so that you may observe its manifesta
Always have desires in order to observe its manifestatio
Always have some desire, so as to discern its manifestat
Always: having desires, one sees only what is sought. sn
Always manifest, it is the outer appearances. sn7 Essenc
Always passionate: see its outwardness. sn7 The names ar
Always seeking, we mark boundaries. sn7 Both there from
Always so that having desires you can behold its manifes
Always with desire, In order to observe the manifestatio
Always with desire you see its appearance. sn7 These two
Always with desire (to know), We will only observe the o
and always by being in a state of having desires that on
And always have desire so as to see their ends. sn7 Thes
And always have desire so as to see their ends. sn7 Thes
```

图 9-12 "恒有欲,以观其徼"的 KWIC

第四句 4b：表述路径-2

4ba. In ［enteral, perennial］（HW4ba-1 N：NOTHINGNESS）, therefore, man seeks to pierce the primordial mystery.

HW4ba-1 N：nothingness, non-being, nothing

4bb. NOTHINGNESS, *it is the inner being of the Kosmos.*

4bc. From ［the perspective of］ eternal non-being, therefore, we observe the beginning of the existence of the universe

```
sn5 Appreciate Emptiness, that we may see the natur
sn5 As it is always hidden, We should look at its Inn
sn5 Become Its way Attain Its perfection sn6 Do not u
sn5 By constantly thinking the invisible, we unders
sn5 By the eternity of unknown existence Comprehend t
sn5 Follow the nothingness of the Tao, and you can be
sn5 For, indeed, it is through the constant alterat
sn5 From eternal non-existence, therefore, we seren
sn5 From eternal non-existence, therefore, we obser
sn5 From the perspective of Nothingness, one may perc
sn5 Hence, absolute non-existence suggests to us the
sn5 Hence one should gain an insight into the begin
sn5 In eternal non-existence, therefore, man seeks
sn5 In eternal non-existence, therefore, man seeks
sn5 In nothingness you will see its wonders; sn6 In
sn5 In perennial nonbeing you see mystery, sn6 and in
sn5 In the world of non-being, we embrace its myste
sn5 Nothingness, it is the inner being of the Kosmo
sn5 Of the invariable Non-being, we wish to see its
sn5 So, as ever hidden, we should look at its inner
sn5 So, in eternal Nothing, we should look at the won
```

图 9-13　"恒无，以观其妙"的 KWIC

在中文解读中，不同的句读导致相异的表述。比如在第一种表述路径中，首段每一句介绍一个新的概念，整段就成了一堆互不关联的箴言集，"无名"无法解释"道"，"无欲"也无法解释"无名"，而后跟的"玄"和"妙"指涉何处，众说纷纭。第二种表述中能够得到内文验证和支持，"道"与"名"、"无"与"有"、以及"玄"与"妙"形成连续的链式解释，而"可道"与"可名"、"观"、"同谓"等构成了另一个释意线索。

在英语复译中，按照第一种表述路径翻译的文本（见表述路径-1，图 9-9，图 9-11，图 9-12），把"无名"和"有名"译成"nameless, unnamable, unfathomable, unformed, unmanifested, no name"及"named, namable"，而把"无欲"和"欲"分别译作"（without | with no | have no）+（desire | passion | intention）"和"（with | have）+（desire | passion | intention）"等，前后两句的内文关系被截断，使人无法索解"without desire"或"desireless"与"nameless"之间到底存在何种意义联系。按照这一表述路径，前两句出现多个概念，分别是"道"、"名"、"无名"、

"有名"、"无欲"、"有欲",第四句中表示指涉的"其"就无所凭依,在英译中被译为"the, its, their",指涉对象不确。而按照第二种表述路径,"故常无,欲以观其妙","其"明确指向本句重复前句的"无",而"无"是"道"和"名"的释意;"常有,欲以观其缴"中"其"明确指向本句中重复前句的"有",而"有"也同样是"道"和"名"的释意。由此,在意义流动中,"道"被解释为"名",再被解释为"无"和"有",一化为二,正是第五句的"此两者"、"同出异名"、"玄之又玄"连续解释对象。按照这一表述路径的英译,基本上都能解决内文的指涉问题(见表述路径-2,图9-10,9-13),"常无、常有"被译作两种互补的观察视角,并回指前句,其中"无"是时间维度上的回溯,"有"是空间维度上的审视。所以,万物在时间的回溯上都归于"无",宏观之为"妙",在空间维度上各有所别,微观之为"徼";"无、有,常无、常有"与"妙、徼"都是一而二,二而一的关系,在内文视角下并行不悖。

9.4.2 语义韵的判断和确立

《道德经》首章的语义韵恢宏而富有倡导性,对整个文本的意义表述具有提纲挈领式的作用。Stubbs 认为"词语选择创造一种话语微型世界或宇宙,并使其他词语在相同的语境中得到共选"(Stubbs, 2001: 7)。从语义韵视角分析,作者对"道"的话题态度包括两个方面,一是"道"的可言说性及可互变性,如"非常(恒)(道 | 名)"与"无、有",再就是"道"在观照世界万物中的功能,其态度严肃而专注,感情恳切;最后通过"玄"和"众妙之门"意义互释,在对"道"的反复梯次论述中,蕴含着一致性的说服和倡导目的。因此,语义韵是内文性的一个重要元素,也是验证各种表述的一个重要参数。

9.5 讨论

本研究表明,基于语料库索引技术、应用局部语法路径分析复译文本是行之有效的。其中有两个关键环节，一是面向完整文本，顺序提取整句，在索引分析中不再以节点词为中心，而是从句子最左端逐步右移，这样可以分析完整的序列；二是确定不同表述序列的标准。在《道德经》复译文本中，往往是同一词位上语义倾向词集具有很强的区分性，如以下两个序列：

(1) The (N | n) ameless is the (beginning | boundary | origin | embryo) of (Heaven and Earth | the cosmic universe | all things)

(2) (Non-being | Non-Being | Non-existence | Nonbeing | Not-exist | Nothing | Nothingness | Null) is (the name of | called | used to denote | named | what we call) the (beginning | boundary | origin | embryo) of (Heaven and Earth | the cosmic universe | all things)

我们注意到，这两种表述不仅有不同的语义倾向词集，还呈现出相异的型式序列，*Non-existence* 与 *nameless* 不共享语义，因此不属于同一个语义倾向词集；此外，第二个表述序列中有 *is (the name of | called | used to denote | named | what we call)* 元素，这是第一个表述序列所没有的。这可以作为区分和对比译自同一原文本不同表述的基本依据。在结论中，我们认为，《道德经》首章的内文性的作用是通过四个主要元素交互作用而构建出主题意义："交锁平行"结构构筑论题布局，形成表述意义协调和对比空间，重复的词语短语共选使得意义表述前后贯通，意义在叠加解释中变得丰富，在话语层通过标记词或指涉词维持话题的衔接与连贯，以及在词语使用型式中蕴含一致性话态度和感情。在文本的复译中，重复的强型式具有显著的共性特征，其个性特征往往通过具有相同语义倾向的词语选择呈现出来；而变异型式首先是意义解读的差异，其动因则主要来自对文本不同注译路径的追随。此外，我们发现，复译并不能保证译文质量的单向提升，重复的表述与翻译既有那些可验证的、受文本内文支持的解读，也有那些得不到文本充分支持的解读。

第三部分
意义的释意与处理

　　表述研究说到底是一种意义研究。本书第一、二部分主要解决意义型式的描写路径及其学术理据问题，但语言意义是如何在文本中得到解释的？如何区分不同的意义单位，其区分标准是什么？在研究执行过程中，笔者的团队通过线上、线下研讨方式对研究核心话题的深入讨论和论辩，主要集中在以下话题：

　　（1）语料库语言使用意义单位分析的理论问题。意义单位分析是文本中知识文化分析的基本路径，从意义单位分析到知识分析的基本理据是什么。

　　（2）局部语法作为基本技术路径的实现方法，其重要价值，以及存在的难题。

　　（3）如果说语料库语言学的基本目标是研究意义，如何通过局部语法实现意义分析和检索。

　　（4）释意的界定与应用价值。

第十章 意义表述的理论与应用分析

本章概要：本章主要解决表述分析的关键环节，即如何解决表述的意义解释问题；主张意义只能以意义来解释，意义的使用及解释都来自文本。

10.1 引言

意义研究是伦敦学派创始人弗斯在二十世纪五十年代为语言学制定的目标（Firth 1957a：145）。据此，语料库语言学的主要目标就是研究意义（李文中 2010：38）。接下来的问题是，什么是意义？从哪里寻找意义？如何分析或解释意义？对第一个问题的回答属于本体论立场，即意义观，它决定了如何回答第二、第三个问题，即意义认识论。为避免歧义，我们把讨论内容进行限定：其一，作为一个语言学概念，我们把有关"意义"的讨论严格限定在"语言意义"上，即说出或写出的东西；其二，由于语言的意义寓于具体的语境及限制性语言，我们在讨论语言意义时，聚焦在具体的、局部的文本意义，而不是一般的、抽象的语言意义。对索绪尔而言，意义是语言符号系统中声音—意象所对应的心理概念，与"思想"同义（Saussure 1966：14，67，111）。如果说索绪尔的"意义"以及声音—意象都是某种心理存在，维特根斯坦则把词语意义完全看成其在语言中的使用（Wittgenstein 1967：10，80）。弗斯赞同维特根斯坦的观点，尤其是"意义存在于使用中"以及"不能去猜测词语的功能如何，而应该观察它如何使用，并从中获得结论"（Wittgenstein 1967：80；Firth 1957a：96）。

Firth 认为,"使用语言是人类生活形式之一;言语沉浸于直接的社会交往中"(Firth 1957b:172);他坚持语言的一元论(Monism),认为心灵与肉体、思维与行为、意义与形式、语义与结构都是一体的(Ibid.:170)。这种语言意义观也决定了对第二个问题的回答,即在语言使用中寻找意义。弗斯提出的意义语境论,以及通过搭配分析意义,为前语料库时代的语言研究指出了一条独特的路径。然而,"意义即运用"只是为意义提出了一种理论构念(construct)[①],意义使用、语境、共文、搭配,以及类联接这些概念如何被识别和测量,如何基于语言事实去分析和解释意义,这些问题一直要等到二十世纪八十年代,大规模语料库变得可用之后,才能被真正去讨论和解决,而推进语言意义研究最核心的问题就是,意义如何被解释,而这些解释如何从文本中提取,其理论价值又是什么?为此,语料库语言学提出的"意义单位"分析和"释意"(paraphrases)则是试图回答以上问题的基本答案。长期以来,语料库语言学界对意义单位分析给予了充分的重视,除少数学者外[②],大部分研究者忽略了释意的重要价值。重述并阐发释意的基本思想,确立其在语料库研究中地位和价值,并进一步开拓其在语言意义分析中的应用前景,既是本研究的初衷,也是主要目标。

10.2 释意的界定及演变

我们可以把释意的界定和使用分为三种类型:(1)释意作为普通词语,即各种词典定义及该词语在文本中通常的用法;(2)释意作为分析术语,指最初由 Sinclair(Sinclair 1991)提出,后来被用于各种意义分析实践中的释意;(3)释意作为话语对象(discourse object)是 Teubert(Teubert 2010)对释意系统的阐述,他从话语哲学的视角,把语料库分析中的释意

[①] 杨惠中在一次讨论中,特别提出把 *construct* 这个术语译为"构念",本人深以为然。

[②] 近年来,与杨惠中先生、Wolfgang Teubert 教授、濮建忠教授等多次通过通信和交谈,讨论释意问题。本文从中受益匪浅,在此表示感谢。

第十章　意义表述的理论与应用分析

与阐释学思想融合起来，强调了释意的重要解读价值。此三种定义及用法既彼此重叠关联，又各有独立特征。以下重点分析释意在语料库语言学学术话语中的概念化演变过程，同时探讨其理论价值。

作为普通词语，释意（paraphrase）一词通过拉丁语借自希腊语，意为"附加的表达方式"（Wikipedia），是对言语或写作的"重述"，同时保留其"基本意义"，目的在于对原创陈述的澄清①；释意是用"不同的词汇"说写"同一件事情"②；是"对语篇、段落、篇什的意义给予另一种形式"③，"用不同方式表达所说所写"或"同一件事"④。人们一般会把释意与字释（或直译，metaphrase）作区分。释意一般由引言动词（verbum dicendi）引入，标示原创句转向释意句的节点（Wikipedia），如下句中 that is 就是一个引言表达，后跟的句子就是释意：

The signal was red, that is, the train was not allowed to proceed

通观这些定义，有两个要素被强调，一是释意是有方向性的，都基于原创说写，且给出不同的表达方式；再就是释意的主要功能是重述和澄清，保证基本意义不变化。但是"基本意义"这个表述并不严谨，因为我们无法区分基本意义和边缘意义。此外，在表达方式改变的时候，很难保证意义不变。

真正从释意中发掘出语言学价值，并确立释意作为术语的是 Sinclair。他在分析定义语言时，发现一个整句可以分为左右两个部分，而右半部分总是另一半的意义解释，而解释往往产生一连串的"蕴含、暗示和推断"（Sinclair 1991：136）。释意就是"一个文本片段的释意就是与其具有对等关系的另一个文本片段，因此 small hotel 可视作 guest house 的释意，反之亦然"（Barnbrook and Sinclair 2001：245）。这一定义的特征，一是继承了

---

① 2018 年 11 月 25 日检索自 https：//www.dictionary.com/browse/paraphrase.
② 2018 年 11 月 25 日检索自 https：//dictionary.cambridge.org/dictionary/english/paraphrase.
③ 2018 年 11 月 25 日检索自 https：//www.merriam-webster.com/dictionary/paraphrase.
④ 2018 年 11 月 25 日检索自 https：//www.collinsdictionary.com/dictionary/english/paraphrase.

· 233 ·

释意的常规定义，认为释意讨论"同一件事物"而不改变意义，再就是认为释意是相互的、可逆的。Sinclair 意识到，释意是用语言谈论语言的基本手段，是语言自我谈论的特性，即语言的自反性（reflexivity），该特性极为强大，却极少为人所知（Sinclair 1991：136）。Sinclair 还把释意与语言使用联系起来，认为"我们用来解释词语意义的语言是我们个人语言库的重要组成部分"（Ibid.：135）。之后，他也意识到，释意是一种复杂的解读行为，并不总能被可靠地评价（Sinclair 2004：92）。Sinclair 还指出，释意能够恰当地解释人的语言理解，即如果一个人能用自己的话重述某句话，并能解释二者之间的差异，那么这个人就可被视作理解了语言；同理，如果计算机能够以相似的方式重述语言，那么我们就可以认为计算机理解了人类语言，果真如此，信息技术的地图就必须重画（Sinclair 1991：137）。可惜的是，Sinclair 把释意局限于定义型句子的讨论，在之后扩展意义单位分析中也很少提及，使得他对释意所概括的重要意义未能获得广阔的应用和阐发空间。

  释意作为话语对象是 Teubert 提出来的。Teubert 把释意界定为"那些试图对对应某一表达的话语对象进行解释、确定、修饰、拒绝或者详述的文本片段"（Teubert 2010：204），而话语对象则指"在话语中谈论的所有具体及抽象事物、所有属性、所有状态、行动及过程的概念"（Ibid.：180）。在 Teubert 的思想中，释意具有以下特征：（1）释意是叠加的，本身存在意义冲突，且不可逆；在话语中释意竞争意义解读的权力，使得释意具有多声音特征，即同一话题不同论点的集合（Ibid.：103，114）。这一观点突破了释意保持基本意义不变的局限。按照语料库语言学的观点，形式与内容是一体，重述既然改变了表达的方式，所表达的意义也必然随之变化。那么，既然释意内容总是有变化，意义总是会被改变，我们就无法预测这种变化的方向；换言之，相反的释意陈述同样无法预测，因此释意之间存在冲突也就在所难免。由于释意的叠加及对冲突的容纳，就不可能从释意中重构原创表述的意义，任何类似的努力不过是增加新的释意或解读罢了。（2）释意是不可概括的。一个话语对象的释意既不可穷尽，也不可能典型化①；（3）释意可分为显性释意和释意内容（paraphrastic content），二者的集合就是意义（Ibid.：220）；释意是发现意义的主要工具之一②，寻找意义就是寻找释意；意义就是一个给定话语中的给定词项、短语、文本片段或完整文本全部的释意内容（Ibid.：207）；（4）释意是动态的、不理想的，具有不确切性，这也解释了意义的不确切性；（5）没有必要区分话语对象与概念，话语对象是由词项表达的（Ibid.：189），实际事物通过标示和词项释意成为话语对象（Ibid.：142），而词项就是由词语或短语构成的描写单位（Sinclair 1989：23）③。Teubert 对释意的再定义和观点阐述，极大拓展了释意的应用范围，使我们超越某一有限类型的句子层面，从话语视角审视释意的价值和意义；此外，对释意的多元性和不可逆性的观点，提升了意义分析过程中对不同释意的包容性，改善了我们对意义解释判断的灵活性。与 Sinclair 相比，Teubert 对释意的定义更具概念化意义，对话语大视角下的文本意义生存形态解释得也更充分。

但是，对于具体而微的文本与词项分析而言，Teubert 的释意定义显得太过宏大而难以捉摸，所谓"文本片段"的弹性太大，很难在文本中定位并划界。此外，释意作为话语对象不像 Sinclair 的扩展意义单位那样有一套严谨的程序。在我们的研究中，我们综合 Sinclair 与 Teubert 的定义，把释意界定为：

> 对某一表达或完整表述形成的各种意义解释，该序列以各个位置上语义倾向集为主要元素，以所释意的话语对象是否同一为判断释意边界的主要依据；释意存在于共文、整体文本以及文本群落中。

具体分析和路径会在下文详述。由此，对释意在各种短语单位以及习语和术语序列中如何操作，如何厘清释意与型式的复杂关系以及如何廓清同义和异义释意的界限，我们还需要很多工作去做。

---

① 濮建忠教授对意义的不可概括性讨论多次，独具心得，他认为任何话语对象的意义都不可能穷尽列举，没有哪一种意义特征是必不可少的。

② 阐释学发现意义的工具有两个，一个是互文性，另一个是释意（Teubert 2010：201）。

③ Sinclair 对词项的定义在 2004 年以后有新的变化（李文中 2018：51）。

10.3 释意与局部语法分析

如果说释意是用来描述意义解读过程或结果的构念，局部语法则是描述释意实现的基本路径。专门为释意描写语法并不新鲜。哈里斯（Harris 1989：7）提出了一套建立句子转换的程序，以使转换的句子片段与原句形成释意，该释意知改变词语形式或位置，而不改变原句意义。在二十世纪七十年代，斯麦比（Smaby 1971）基于哈里斯的理论，试图为释意写出各种转换语法（简称释意语法），但只是为所挑选的释意句描写了转换规则，其基于的实例是研究者自己准备的、适合写出概括性规则的句子。尽管研究者通过访谈诱导响应，以判断释意句，但并不能改变其研究使用的句子非自然属性及在代表性上的缺陷，其描写的转换规则也无从解释意义。在自然语言处理领域，局部语法的兴起来自于计算语言学家对一些次要语言特征的处理要求，他们发现这些特征无法用通用的语法规则去分析，遂提出用于有限自动机的局部语法（Gross 1993），当时 Sinclair 正致力于意义单位的描写，在意义单位分析与计算机自动意义处理之间还存在不小的鸿沟。受格罗斯局部语法思想的影响，Sinclair 试图开发一种局部语法软件，以自动处理柯林斯词典中的定义语句。Sinclair 更多地关注了局部语法的型式和定义句两个部分的释意问题，直到 2005 年前后才真正意识局部语法对意义描写的深广意义（Sinclair 2007：5-6），开始把局部语法融入自己的短语理论框架中（李文中 2018）。由于语料库语言学强调意义的局部性，主张以专门化的、限制性语言为研究对象（Firth 1957b），对于擅长以搭配为支点的扩展意义单位分析而言，局部语法路径的融入简直是珠联璧合。与早期专门处理特异的形式结构的局部语法不同，Sinclair 所主张的局部语法其初衷就是为了处理意义。因此，局部语法变得越来越重要，用于高度专门化的各种变体（Sinclair & Mauranen 2006：26）。

本节以《道德经》及其英译为例，试图为其中的释意表达写出局部语法，以说明释意与型式的交互。在《道德经》中，很多新出的概念或词语都是通过释意或循环释意引入的，主要的释意手段是通过一系列连接动词

(我们称之为释意动词)来连接句子的两个部分,如"曰"、"谓"(包括"是谓"和"谓之"两种用法)等,限于篇幅,本节聚焦"曰"的释意型式,英译主要采用理雅格的翻译,以说明问题。"曰"共出现21次(滤除2次非释意实例),其局部语法分功能(释意内容、释意动词、主题词语)、词项和语法三层来描述,在词项层词性码表示一个弱类联结结构(Sinclair 1996, 2004),"SEMPF"表示该位置包含一个语义倾向集,原词如"曰"表示该型式中复现的词语;释意以语义倾向集为边界划分为不同的释意群,该释意群在表中"释意"行进行列举。其主要释意型式如下:

在表10-1中,从"静"开始,被解释的主题词依次成为下句的释意内容,每一新的释意内容解释一个新的主题词语,循环往复,使得释意动词"曰"两边的词语彼此构成了同一个语义倾向集,处于同一个语义倾向集中的词语如串珠一样,既彼此解释,又增添新义:

释意型式:释意内容+曰+话语对象

表 10-1　　　　　　　　　　循环释意型式

structure	Paraphrastic content	hinge	topic
Lexis	SEMPRF (V+N)	曰	SEMPRF (Head N)
grammar	[N] +V+N	V	N
释意 (1) 归根→明	归 根	曰	静
	是 (静)	曰	复命
	复 命	曰	常
	知 和	曰	常
	知 常	曰	明
	见 小	曰	明
释意 (2) 守柔→强	守 柔	曰	强
	心使气	曰	强
释意 (3) 益生→祥	益 生	曰	祥

释意1：归根曰静曰（复命 | 知和）曰常曰（知常 | 见小）曰明①

这几句释意是《道德经》第十六章的一部分，其英译如下：

This returning to their root is what we call the state of stillness; and that stillness may be called a reporting that they have fulfilled their appointed end. The report of that fulfillment is the regular, unchanging rule. To know that unchanging rule is to be intelligent;

在英译中，returning to root，the state of stillness，report of the fulfillment，unchanging rule，intelligent 分别对应"归根、静、复命、常、明"，其实翻译也是一种释意或解读，围绕释意动词短语 is what we call，may be called，is，其释意型式为：

释意内容+is what we call+话语对象
释意内容+may be called+话语对象
释意内容+is+话语对象

值得注意的是，"见小曰明"在第五十二章，是对"明"的再释意，即"见小"，这里的"明"与第十六章的"明"属于同一个概念，英译却变成了另外的概念：

The perception of what is small is (the secret of clear-sightedness).

在这里，clear-sightedness 与上述的 intelligent 无法构成释意。第二组释意对应主题词语"强"，释意内容分别是"守柔"、"心使气"，二者属于相近的解读，所以"强"的意义也是一致的：

释意2：（守柔 | 心使气）曰强

---

① 箭头表示释意的方向，指向主题词语，括号内竖杠"|"表示一个并集，意为"或者"；"&"表示交集，意为"和"，以下同。

"强"此二句的英译却具有不同的释意,该词虽都被译为 strength,第二句却突如其来地出现了一个 false:

（守弱曰强）the guarding of what is soft and tender is (the secret of) strength.

（心使气曰强）Where the mind makes the vital breath to burn, (False) is the strength, (and o'er it we should mourn.)

第二句的英译改变了译文中惯常的释意结构,通过 false,mourn 等释意内容,使主题词语"强"变成了一个包含贬义的概念,这种释意在文本中得不到支持,也不符合该文本中释意的型式要求。理雅格的英译可能参照了某些汉语注本。由于释意 3 是一个孤例,这里不再写局部语法。表 10-2 是《道德经》第十四章的一段话,释意 4-6 具有相同的型式,起连接作用的释意动词变成了短语"名曰",而"名"本身也是一个释意动词。由于型式和位置相同,主题词语"夷、希、微"构成了一个语义倾向集,都有"小"的意思;同样,释意内容中"视、听、搏"及其分别对应的"见、闻、得"各自构成了语义倾向集,前者都是五官感知行为,后者都是对应的感知结果。需要指出的是,在表 8.1 和表 8.2 中,释意动词左边整体,而不是某一单个元素,才是主题词语的释意内容。该释意型式非常平衡,使得其释意具有内在的一致性:

释意 4-6:（视｜听｜搏）之不（见｜闻｜得）曰（夷｜希｜微）

"视、听、搏"是对同一件事物不同的感知方式,与"不见、不闻、不得"组合在一起,构成"夷、希、微"的释意内容,三者都因其小而被不同的感知行为及结果描述,因此我们认为这是同一个词项,容纳了三种相互关联而又各有独特意义的释意。其英译如下:

We look at it, and we do not see it, and we name it "the Equable." We listen to it, and we do not hear it, and we name it "the Inaudible." We try to grasp it, and do not get hold of it, and we name it "the Subtle."

英译的型式可描述为：

We V. (Prep. | Inf.) [V.] it, and we do not V. it, and we name it the Adj.

在英译中，equable, inaudible, subtle 互相并不构成原文中所包含的释意，但为原文增加了新的解读，如 equable 有"平静"义，inaudible 有"细弱"义，subtle 有"困难、藏匿"义，而这些意义都是原文所没有的。

表 10-2　　　　　　　　　释意否定型式

structure	Paraphrastic content	hinge	topic
Lexis	SEMPRF+之不+SEMPRF	名曰	Head N
grammar	V+N+Neg. Adv. +V	VP	N
释意（4）不见→夷	视 之不 见	名曰	夷
释意（5）不闻→希	听 之不 闻	名曰	希
释意（6）不得→微	搏 之不 得	名曰	微

表 10-3 属于一种指涉性释意型式，因为左边的释意内容需要重构对前文的指涉才能完成，其中"之"指向前文的陈述，共同释意右边的主题词语"道"和"大"。该段出现在《道德经》第二十五章，主要通过循环释意，阐释"道"的意义，前两句"字之曰"与"为之名曰"只能作为释意导引，而不是作为主题词语的释意内容，这一点通过英译也可以看出来：

and I give it the designation of the Dao (the Way or Course). Making an effort (further) to give it a name I call it The Great.

表 10-4 属于一种变异型式，即释意动词前后都是单字，其所连接的主题词语和释意内容顺序与前两种型式正好相反，以后各句呈现链式对称左向序列：

第十章 意义表述的理论与应用分析

释意7：道←曰大←曰逝←曰远←曰反

这种循环型式形成叠加式释意，使原初的主题词语意义越来越丰富。由于型式的不同，释意的方向也会发生变化。值得注意的是，这种释意具有方向性和不可逆转性，如不能用"远"作为"反"的释意内容，以此类推。可见释意不总是互相的，由于有新内容的加入，释意内容也不可逆推。其英译如下：

Great, it passes on (in constant flow). Passing on, it becomes remote. Having become remote, it returns.

其型式可描述为：

Topic, it V Paraphrastic content

在原文中，"反、远、逝、大"依次成为"道"的叠加释意，所以这些词语都是概念而非情状，英译作"情状"译，returns 作为 remote 的释意，remote 作为 passing on 的释意，而这三个词语都作为 great 的释意，在文本其他位置这些概念的翻译可能会遇到困难。

在《道德经》第六十七章中，"曰"作为释意动词还有3例，类似表10-3中的型式，属于特殊情况，原文如下：

我有三宝，持而保之。一曰慈，二曰俭，三曰不敢为天下先。

"曰"仍然作为释意动词，连接后跟的释意内容，即"慈、俭、不敢为天下先"，阐发前文的"三宝"；同时，"一、二、三"通过指涉前文捕获了"三宝"的意义。

释意8：三宝←（慈 & 俭 & 不敢为天下先）

其英译如下：

But I have three precious things which I prize and hold fast. The first is gentleness; the second is economy; and the third is shrinking from taking precedence of others.

英译基本照应了原文的型式结构，the first, the second, the third 共同指涉前文的 the three precious things，而 is 作为释意动词，连接后跟的释意 gentleness, economy, shrinking from taking precedence of others。

表 10-3　　　　　　　　　指涉释意型式

structure	Paraphrastic indexer	hinge	topic
Lexis	SEMPRF（V+N）｜Nouns	曰	SEMPRF（Head N）
grammar	（［N］+［ADV］+V+N）｜N	V	N
释意（7）道｜大	字之	曰	道
	强为之名	曰	大

表 10-4　　　　　　　　　循环释意的变异型式

structure	topic	hinge	Paraphrastic content
Lexis	SEMPF	曰	SEMPF
grammar	N	V	N
	大	曰	逝
	逝	曰	远
	远	曰	反

10.4　难题与讨论

在上述分析中，我们把《道德经》整篇文本作为分析对象，旨在发现以"曰"为标记的释意内容，与基于语料库的扩展意义单位分析颇有不同。在此，我们区分内文释意与互文释意，并分别进行讨论。

10.4.1 内文释意

面对一个完整文本（作品、文章）时，我们通过分析释意既发现文本意义，也发现"作者"在该文本中的意图。当我们说"文本意义"时，并不是说文本有一个抽象的概括性的意义，而是说文本中所有句子及文本片段的释意集合；如果句子可以分析为意义单位，意义单位有各种释意，当我们把不同的意义单位及其释意集合在一起时，可以发现那些被聚焦、强调或反复阐明的意义，一些意义单位为另外一些意义单位服务：有些意义单位是统管性的、贯通性的，具有更强的一致性，而另外一些意义单位是从属性的、说明性的、例证性的、对比性的，即现即逝的，杨惠中（2016个人通信）认为这是一种话语管理。在《道德经》中，"道"作为一个话语对象被反复释意、阐明、讨论。因此，内文释意具有更强的阐明性，从内文中提取的释意是向心性的、一致性的。

此外，我们虽然确定了主题词语及释意内容的位置，但在释意过程中，二者的角色并非固定，上一句的释意会变成下一句的主题词语。按照Teubert的观点，新的话语对象被不断引入并释意，释意成为主题词语，再获得新的释意，常规释意中那种界限分明的释意句与被释意句，如今变得含混不清，只有线性序列或时间先后顺序的区分。其次，在语篇层面，释意是一个循环往复的过程。如表10-4中最先引入的是"道"，接着梯次被释意为"大、逝、远、反"，那么最近的释意"反"同样也可以成为"道"的释意；在《道德经》第40章，"反"成为主题词语并获得释意：

反者道之动，弱者道之用。

在这里，"者"作为释意连接词，"道之动"作为"反"的释意，同时与"弱"形成意义关联。其三，某一给定概念在其所处的文本中得到释意，因此该意义是局部的，在文本内部构建的，构建该局部意义的材料都在文本中，释意既是构建意义的主要手段，也是发现意义的主要工具。其四，文本中的释意由于其显著的意义构建型式，对文本解读具有限制和约束作用。如表 10-1 释意（2）"守柔曰强"与"心使气曰强"虽然不在一个段落，但使用了相同的型式对主题词语"强"进行释意，"守柔"与"心使气"共同解释了同一个话语对象，且不论其意义是否一致，其语义韵具有一致性，都表达积极的倡导性态度。在这种释意框架下，如果把"强"解读为"强暴"就会与释意产生意义冲突，在文本中失所凭依。最后，如何看待《道德经》中循环释意的型式？循环释意不是简单地用不同的词语替代主题词语，充当释意的词语在文本中会得到进一步释意，本案例中所提到的"道"、"大"、"反"、"明"等都在文本得到反复解释，是"文本内部意义通过互释和连贯而构建的过程"，维持了释意的连贯性和贯通性，体现出很强的内文性特征（李文中 2015b，2017a，2017b：3）。

10.4.2 互文释意

我们讨论互文时，有两个含义：(1) 不同种类的文本构成一个总体语料库，以及 (2) 基于某一原本或事件、主题构成了微型专门语料库。基于该语料库可针对某一词语或短语进行（扩展）意义单位分析，得到的是该词语的用法，如 Sinclair（1996，2004）对 naked eye 的分析，其结果是一个典型的意义单位：

DIFFICULT+VISIBILITY+Prep.（to | with）the naked eye

其中，DIFFICULT 和 VISIBILITY 分别是语义韵和语义倾向，VISIBILITY 包含了多个具有释意功能的词语。然而，这两个成分具有很大的弹性，如 DIFFICULT 中既包括 hardly, barely, problematic, difficult, not easy，也包括该词的否定性表述，如 easy, not difficult, can be, convenient 等。同理，VISIBILITY 同时包括 visible, not visible 或 invisible。

尤其是当我们从语料库而不是单篇文本中提取释意时（iWeb, https://corpus.byu.edu/iweb/），释意的意义单位语义韵的对立性变得显著：

it was barely visible to the naked eye as it sped overhead with a magnitude of +4 to +4.5

Bed bugs are easily visible to the naked eye.

evidence which is not easily identified with the naked eye may be visualized with chemical enhancement

如果把上述例句中以 the naked eye 为核心的意义单位的语义韵概括为 DIFFICULT，那么该语义韵应该包括正负两个极性以及之间的丰富过渡特征[①]：

DIFFICULT → EASY；VISIBILITY（visible | invisible）

也就是说，任何一个语义韵在表述层面都包括对该属性的否定。

基于第二种语料库的释意分析往往与知识发现有关，围绕同一个主题或话题在时间维度上展开的各种表述或研究，其本身就是解读多元化和知识增长的过程。在这里，我们已很难区分原创和释意的界限，如 Harris（1989）所做的。互文的释意往往能够容纳那些否定性的、冲突性的表述。这种特征使语言交际充满张力，使知识和理解变得丰富和多元。

10.5　结论

"意义即释意"是一个简单朴素的道理：获取或解读某一给定文本或片段的意义不需要去文本以外的世界确认文本对实际的指称，不需要去追溯人的大脑中的心理概念，也不需要去人为地构建原型范畴，"文本的意义只能在文本中寻找，语言的意义也只能用语言来解释"（李文中 2010：37-38）。语言的自反性表明，任何试图以不同方式重述或描写某一表述的努力，只能是为表述增加新的释意。此外，释意不是简单地重复原语句，而是通过澄清、修正、调整、类比、反驳等改变意义，是一种重写，每一

[①] 该观点来自与濮建忠教授的讨论。

次新的解读都会创造新的意义。以计算机意义处理而言，语言的意义必须由语言来表达，不能是一套公式、逻辑运算或层次范畴，也不能是一套形式或结构序列。比如，

X. He severed all his connections with his friends.

以下各种都不能是上述 X 表达的意义：

Pron. V-ed Det poss. Adj N. Prep. Poss. Adj. N.
Nominal group hinge predictic modifier head noun preposition modifier noun
Subject verb object object. comp

该句表述的意义是一种"换言之"或"解读"①：

P1 He separated all his relationship with his mates.
P2 He disjoined all his association with his companions.
P3 He disconnected every bit of his links with his acquaintances.

如果计算机对于表述 X 只能提供 A、B、C，只能算是一种元分析，只有计算机能提供 P1, 2, 3 各项，我们就可以认为计算机理解了这个表述。我们也应该认识到，我们要求计算机进行的释意与人在话语中的自然释意有本质的区别：前者只能通过语料库呈现所有已有的释意，而不会自己增加新的解读，而后者则无时无刻地通过解读延伸和丰富意义。

10.6 "释意"的延伸讨论

由于释意是一个非常重要的话题，对文本的意义分析和知识表达具有

---

① 所列各例都是通过各种在线 *paraphrase* 获得的结果。

重要的价值，为此我们基于相关内容邀请三位学者深入讨论。其中，杨惠中先生的观点尤其引人思考，他认为需要确定意义的界限，尤其要区分意义与语言意义两个概念。为此，我们进一步提出以下讨论：

10.6.1 确定界限，区分意义与语言意义

"意义"作为词语，本身就是一个被高频使用的词，它可以指任何被赋予价值的事物或现象。其一，作为一个语言学概念，我们把有关"意义"的讨论严格限定在"语言意义"上，即说出或写出的东西；其二，由于语言的意义寓于具体的语境及限制性语言，我们在讨论语言意义时，聚焦在具体的、局部的文本意义，而不是一般的、抽象的语言意义。

10.6.2 字面义与隐含义（隐喻义）

那么，如何看待字面意义与隐含意义？这是一个非常值得探讨的问题。一个词语被认为有两种意义：字面义（literal meaning 或 denotation）和隐含义（connotation）；另一种划分是分为字面义与隐喻义（metaphorical meaning），其背后的预设就是，意义是有层级性的，高阶（higher tiers）的意义包含了多层低阶（lower tiers）的意义，以下实例中（from NOW corpus）：

（1）What has given the Duterte administration *a free hand* in its brutal war on drugs is the suspension of the country.

（2）Herring used *his free hand* to clear snow away from his face.

按照 Sinclair 的分析，例（1）中的 *a free hand* 用作隐喻，意为"不加限制的权力"或"放手让某人去做……事"，而例（2）*his free hand* 用作字面义，即"空着的那只手"。根据 Sinclair（2004）的分析，例（1）的型式特征为，其核心搭配 *free hand* 前有表示不定指的冠词，而字面义的 *free hand* 前面用的是表示定指的所有形容词，二者因使用语境不同而意义

产生变化。通过索引分析，我们发现，在 955 行索引行中，用作隐喻的 *a free hand* 占 683 行，占 72%，其他用作隐喻义的 *free hand* 还包括前有零位冠词及 *the* 的实例，而用作字面义的仅有 57 例，占 6%。按照 Sinclair (2010) 对意义移变单位的定义 "与其在该词项之外的使用相比，用于某一具体词项中的词语呈现出一种意义移变"（李文中 2018：55），*a free hand*，*free hand*，*the free hand* 都用作隐喻义，属于同一个词项，因此是同一个意义移变单位，而（*his/her/my/their*）*free hand* 用作字面义，属于不同的词项，也是一个意义移变单位。既然二者都是语言使用与语境交互的结果，在这里，传统的"字面义/隐喻义"之分是否还适用？同理，字面义与隐含义的区分是否也需要重新审视？我个人认为，我们使用搭配或短语时，只会关注其在当前句中表达什么意义，而不会去追溯该搭配组成成分的字面意义；相对于在文本中能被其他词语释意的意义，隐含的意义即是由于长期使用的积淀附加在词语上态度或情感评价。

10.6.3 言内、言外与言后

言内是真正的文本意义，是可以分析的。言外代表了言说者的意图，必须通过话语参与者角色与相互关系，以及当时情景才能确认，文本是不充分信息，有时甚至降为次要地位。言后在文本之外（除非在叙事性文本中），文本分析不能进入。然而，当我们分析一篇小说时，人物的对话和情节通过文本再现，我们几乎可以看到整个言内之意、言外之力和言后之作的链条，而该链条仍然是通过文本分析可以获得的。

10.6.4 语法意义、词汇意义

词汇与语法交互创造意义，词汇共选与语法共选形成斥力，当词汇共选力达到极致时，其结果是词语选择和序列顺序都固化的习语，语法结构约束力退居到无关紧要的地位，体现了纯粹的习语原则和短语倾向；而当语法结构共选力达到极致时，词语共选力最弱，单个词语成为意义单位，词语的排列组合只受结构关系约束，体现了开放选择原则和术语倾向，而

处于此两种极端倾向之间的是二者适配（reconciliation）后形成各种序列型式，最终创造出来的是一个整体的意义。我们需要思考的是，是否允许多种方式同时创造意义？按照弗斯（1951）的观点，我们可以在多个层面上分析意义，如语音、词语、搭配、结构、语境等，即意义的多种模式（modes），但这样做我们是在分析一种意义，还是多种意义？弗斯用阳光光谱来比喻语言意义，把不同波长的光谱分别进行分析，如可见光和不可见光，不可见光又分为红外线和紫外线，这是一种事后分析；按照这个隐喻，如果我们把可见光和不可见光组合起来，还能重构阳光吗？此外，就算最后我们能合成光线，这也只是阳光的物理意义。

10.6.5 功能意义、指代意义

在 Sinclair 的短语理论框架中，有关时空、人物、事件、关系的指代可以通过语境设置分析来解决，这是文本意义分析的一个必要环节。在海明威 *Hills Like White Elephants* 开始段：

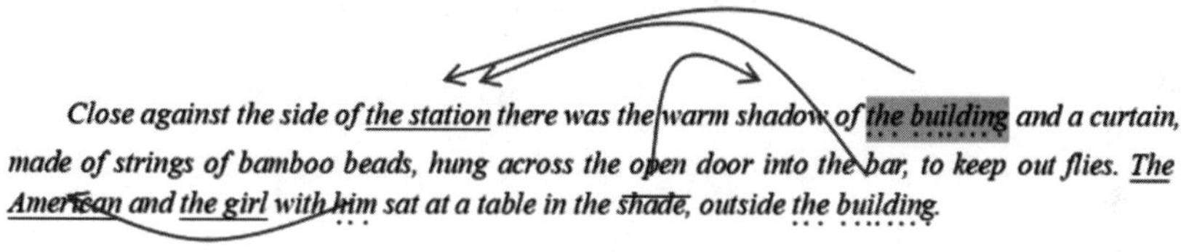

Close against the side of the station there was the warm shadow of the building and a curtain, made of strings of bamboo beads, hung across the open door into the bar, to keep out flies. The American and the girl with him sat at a table in the shade, outside the building.

图 10-1 语境指涉

段中出现两次 the building 都指涉句前的 the station，但是 the American 与 the girl 出现地非常突兀，前文中没有任何可指涉的具体人物，似乎这两个人物一直在读者的记忆中，作者不需要指明他们是谁，而代词 him 指向句前 the American。如何在文本处理中为指涉性的词语，即 Sinclair 短语理论框架中的语境设置，自动识别并匹配指涉对象，在实际操作中还有很多问题需要解决。

那么功能意义如何分析？功能是不是应该算作意义的一种？还是平行于意义之外的一种东西？目前看来，功能似乎是意义的必要组成部分。就

语言交际而言，我们无法想象缺乏功能的意义，就像我们不能想象没有意义的功能。

我们无法列出一个意义清单。这实际上是说，我们不能穷举分析意义的视角清单。就某一给定的文本而言，其意义是混一的、整体的，但对其解读却是多元而丰富的。对于分析者而言，若要分析一个给定文本的意义，其实找出对应该文本的释意，这种释意的来源有两个，一个来自该文本自身（内文），另一个来自其他相关的文本（互文），对内文或互文的判断取决于分析者的视角。但是，对于分析这而言，其所有的分析资料都是文本，其所有的数据都来源于文本，其分析的结果就是所发现的意义。在文本驱动的路径中，我们不能回答以下问题：①说写者在说写的过程中大脑如何构建意义；②听读者在听读文本的过程中如何理解意义？

以上这两个问题都是对心理过程的提问，以文本为研究对象的语料库研究是无法回答的。无论是意义建构还是意义理解，其结果都是文本（口头的或者是书面的），这是语料库唯一能分析的东西。因此，我们把用于分析的文本界定为任何一个观察的整体文本或在主题、事件或文类上彼此相关的文本群落，分析的任务是提取文本中围绕某一表述所呈现的各种释意。

10.6.6 paraphrase "同一件事"？

在操作上，我们无法确保 paraphrase 在讨论"同一件事"，我们甚至无法确保同一个节点词是否为"同一件事"。这个问题还涉及到释意分析中一个关键步骤：如何确定哪些序列型式属于同一个意义单位的释意，而哪些序列型式属于另外一个意义单位。以下是 Sinclair（2007）用过的例子：

(a) Nominal group+*sever*+［all］+COLLIG｛POSS. Adj：his｜her｜their｜my｜our｝+SEMPF｛RELATIONS：relations｜connections｜links｜ties｝+Prep.+SEMPF｛PEOPLE：friends｜relatives｝

(b) Nominal group+*sever*+COLLIG｛POSS. Adj：his｜her｜｝+SEMPF｛BODY PARTS：arm｜foot｜ear｝［+Prep.+COLLIG

{POSS. Adj：his｜her} +*body*]

第（a）、(b) 例节点词都是 *sever*，二者的界限在于，(a) 包含了一个表达"RELATIONS"的语义倾向集，而 (b) 包含了一个表达"BODY PARTS"的语义倾向集，且这两个语义倾向集互相独立，因此，可以判断这是两个意义单位，而同一个意义单位内部所包含的语义倾向集就是释意：

(a_1) *He severed all his relations with his friends.*

(a_2) *He severed all his connections with his friends.*

(a_3) *He severed all his ties with his friends.*

(a_4) *He severed all his links with his friends.*

以上 4 例都是释意，与一般的释意不同的是，我们可能只能通过时间的维度来确定各个释意的先后序列，却无法确定哪一个释意是原创。例 (b) 属于另一个意义单位，因为它包含的语义倾向集都属于"BODY PARTS"，与例 (a) 的语义倾向集"RELATIONS"互相独立。由此，我们可以判断，标识意义单位界限的是语义倾向集，而不是节点词。

语义倾向集的自动识别与聚类。如何让计算机自动判断多个词语共享某一语义倾向？这是一个值得进一步探讨的问题。一个可行的路径就是利用共文的序列型式，如例 (a) "RELATIONS" 所处的型式是：... POSS. Adj +____+Prep. +SEMPF，与例 (b) 大不一样。

另一个关键问题是，如何确定语义韵？语义韵的赋值范围是什么？在这里，我们能否把肯定－否定看作是一个标量，允许同一个语义韵在该范围内变化，即允许两个对立的值同处于一个语义韵中。

10.6.7 作者意图（思想）、原作意义、解读

无论怎样，只要换了说法，就无法保证原来的意义。这是肯定的。哪怕是同一个言说者，换一种说法重述自己的话，意义仍然会改变。

那么，言说者的意图是否可知？在口头交际中，言说者与听话人一直都是在场的，言说者的意图由于语境、角色关系及事件的约束会凸显出来，且为其他交际参与者感知和理解，其响应比较多样：言语响应、行为响应、体势响应等，这里意图的发出、沟通和实现都是实时进行的，并不一定都表现为文本。相比而言，书面语的作者是离场的，其言说的意图和意义都记录在文本中，读者通过解读文本重构这些意图或意义。在后现代主义思想中，解读的自由消解了原作者的意图，甚至意义，个别激进的后现代主义者甚至否认原作者意图的价值，否认原作具有稳定的意义。我个人认为，后现代主义有一定的合理性，但在自己的玄学上走得太远了，过分强调了主体性，最终导致自我否定。因此，笔者认为，原作是有意义的，通过文本的意义分析可以推断作者的意图，这就是文本的内文性（intratextuality），内文意义约束了互文的解读自由，并与互文形成斥力。互文理解的结果就是解读，当我们单独看一篇文本的时候，我们看到的是内文，即意义的凝聚和一致，意义表述前后的呼应和同一性；当我们同时观察多个相互关联的文本（在主题、文类、领域、事件形成关联）时，我们看的是互文，即多元的解读、多样性视角、多变甚至冲突的表述。我们能看到什么，取决于我们观察的文本及语料库形态。由此，我们认为有必要区分内文释意与互文释意。

10.6.8 内文释意

面对一个完整文本（作品、文章）时，我们通过分析释意既发现文本意义，也发现"作者"在该文本中的意图。当我们说"文本意义"时，并不是说文本有一个抽象的概括性的意义，而是说文本中所有句子及文本片段的释意集合；如果句子可以分析为意义单位，意义单位有各种释意，当我们把不同的意义单位及其释意集合在一起时，可以发现那些被聚焦、强调或反复阐明的意义，一些意义单位为另外一些意义单位服务：有些意义单位是统管性的、贯通性的，具有更强的一致性，而另外一些意义单位是从属性的、说明性的、例证性的、对比性的，即现即逝的，杨老师认为这是一种话语管理。上述海明威的小说中，那个美国男人和他怀孕的女友一直在为是否去做流产手术而争论，美国男人竭力劝说女友去做手术，因为他认为这件事是横在二人之间的一件麻烦事，但女孩却很清楚这个缺乏担当的男人并不真正在乎自己：

"Then I'll do it. Because I don't care about me."
"What do you mean?"
"I don't care about me."
"Well, I care about you."
"Oh, yes. But I don't care about me. And I'll do it and then everything will be fine."

重复出现的表述"I don't care about me"既表明了女孩内心的觉悟，又表达了她的愤怒和指责。

在《道德经》中，"道"作为一个话语对象被反复释意、阐明、讨论。所有的这些释意都有一个共同的特征，即在表述上构成相互依存又相互对立的概念，而在意义上具有一致性和相容性，如"无/有、虚/实、远/反、大/小"。因此，内文释意具有更强的阐明性（即杨惠中老师说的 elucidation），从内文中提取的释意是向心性的，一致性的。

10.6.9 互文释意

我们讨论互文时，有两个含义：(1) 不同种类的文本构成一个总体语料库以及 (2) 基于某一原本或事件、主题构成了微型专门语料库。基于该语料库可针对某一词语或短语进行（扩展）意义单位分析，得到的是该词语的用法，如 Sinclair (1996, 2004) 对 *naked eye* 的分析，其结果是一个典型的意义单位：

DIFFICULT+VISIBILITY+Prep. (to | with) *the naked eye*

其中，DIFFICULT 和 VISIBILITY 分别是语义韵和语义倾向，

VISIBILITY 包含了多个具有释意功能的词语。然而，这两个成分具有很大的弹性，如 DIFFICULT 中既包括 *hardly*，*barely*，*problematic*，*difficult*，*not easy*，也包括该词的否定性表述，如 *easy*，*not difficult*，*can be*，*convenient* 等。同理，VISIBILITY 同时包括 *visible*，*not visible* 或 *invisible*。

尤其是当我们从语料库而不是单篇文本中提取释意时（iWeb，https：//corpus.byu.edu/iweb/），释意的意义单位语义韵的对立性变得显著：

（a）it was *barely visible to the naked eye* as it sped overhead with a magnitude of +4 to +4.5

（b）Bed bugs *are easily visible to the naked eye*.

（c）evidence which is *not easily identified with the naked eye* may be visualized with chemical enhancement

如果把上述例句中以 *the naked eye* 为核心的意义单位的语义韵概括为 DIFFICULT，那么该语义韵应该包括正负两个极性以及之间的丰富过渡特征：

DIFFICULT → EASY；VISIBILITY（visible | invisible）

也就是说，任何一个语义韵在表述层面都包括对该属性的否定。

基于第二种语料库的释意分析往往与知识发现有关，围绕同一个主题或话题在时间维度上展开的各种表述或研究，其本身就是解读多元化和知识增长的过程。在这里，我们已很难区分原创和释意的界限。互文的释意往往能够容纳那些否定性的、冲突性的表述。这种特征使语言交际充满张力，使知识和理解变得丰富和多元。

10.6.10 释意的范围

我们赞同释意是定义词语意义的基本手段，词典学家的工作就是为词语进行释意。以单词为目标的释意语言学家已经做出了很出色的成就（如 COLLINS 词典的整句定义）。但我觉得 paraphrase 的价值和作用还不限于此。把一句话中每一个词的释意组合在一起，并不能解释原句的意义，因为该句中主要构成元素受序列型式中互选关系的影响，其意义与在本型式之外相比，都会发生移变（shift，即 Sinclair 的意义移变单位），我们提取该句话或该移变单位的释意时，必须依据其所在的文本，而不是依据词典。如果我们能解决意义单位的释意问题，再通过局部语法描写整个句子，我们离提取整个文本的释意就不远了。因此，根据 Sinclair 的思想，释意工作流程如下：

语境意义（指涉对象识别与匹配）→ 习语意义（算法辅助的全词匹配）→ 词项意义（局部语法描述序列型式及各位置语义倾向词集）→ 残句意义（普通语法分析结构并提取各空槽中的术语）

10.6.11 图式、理解、解读

图式，也是弗斯所说的体验（experience），是一种推断理解发生机制的理论。按 McCarthy（1990）的说法，人在运用语言表达对真实世界的认识时，存在一种词语的层级结构，如下：

语义空间 → 语义场 → 词语场 → 词语、词组

我们在文本能见到的只有这个层级结构最底层的词语和词组，而前边的三层都要靠推断。但是反过来看，要想研究语义空间、语义场和词语场，就必须看词语和词组不可。换言之，当一个人理解某句话时，如果他（她）不说写出来，我们根本无法得知其理解是什么。一旦有说写产生，就可以分析。但是，paraphrasing 系统如何内化人类知识"图式"，以及该系统如何调用这种图式，仍然是值得探讨的。

附：释意与解读：与杨惠中老师的讨论

（杨惠中的讨论皆标示为独立引用）：

> 杨：至于重建的意义是否就是作者原来想要表达的意义，则很难把握，因为这取决于许多其他因素，例如"物质是由原子构成的"。根据这句话重建意义，小学生、研究生、原子能科学家在大脑中重建的意义不可能一样（杨惠中2019，个人通信）。

讨论：通过文本释意分析，我们能做到的，是分析文本中都说了什么。作者为什么要这样说？其他人读了文本会怎么想？这不是文本分析可以做到的。

> 杨：你希望paraphrasing能够提供一种手段，达到解释文本意义的目的。对此我有所疑虑。
> Paraphrase是一个及物动词，及物动词有主语、有宾语，也就是说涉及释意的主体释意的对象，这两个问题弄清楚了，就可以讨论释意的用途（Ibid.）。

讨论：这是一个很深刻的观点：谁在释意？释什么的意？另外还牵涉一方：为谁释意？借用Widdowson（On the limitation of the linguistics applied）的观点，交际的参与者有个人称视角问题，分为第一人称视角、第二人称视角及第三人称视角：

第一人称视角：言说者视角，是文本的生产者；
第二人称视角：读听者视角，在口头交际中为实际的听话人、听众，在书面语文本为作者心目中言说的对象；
第三人称视角：观察者视角，也可以称作研究者视角或上帝视角。

先说第一人称视角释意，言说者一般会遵循以下几个基本假定：（1）表

第十章　意义表述的理论与应用分析

达意义或意图；（2）在一定时间及场合或篇幅内保持言说意义的一致和稳定；（3）不自我否定，不自相矛盾。而这也是人类言语行为的基本伦理，人们希望人的言语与行为一致性和对应性，否则就会受到他人批评或鄙视。这些假定也是内文分析的基础，通过索引行分析提取作者对同一概念在文本中反复的言说，达到重建文本意义的目的。

第二人称视角在他人言说中确定，无论我们听到或读到什么，我们的个人身份自己转换为第二人称，即听者或读者。听者和读者理解他人言说并产生文本，即解读，听者或读者成为第一人称言说者。

第三人称视角是一个纯粹的观察者，他只是听和读，不参与交际。作为一个研究者分析《道德经》的内文释意，并把分析结果看作是《道德经》原文本的意义，似乎是客观冷静的。但这里存在一个悖论：当研究者以第三人称视角观察言语交际或文本时，根本无法摆脱第二人称视角；当研究者开始言说时，他自己已经变成了第一人称。当语言使用成为文本时，使得语言交际具有泛在性（ubiquity），任何试图接触和解读该文本的人都不免成为交际的一部分，即参与者。通过语料库方法提取《道德经》的概念和论断并进行KWIC分析，哪怕研究者一言不发，只是用原文本片段的重新排列组合（如民国时期蔡廷干所做的），仍然是一种第一人称解读。

当作者自己解读自己的时候，意义也会变化：因为时间过去了，心境变了，体验也变了。因此，当一个作者写文章重新解读自己的文本时，其释意价值并不比其他人的解读更高。

那么，我们现在主张用语料库方法和释意路径来分析整篇文本，如《道德经》，与以往其他文本解读与批评有什么不同？笔者认为有以下几个方面：

目标不同。我们的主要目标是获得一种识别和提取文本释意的路径和方法，同时为这种路径提出一种理论解释。作为一种副产品，语料库释意方法最多能对以往的各种解读进行分析，并提出一种验证程序。

方法不同。由于我们主张语言意义只能用语言来解释，一个整篇文本内部的意义可以在文本内部解决，我们不会另创一套范畴或符合去释意。

结果不同。我们会基于文本我某一给定的表述描述出一套局部语法，用于计算机自动处理意义。

杨：可惜，在整部《道德经》中，像这样的释意型式只是极少数，我估计不会超过1~2%，那么其余98~99%的内容怎么利用paraphrasing进行释意呢、由谁来做这项释意的工作呢？（Ibid.）

我在文章中用《道德经》的例子时就有点担心，因为论文讲的是释意，而举的例子恰好也是《道德经》的释意，很容易让人迷惑：释意只是针对文本中的定义而言。实际上，定义只是释意的一种，且是一种显性释意；文本中围绕某一关键词的所有言说都可以被视作释意：如"道"的释意在以下索引行中可以分析出来（75次，具体分析我在《老子"道可道"的内文解读及验证》中得出，这里不再赘述。）：

杨：下面据一个以前讨论过的例子，就是孔子"民可使由之不可使知之"的解读（Ibid.）。

这是一个很有意思的例子，我以前也读到过。这里面牵涉两个问题：(1) 解读是否符合孔子原意，(2) 解读本身是否有价值。

第一个问题很难回答，我们只能知道文本中说了些什么，文本表述意义需要从原文本推知。按照内文释意，我们假定《论语》中凡是"子曰"的话都是真正来自孔子的原话，由于《论语》是一本语录，孔子在不同的场合、对不同的对象说话，意义是不一样的。因此，用孔子的话来释意孔子有时也不一定行（见下例）。

回答第二个问题更复杂。《论语》历经各朝各代儒家反复修改、注释、解读，早已面目全非，现在看来，很难说清楚孔子的原意。

例："孝"的释意（图10-2）

根据《论语》，"孝"有以下释意（17次）：

(1) 不犯上（1.2）；

(2) 事父母能竭其力（1.7）；

(3) 三年无改于父之道（1.11）

(4) 无违；生，事之以礼；死，葬之以礼，祭之以礼。（孟懿子问孝，子曰："无违。"）（2.5）

第十章 意义表述的理论与应用分析

> 。有事，弟子服其劳；有酒食，先生馔，曾是以为孝乎？" 2·9 子曰："吾与回言，终日不违，如愚。退而"父母唯其疾之忧。" 2·7 子游问孝，子曰："今之孝者，是谓能养。至于犬马，皆能有养，不敬，何以知，而不惧，不亦君子乎？" 1·2 有子曰："其为人也孝弟，而好犯上者，鲜矣；不好犯上，而好作乱者，2·21 或谓孔子曰："子奚不为政？"子曰："《书》云：'孝乎惟 2·22 子曰："人而无信，不知其可也。大车无言，节用而爱人，使民以时。" 1·6 子曰："弟子入则孝，出则弟，谨而信，汎爱众，而亲仁，行有余力，则使民敬、忠以劝，如之何？"子曰："临之以庄，则敬；孝慈，则忠；举善而教不能，则劝。" 2·21 或谓孔子回也非助我者也，于吾言无所不说。" 11·5 子曰："孝哉闵子骞！人不间于其父母昆弟之言。" 11·6 南好作乱者，未之有也。君子务本，本立而道生。孝弟也者，其为人之本与？" 1·3 子曰：巧言令色，鲜不辱君命，可谓士矣。曰："敢问其次。"曰："宗族称孝焉，乡党称弟焉。" 13·21 "不得中行而与之已矣。" 8·21 "禹，吾无间然矣。菲饮食而致孝于鬼神，恶衣服而致美乎黻冕，卑宫室而尽游必有方。" 4·20 子曰："三年无改于父之道，可谓孝矣。" 4·21 子曰："父母之年，不可不知也。一则以其志，父没，观其行；三年无改于父之道，可谓孝矣。" 1·12 有子曰："礼之用，和为贵。先王之道，子曰："无违。"樊迟御，子告之曰："孟孙问孝于我，我对曰：无违。"樊迟曰："何谓也？"子曰："生，事而耳顺，七十而从心所欲不逾矩。" 2·5 孟懿子问孝，子曰："无违。"樊迟御，子告之曰："孟孙问孝于我，之以礼；死，葬之以礼，祭之以礼。" 2·6 孟武伯问孝，子曰："父母唯其疾之忧。" 2·7 子游问孝，子曰：武伯问孝，子曰："父母唯其疾之忧。" 2·7 子游问孝，子曰："今之孝者，是谓能养。至于犬马，皆能有于犬马，皆能有养，不敬，何以别乎？" 2·8 子夏问孝，"色难。有事，弟子服其劳；有酒食，先生馔，

图 10-2 孝的各种释意

（5）父母唯其疾之忧（孟武伯问孝，子曰："父母唯其疾之忧。"）(2.6)

（6）能养，能敬；（子游问孝，子曰："今之孝者，是谓能养。至于犬马，皆能有养，不敬，何以别乎？"）(2.7)

（7）子夏问孝，子曰："色难。"(2.8)

（8）"孝哉闵子骞！人不间于其父母昆弟之言。"(11.5)

我们可以说孔子解释了"孝"的意义的不同方面，大致可分为态度（无违、无改、不犯）、行为（竭力、能养）及神色（敬、和悦），当然也可以理解为其他注家所说的，孔子面对不同的人，分别解释"孝"的意义，如子夏端严肃穆，喜欢整天板着脸，孔子就劝他对父母和颜悦色；子游嬉戏放诞，没个正形，孔子就要他对父母尊敬；孟懿子性情暴躁，有点二百五，孔子就劝他多听父母的话。

杨：另外，所谓通过对《论语》一书中有关"由"、"民"、"使"三字的全部义项和句例进行研究，这种研究方法就是所谓"串珠"，即 concordancing，由此得出的结论，我觉得比较接近孔子原意，也有说服力。如果是这样，准确的解读不能仅仅依靠 paraphrasing，还要依靠 concordancing；意义是通过语言文字来表达的。解读文本的意义，paraphrasing 如果能加上 concordancing，正确解读意义的成功率肯定要高出许多（杨惠中 2019，个人通信）。

讨论：释意的基本手段就是基于 concordancing 的扩展意义单位分析。蔡廷干以《道德经》的不二字（type）索引，在竖排文本每关键字前置导引，形如串珠，遂有串珠之说，后又有人把 concordance 音译为"堪靠灯"（参见李文中《KWIC 索引方法的演变及其意义》，《语料库语言学》2017 年 01 期）。

在互文解读中，当我们把围绕某一原创文本形成的多个文本，包括解读、评价、注释、疏证、翻译等，放在一起时，我们看到的是完整的话语事件中多种声音（plurivocality）和意义的集合，这些解读针对原文本讨论的话题进行重新梳理、反思和讨论，提出新的见解。迫于某种形势，这些新见解的作者会把本来属于自己的观点归于原文本的作者，然而在新的时代，还会有人试图驳斥这种见解，认为是一种曲解，并努力回到原文本，用同样的方法提出自己的见解。由此可见，话题意义就像知识一样，是一个不断丰富、不断变化的过程，其中就包括故意曲解、批评和驳斥。事物的正与负、好与坏总是相依的，有"誉满全球"，就有"谤满天下"。孔子所受到的误读和歪曲并不罕见，发生在孔子身上的事情也同样会发生其他任何人身上。

在我们的分析中，我们也可以把不同的解读以及相对抗的意义放在一起，把他们看成是解读。那么，对那些互相冲突的解读和观点，我们是否就无所作为了呢？这时，我们可以用语料库方法去确立那些解读最为常见，而哪些是罕见的；把内文分析与互文分析放在一起时，一些解读能得到内文的支持，另一些则不然。这些就是语料库文本意义分析能提供的主要东西。

在文本中，一个扩展意义单位表达一种意义；所有单个词语词义相加并不等于整个意义单位的意义；基于短语的扩展意义单位分析更合适；简单应用扩展意义单位分析句子和文本也不行，一个句子可能有多个意义单位构成。局部语法可能是一个解决方案。

第十一章　国际读者对中国典籍文化评价定量探索研究

笔者在研究中尝试使用 R 网页抓取技术，提取《道德经》、《庄子》和《论语》三种典籍的多种英译本网站书评，并构建具有良好结构的数据，用以评价分析。本研究分三部分内容：

（1）使用 R 包 xml 2 和 rvest 相关函数，分析网站关键模块和节点信息，抓取所需要的数据，有关文本的外部信息，如作者、评价者国家、评价星级、日期分别提取并记录为变量值；该项工作的最终产品是结构完整的数据框，按照 Wickham（2020）整洁数据原则，变量在列，观察个案在行。该数据作为之后所有分析的基础数据。

（2）数据可视化探索与分析。基于步骤（1）所创建的数据框，应用可视化方法探索数据中各个变量的相关关系；应用主题建模、词频—逆文本频率计算、主题词计算、搭配分析以及 NLP 情感分析等技术方法，深入分析数据关系。

（3）提取关键分析信息，作为文本元信息，把结构化的数据重新存为文本，为下一步索引分析做准备。

11.1　研究问题

基于抓取的书评数据，描述和探索其基本结构与关系，主要研究目的包括调查中国典籍英译的国际书评在时间维度上的对比和变化，基于该变化推断国际读者对中国典籍文化的阅读兴趣变化；通过主题词分析和情感分析，调查国际读者对待中国典籍的基本态度和兴趣点。与传统书评相比，网站书评具有不可比拟的数据质量，因为首先参与者众，数据覆盖面广，其次数据自然真实，可靠度强，最后具有历时对比特征。本项研究回答以下问题：

（1）三种中国典籍的英译数量和书评数量是否呈现差异？该差异是否反映国际读者的偏好？

（2）书评数量在时间维度上有哪些变化特征？中国典籍文化在国际传播的接受趋势是什么？

（3）评价者是否存在态度上的变化？该变化反映出哪些兴趣点？

11.2 结果分析与讨论

11.2.1 译本数量对比

对三种典籍的英译数量和书评作跨时间对比，应用可视化方法进行探索分析：

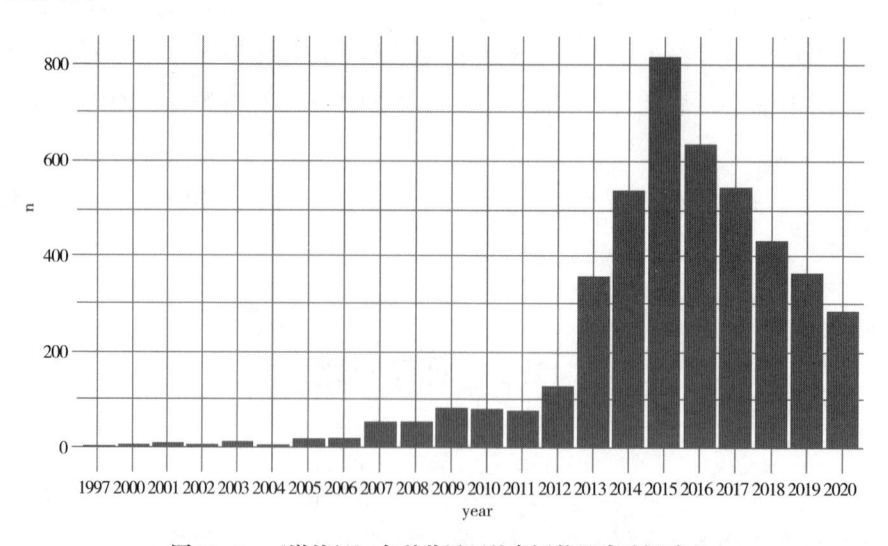

图 11-1 《道德经》各种英译版的书评数量跨时间对比

第十一章　国际读者对中国典籍文化评价定量探索研究

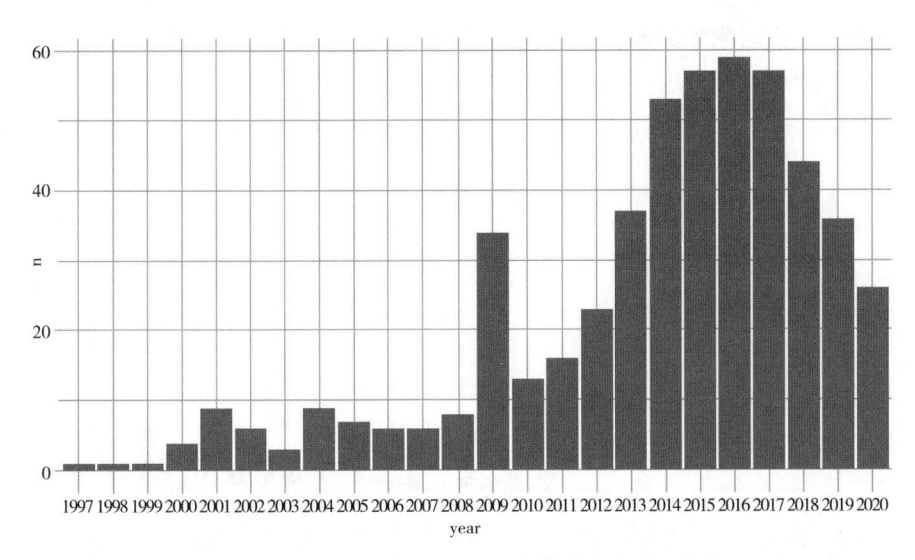

图 11-2　《庄子》各种英译版的书评数量跨时间对比

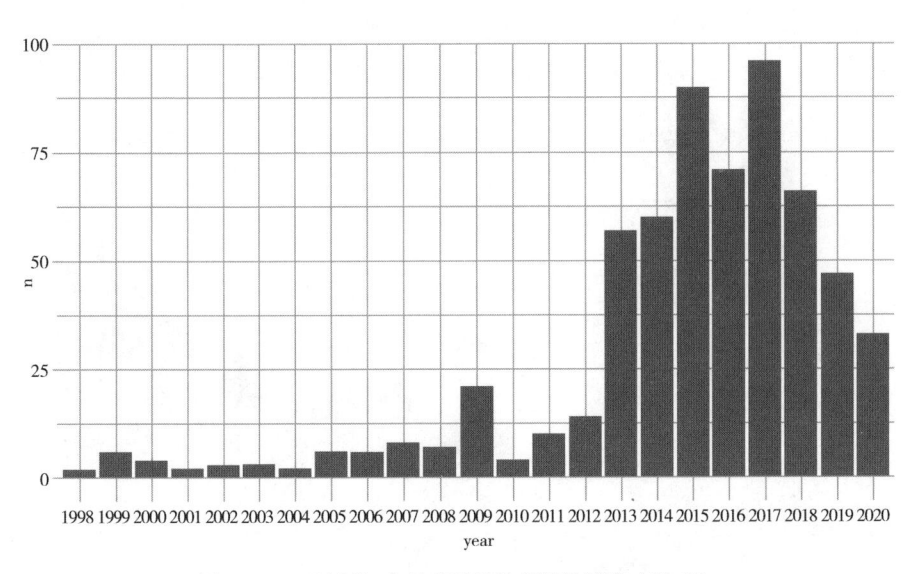

图 11-3　《论语》各种英译版的书评数量跨时间对比

上图表明，三种中国典籍的英译书评数量在 2010 年后总体呈上升趋势，2014 年后有较大增长。在绝对数量上，《道德经》远超其他两种典籍，其原因之一，是受其英译数量的影响。据不完全统计，目前《道德经》英译数量超过 200 种以上（李文中 2017）。我们也可以对比各译者的书评数量，以推断哪些译本更受欢迎，或产生了更大的影响：

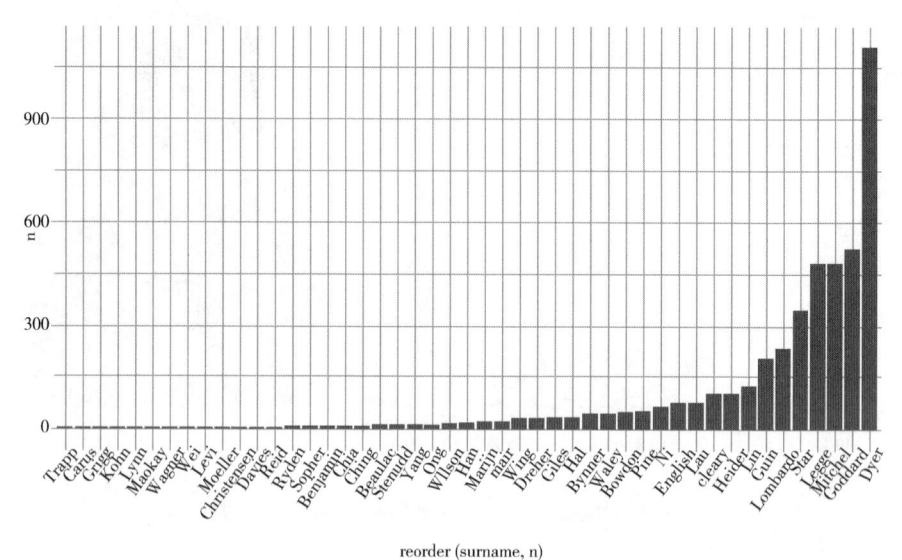

图11-4 《道德经》译者的书评数量对比

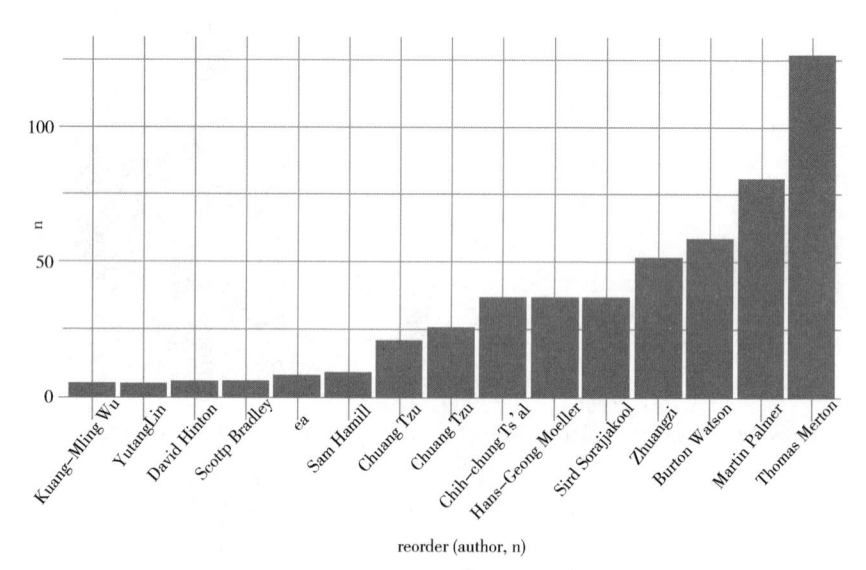

图11-5 《庄子》译者的书评数量对比

从图11-4可以看出，Dyer、Goddard、Mitchel、Legge、Star、Lambado译本获得的书评数最多，具有中国母语背景的林语堂和刘殿爵分别排在第

8 和 11 位。《庄子》译本较少，以 Merton、Palmer 和 Watson 的译本最受欢迎（图 11-5）。

11.2.2 书评评分分布

亚马逊网站评分范围为 1-5 星，以 5 星为最高评分，我们可以通过评分分布对比，观察中国典籍各个英译本在国际读者中的受欢迎程度，在条形图统计中，x 轴为评分等级，y 轴统计了个各评分等级的频次（如图 11-6—11-8）：

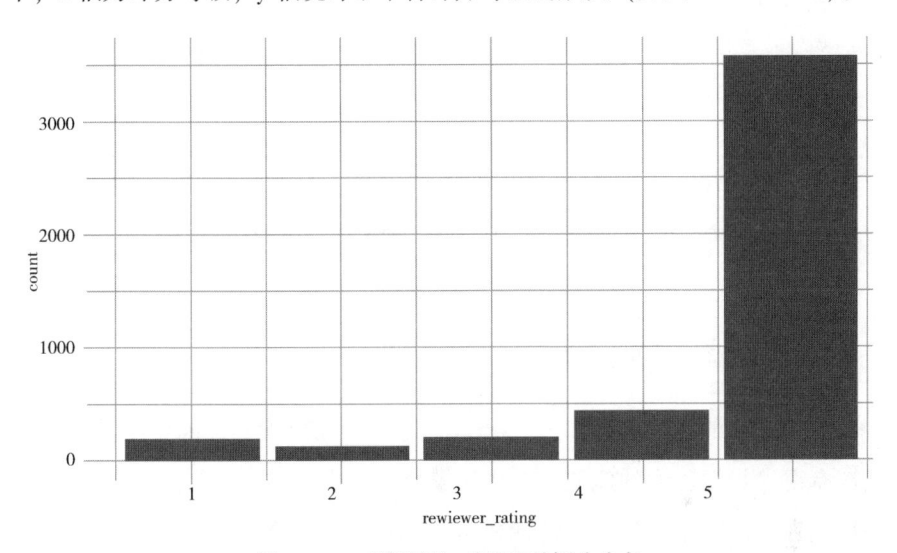

图 11-6　《道德经》英译版的评分分布

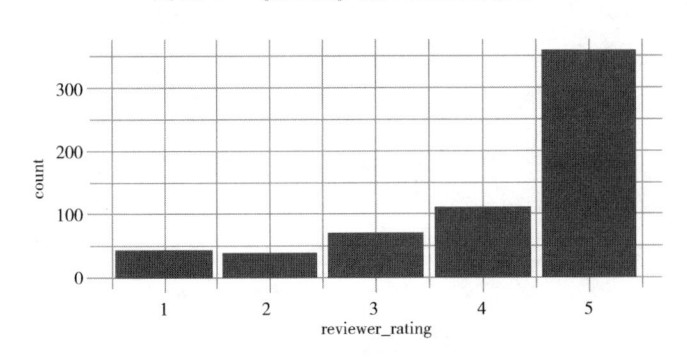

图 11-7　《论语》英译版的评分分布

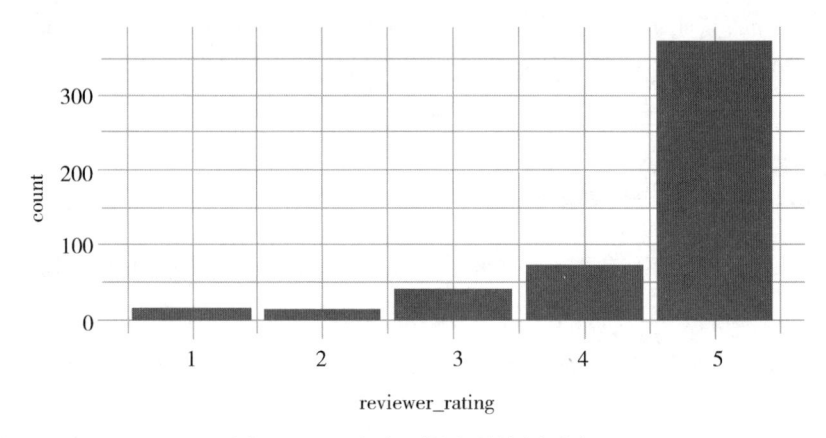

图 11-8 《庄子》英译版的评分分布

从以上统计图（图 11-6 至 11-8）表明，国际读者对《道德经》和《庄子》的评分一致性高分，而《论语》则有更多的低评分。

11.2.3 国家和地区的书评数量对比

通过书评的所在国家和地区分布对比，可以探索和推断中国典籍英译的读者群体主要集中的地域以及中国文化走出去的方向。由于本项研究所使用的数据仅限于英语，所统计的国家和地区也主要限于使用英语的国家和地区，包括欧洲。

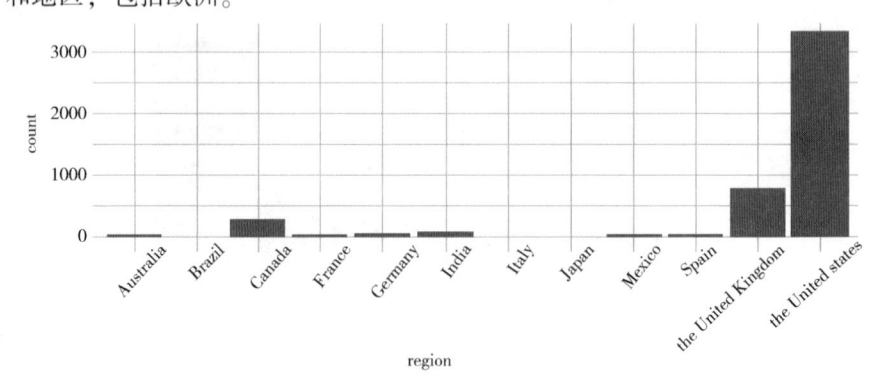

图 11-9 《道德经》英译版读者群的地域分布

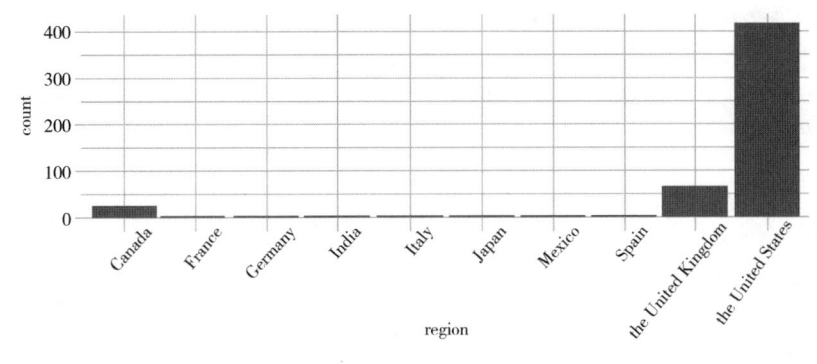

图 11-10　《论语》英译版读者群的地域分布

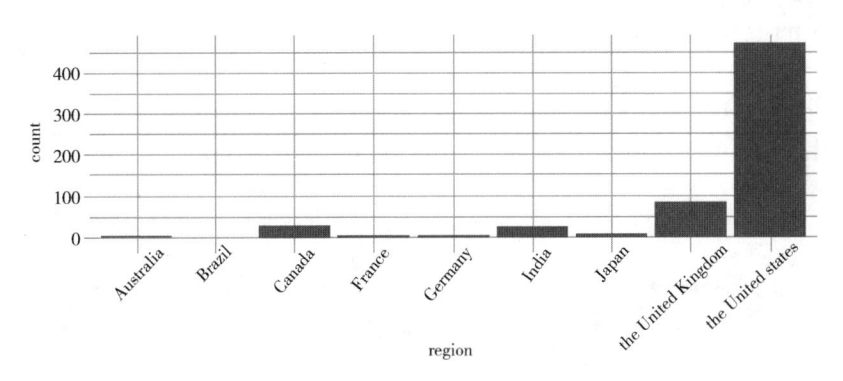

图 11-11　《庄子》英译版读者群的地域分布

图 11-9 至 11-11 表明，三种典籍的英译读者群主要集中在美国，其次是英国和加拿大，尤其是美国的书评量与其他区域相比差异巨大，说明中国文化走出去的英语市场主要还是美、英、加三国。

11.2.4　主题表述词语网络探索

本节的数据处理有三个目的：（1）把文本转换为结构化数据，包括分词、使用停用词表，以及文本清理；（2）通过词语相关分析和词语网络可视化，初步探索词语搭配，观察词语对主题的表达；（3）呈现代码，试图建立一种主题分析的基本操作路径（提供《道德经》书评数据分析代码为范例，其他数据只更换数据表）。

##reference source: Text mining in R: How to analyze text using R with ggraph+tidytext for text analysis from Data Science with Tom at https://www.youtube.com/channel/UCb5aI-GwJm3ZxlwtCsLu78Q?sub_confirmation=1

调用以下R包
library（tidyverse）
library（tidytext）
library（widyr）
library（igraph）
library（ggraph）
library（readxl）

##设置数据读取路径。
##读取数据。

laozi<-**read_ excel**（**file. choose**（））#read in dataset：laozi_ tidy. xlsx

##删除多余的空行、换行符、多余空格，以及段落前后的空格。
laozi$review<-**str_ replace_ all**（laozi$review,"［\\t\\n\\r］"," "）
laozi$review<-**gsub**（"\\\\s+"," ",laozi$review）%>%**trimws**（）

##设置文本识别标记。该步骤是为了之后分析书评者与词语的关系。在本数据中，书评者名称由于存在大量重复项，不可使用。本例使用文本序号+字符串。
laozi$review_ id<-**paste0**（" review_ ",**rownames**（laozi））

##对文本分词，并使用停用词表，删除高频的虚词和数字。
laozi_ terms<-laozi%>%**unnest_ tokens**（output=word, input=review）%>%**anti_ join**（stop_ words, by=" word"）%>%**filter**（**str_ detect**（word,"［:alpha:］"））%>%**distinct**（）

##分组计数词语。
reviewer_ term<-laozi_ terms%>%**count**（word, name=" review_ n"）%>%**filter**（review_ n >= 50）
##计算词语成对相关，过滤极弱相关的词对。

第十一章 国际读者对中国典籍文化评价定量探索研究

```
word_ corr <- laozi_ terms %>% semi_ join（reviewer_ term, by ="
word"）%>% pairwise_ cor（item = word, feature = review_ id）%>%
filter（correlation >=.15）
  ##创建词语网络图形，探索词语间的关系。
graph_ from_ data_ frame（d = word_ corr, vertices = reviewer_ term %
>%semi_ join（word_ corr, by = c（" word" =" item1"）））%>%
  ggraph（layout =" fr"）+
  geom_ edge_ link（aes（alpha = correlation））+
  geom_ node_ point（）+
  geom_ node_ text（aes（color = review_ n, label = name）, repel =
TRUE）
```

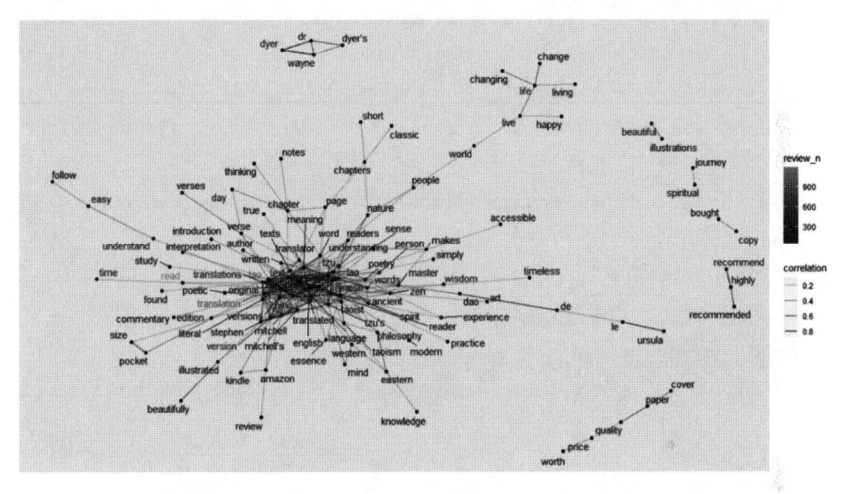

图 11-12 基于相关性统计的《道德经》英译书评词语网络图

根据图 11-12 所显示的词语关系，结合书评文本检索和分析，发现读者对《道德经》的评价非常积极，其评价内容可分为：（1）阅读体验。不少读者表示阅读该书是"精神之旅"（spiritual journey, spiritual experience），书中传递了"永恒智慧"（timeless wisdom）、让人"心绪安宁"（quieting），"感到快乐"，"改变人生"，使人学到"东方知识"。（2）对翻译质量的评价，如"易懂"、"平实"；不少读者对译者的评注非常赞赏，认为这有助于他们理解文本中的哲学。（3）书籍装帧、插图、书本尺寸，认为"漂亮"、"便携"。（4）说明读者的态度和判断，如"强烈推荐"，"物有所值"等。这种基于相关关系计算的主题词语网络，比传统的搭配词档或网络更具优势，不仅显示词语之间的关系紧密程度，更重要的是显示了词语的序列关系，如"recommend highly, highly recommended"，以及表述话题的聚集性。

为使以上图形方法能够循环使用，创建图形函数，允许设置最低词频数和最低相关系数值。

```
create_graph<-function (review_terms, minimum_review_n=50,
                        minimum_correlation=0.15) {
  reviewer_term<-laozi_terms %>% count (word, name="review_n")
%>% filter (review_n >= minimum_review_n)

  word_corr<-laozi_terms %>% semi_join (reviewer_term, by="
word" ) %>% pairwise_cor (item=word, feature=review_id) %>%
filter (correlation >= minimum_correlation)
  ##visualize the data

  graph_from_data_frame (d=word_corr, vertices=reviewer_term
%>% semi_join (word_corr, by=c ("word"="item1"))) %>%
    ggraph (layout="fr") +
    geom_edge_link (aes (alpha=correlation)) +
    geom_node_point () +
    geom_node_text (aes (color=review_n, label=name), repel=
TRUE)

}
```

与《道德经》英译版相比，国际读者对《论语》英译版少了一些溢美之词，出现较多的评价是"理解困难""意义晦涩"等。但也有不少读者把这种晦涩难懂归咎于翻译与文化差异。

作为一种探索，通过过滤评分等级，提取低评分书评，并创建词语相关网络，以探索消极评价的词语使用。创建低评分书评词语集，评分<2：

```
review_negative<-laozi_terms %>%
  filter (rating< 2)
```

与此相应，过滤高评分书评，创建正面词语集，设定评分>=3：
```
review_positive<-laozi_terms %>% filter (rating >= 3)
```

低评分书评词语可视化方法：
```
create_graph<-function (review_terms, minimum_review_n=50,
```

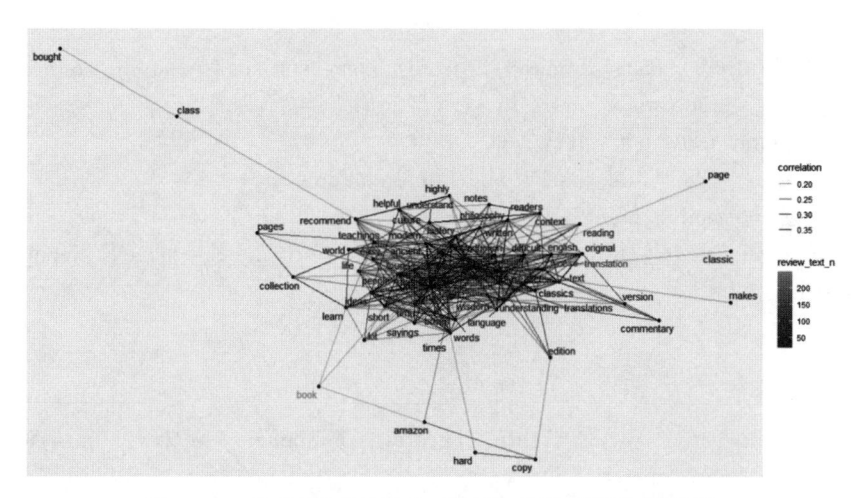

第十一章 国际读者对中国典籍文化评价定量探索研究

图 11-13 基于相关性统计的《论语》英译书评词语网络图

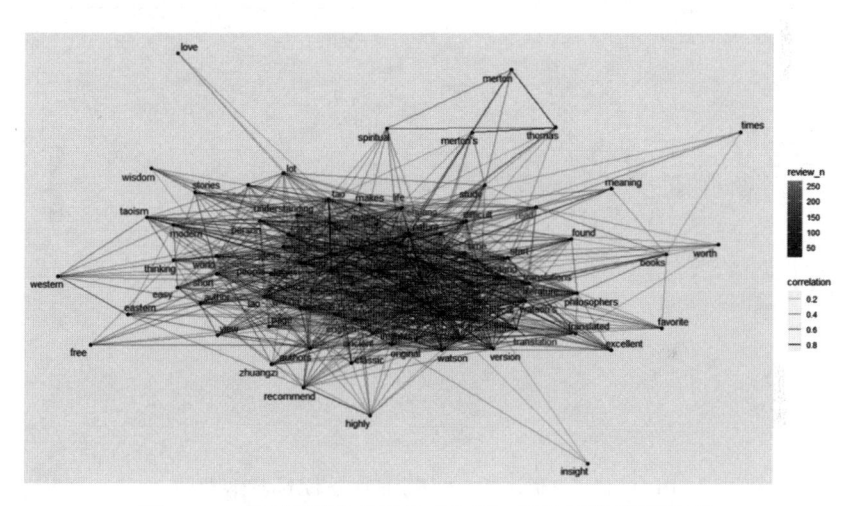

图 11-14 基于相关性统计的《庄子》英译书评词语网络图

```
                    minimum_ correlation = 0.15）｛
  reviewer_ term <- laozi_ terms %>% count（word, name = " review_
n"）%>% filter（review_ n >= minimum_ review_ n）

  word_ corr <- laozi_ terms %>% semi_ join（reviewer_ term, by = "
word"）%>% pairwise_ cor（item = word, feature = review_ id）%>% filter
（correlation >= minimum_ correlation）
  ##visualize the data
```

· 271 ·

```
    graph_ from_ data_ frame（d=word_ corr, vertices=reviewer_ term %
>% semi_ join（word_ corr, by=c（"word"="item1"）））%>%
    ggraph（layout="fr"）+
    geom_ edge_ link（aes（alpha=correlation））+
    geom_ node_ point（）+
    geom_ node_ text（aes（color=review_ n, label=name）, repel=
TRUE）

}

review_ negative %>% create_ graph（minimum_ review_ n=50,
minimum_ correlation=.15）
```

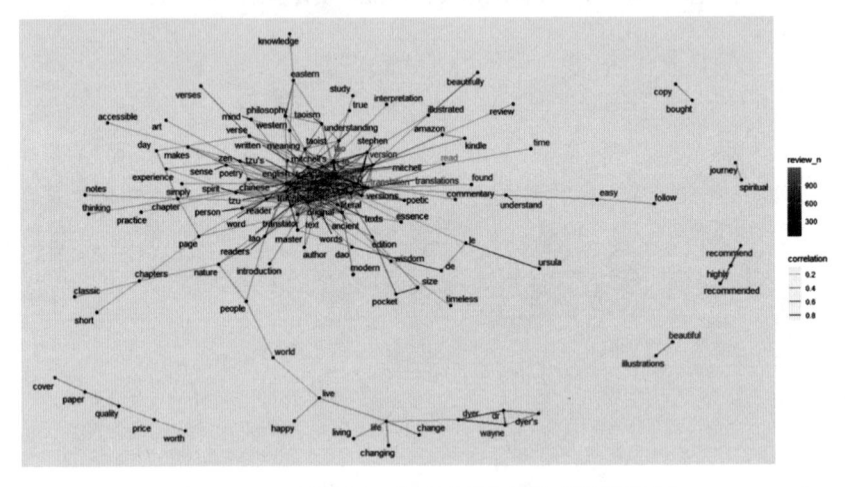

图11-15　《道德经》英译版低评分书评词语网络图

高评分书评词语网络：

```
review_ positive %>%create_ graph（minimum_ review_ n=50, minimum
_ correlation=.15）
```

通过对低评分和高评分书评进行词语分析，笔者发现该方法并不能准确区分其中的词语使用，这是因为书评中消极词汇使用频率极低，通过最低相关系数设定过滤后，低频的消极词汇被过滤掉了。

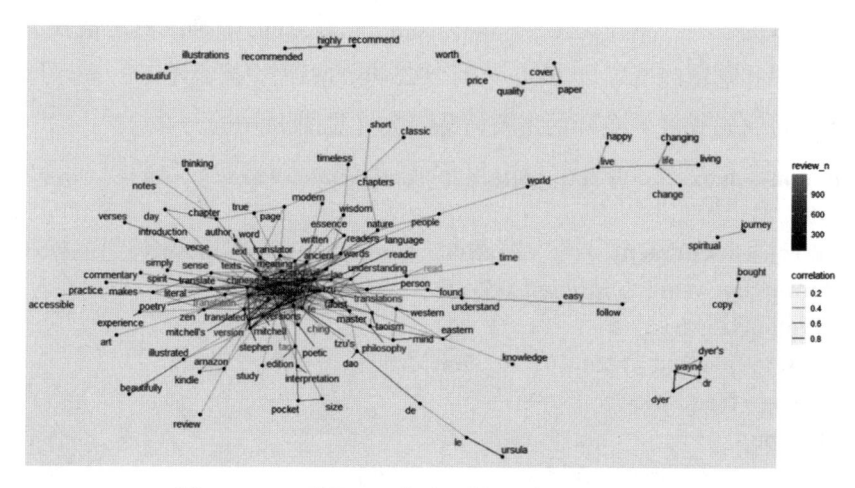

图 11-16　《道德经》英译版高评分书评词语网络图

11.2.5　书评的情感分析

情感分析使用一种基础词库，为词库中的每个词进行极性评分，分为积极和消极（Silge and Robinson 2016；Jokers 2015；Mohammad 2020）。Mohammad（2020）区分了表达态度的情感（sentiment）和表达情绪的感情（emotions），前者有两个极性，即积极与消极（positive，negative）；后者对词库按八种情绪（恐惧、愤怒、悲伤、厌恶、吃惊、信任、欢乐、预感）采用众包的方法评分。情感分析评分可以针对从单词到段落评分。如对《道德经》英译版评价中的一句话"Good read."，使用 syuzhet 包中的函数 get_nrc_sentiment（）进行评分，可得到如下结果：

```
library(syuzhet)
get_nrc_sentiment("Good read.")
```

运行结果如下：

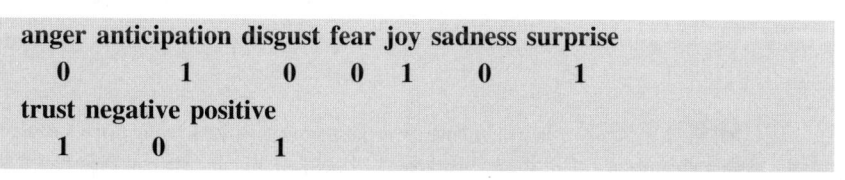

```
 anger anticipation disgust fear joy sadness surprise
   0        1          0     0   1    0        1
 trust negative positive
   1      0        1
```

使用这种方法，对书评中所有的词语进行情感分析，并统计 8 种情感在时间维度上的分布和变化①，可以获得一个大致的印象：表达信任、快乐、预感和吃惊的情感自 2000 年到 2020 年的书评中居高不下，表示国际读者对待《道德经》英译的主要情感趋势（见图 11-17）

```
emotion<-laozi %>% left_join(get_sentiments("nrc"), by="word") %>%
    filter(!(sentiment == "negative" | sentiment == "positive")) %>%
    group_by(year, sentiment) %>%
    summarize(freq=n()) %>%
    mutate(percent=round(freq/sum(freq) * 100)) %>%
    select(-freq) %>%
    ungroup()
# View in line across years
ggplot(emotion, aes(year, percent, color=sentiment)) +
    geom_line(size=1)+geom_point(size=1) +
    geom_text(aes(label=sentiment))+theme_minimal()
```

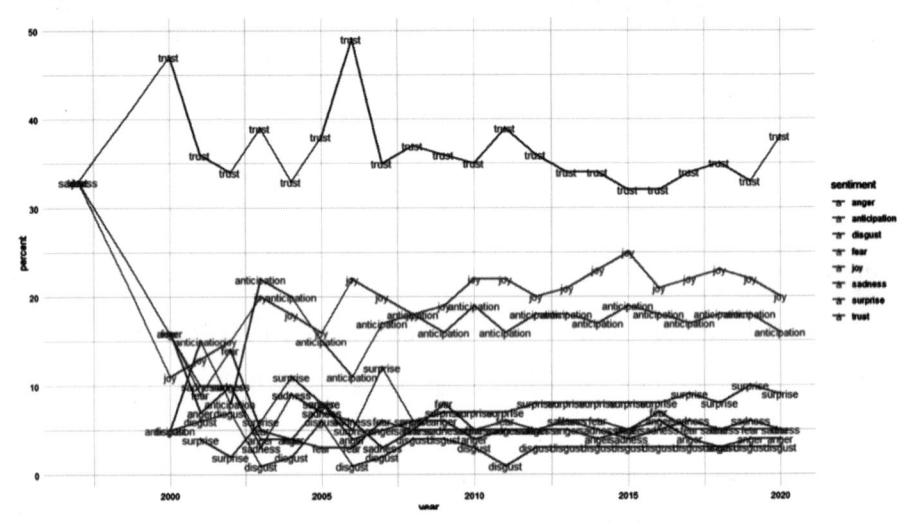

图 11-17　《道德经》书评中 8 种情感的历时对比

---

① 部分代码参考网址：https://datascienceplus.com/parsing-text-for-emotion-terms-analysis-visualization-using-r/；情感词汇（NRC）数据来自 Minqing Hu and Bing Liu, "Mining and summarizing customer reviews.", Proceedings of the ACM SIGKDD International Conference on Knowledge Discovery & Data Mining (KDD-2004), 2004.

第十一章 国际读者对中国典籍文化评价定量探索研究

提取情感词库中所有表达"快乐"和"信任"的词语,通过inner_join()函数匹配书评文本中的词语,就可以得到两个词表,即书评中表达快乐和信任的词语,再通过列表或词云的方法呈现。与词表相比,词云的方法能直观地观察词语的频次大小,并能在较小的空间展示更多的词汇。

```
## filtering joy words using lexicon nrc
nrc_joy<-get_sentiments("nrc") %>%
    filter(sentiment == "joy")
laozi_joy<-laozi_terms %>% inner_join(nrc_joy) %>% count(word, sort=TRUE)
## extracting all those "trust" words
nrc_trust<-get_sentiments("nrc") %>%
    filter(sentiment == "trust")
laozi_trust<-laozi_terms %>% inner_join(nrc_trust) %>% count(word, sort=TRUE)
## Wordclouding joy words
library(wordcloud2)
wordcloud2(laozi_trust, color="random-dark", size=1.5)
```

图11-18　《道德经》英译书评中表达"joy"的词汇

从图11-18和11-19可以看出,表达"joy"和表达"trust"的词语有重叠,如 *favourite*、*wonderful*、*helpful* 等,表明这些来自真实人群的情感词

· 275 ·

图 11-19 《道德经》英译书评中表达"trust"的词汇

分类相互交叉，而不是非此即彼。这种情感标注仍然是非常粗糙的，但为大规模分析文本态度提供了一种可行的思路。

11.2.6 中外译者译本对比

我们主要通过说和写来表达对这个世界的了解。文本就是我们有关世界的知识。我们对某个主题（或称话语对象）的词汇越多、越深，我们对该话题的知识越丰富，也越深刻。文本是线性的、序列的，而词语是这些线性序列中的元素和节点。通过算法，把围绕某些主题的词语聚集起来，并显示其内在的关系距离，即主题建模的主要目的；"主题建模（topic modeling）是一种非监督文本分类方法，目的在于获得词语的自然聚类。"（Silge and Robinson 2017：85）通过可视化方法，把词语在给定文本中形成的关系在空间中表现出来，称作主题词网络（keywords networking）。

常见的主题词分析方法大都基于词袋模型，就是假设文本就是一口袋词，词语的位置、顺序以及前后的语境都不重要，其主要计算路径如下：

（1）主题词：给定文本主题词（*fobserved text*）＞常态文本（*fnormal text*）

第十一章 国际读者对中国典籍文化评价定量探索研究

（2）关键主题词：给定文本群关键主题词（funusual high frequency）& 文本主题词分布 > X

（3）隐含狄利克雷分布（Latent Dirichlet Allocation，LDA）：a）一个文本是多个话题的混合；b）一个话题是多个词语的混合。

（4）逆文件频率：通过计算（词语频数/语料库总频数），可获得单个词语在语料库中的频率，即 tf（term frequency）。某个词语在单个文本中的独特性可以通过以下方法测量：

f=某个词在语料库或文本群中出现在几个文本里；

n=语料库或文本群共有多少文本；

那么，log（f／n）的绝对值就是 idf；假如 the 在 5 个文本中（共 5 个文本）都有出现，则 5/5=1，而 log（1）则是 0。tf_idf 就是两个值相乘，如上例 the 在某个文本中的频率是 0.038，但其 idf 是 0，两数相乘仍然是 0，这就极大降低了常用词的权重，却加大了只在个别文本中使用的特异词汇的权重。我们从《道德经》英译文本库中选择 6 个译本进行对比，其中 James Legge、Arthur Waley、Stephen Mitchell 为英语本族人，林语堂、刘殿爵、任继愈为中国人，通过逆文本频率计算，获得六个文本中各自最为独特的前 20 个词，通过数据可视化对比各个文本词语使用的个性特色（图 11-20）。

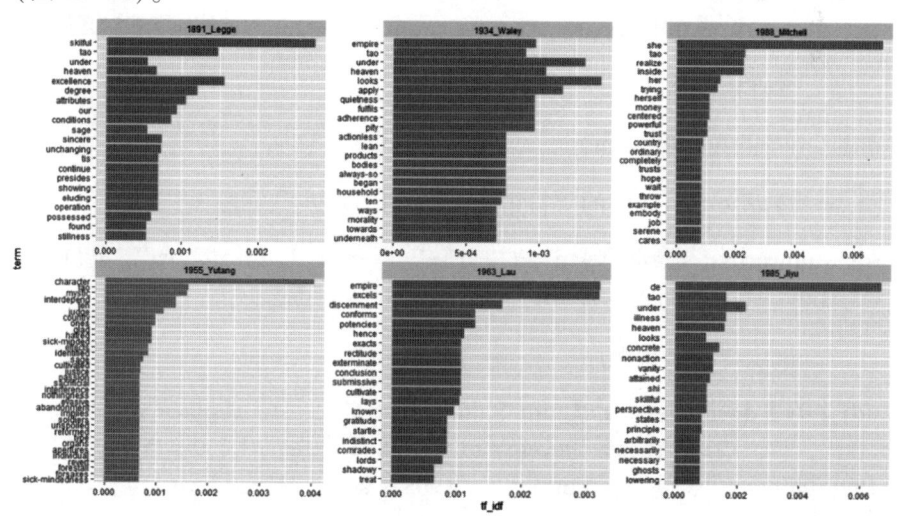

图 11-20 基于 tf-idf 计算的《道德经》英译本个性词语对比

首先，提取文本个性词语。

执行步骤：

1）调用需要的包

```
library(tidytext)
library(topicmodels)
library(readtext)
library(tidyverse)
library(quanteda)
library(dplyr)
ddj<-read_csv("ddj.csv")
```

2）从库中选择6个译者及译文

```
ddj_compare<-ddj %>% filter(translator %in% c("Legge","Waley","Mitchell","Jiyu","Lau","Yutang"))
```

3）转换为语料库

```
## transform into a corpus
ddj_corpus<-corpus(ddj_compare, text_field="text")
```

4）创建文件-词语矩阵

```
## creating a document-feature matrix
ddj_dfm<-dfm(ddj_corpus, remove_punct=TRUE, verbose=FALSE)
```

5）整理矩阵格式

```
ddj_tidy<-tidy(ddj_dfm)
```

6）清理文本不需要的字符串，制作停用词表

```
my_stopwords<-tibble(term=c("-lrb-","-rrb-","n't","ca","ll"))
ddj_tidy<-ddj_tidy %>% anti_join(my_stopwords)
```

7）确定译者呈现顺序

```
ddj_tidy $ document<-ddj_tidy $ document %>% str_replace_all("\\\\.txt","") %>% factor(levels=c("1891_Legge","1934_Waley","1988_Mitchell","1955_Yutang","1963_Lau","1985_Jiyu"))
```

8）计算逆文件频率并排序

第十一章　国际读者对中国典籍文化评价定量探索研究

```
ddj_tf_idf<-ddj_tidy %>% bind_tf_idf(term, document, count) %>%
arrange(desc(tf_idf))
```

9）可视化处理：选取前20个词，垂直显示图形

```
#visualize the unique words
library(ggplot2)
ddj_tf_idf %>% mutate(term = factor(term, levels = rev(unique
(term)))) %>% group_by(document) %>% top_n(20) %>% ungroup
() %>% ggplot(aes(term, tf_idf, fill = document)) + geom_col
(show.legend=FALSE)+facet_wrap(~ document, ncol=3, scales="
free")+coord_flip()
```

基于 tf-idf 计算而获得的词表仍是脱离语境的离散单词，我们无法得知词语序列和词语之间的关系。通过计算 n 元序列，可观察文本中的词语形成的有向序列，更接近真实文本。

其次，提取 N 元词序列。

执行步骤如下：

1）在分词时，定制切分的长度，此处切分5词序列

```
ddj_pentagrams<-ddj %>% unnest_tokens(pentagram, text, token="
ngrams", n=5) %>% separate(pentagram, c("word1", "word2", "
word3","word4","word5"), sep=" ") %>% count(word1, word2,
word3, word4, word5, sort=TRUE)
```

2）调用图形包，并筛选频数 > 10 的 5 词序列

```
library(igraph)
ddj_graph<-ddj_pentagrams %>% filter(n > 10) %>% graph_from_
data_frame()
```

3）作图以显示词语序列的关系，使用箭头表示序列的方向（图59）

```
#using ggraph
library(ggraph)
set.seed(2019)
a<-grid::arrow(type="closed", length=unit(.15, "inches"))
ggraph(ddj_graph, layout="fr")+geom_edge_link(aes(edge_alpha=n,
edge_width = n), show.legend = FALSE, arrow = a, end_cap = circle
(.07, ´inches´),edge_colour="steelblue")+geom_node_point()+geom_
node_text(aes(label=name), vjust=1, hjust=1)+theme_void()
```

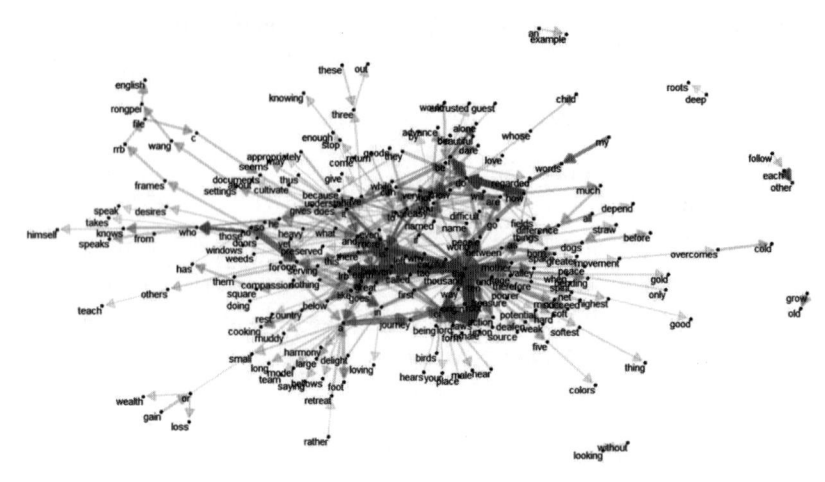

图 11-21 《道德经》英译文本中 5 词序列有向网络图

第三，主题建模。

通过 LDA 分析，对比两个文件主题词语，本案例对比 Stephen Mitchell 与刘殿爵的译本，需要使用 quanteda 包创建 dfm 数据对象；通过 quanteda 包 dfm（）函数生成的矩阵；

需要装载包：

```
library(topicmodels)
library(quanteda)
library(tidytext)
library(dplyr)
library(ggplot2)
ddj_compare <- ddj %>% filter(translator %in% c("Mitchell","Lau")) compare_corpus<-corpus(ddj_compare,text_field="text")
compare_dfm<-dfm(compare_corpus,remove_punct=TRUE,verbose=FALSE)
compare_lda<-LDA(ddj_dfm,k=2,control=list(seed=2020))
compare_topics<-tidy(compare_lda,matrix="beta")
term<-stop_words $ word
stopwords<-tibble(term=term)
compare_topics<-compare_topics %>% anti_join(stopwords) %>% anti_join(my_stopwords)
```

通过主题建模而生成的词表更符合语言使用的实际。但直观地看，其结果似乎没有 tf_idf 的信息性强，其原因在于通过排序而产生的前十个词大多是常用词，并不能体现两个主题文本的差异。计算两个主题文本最大差异词语，可以求两个 beta 值商的对数比率（$\log_2(\beta_2/\beta_1)$）：

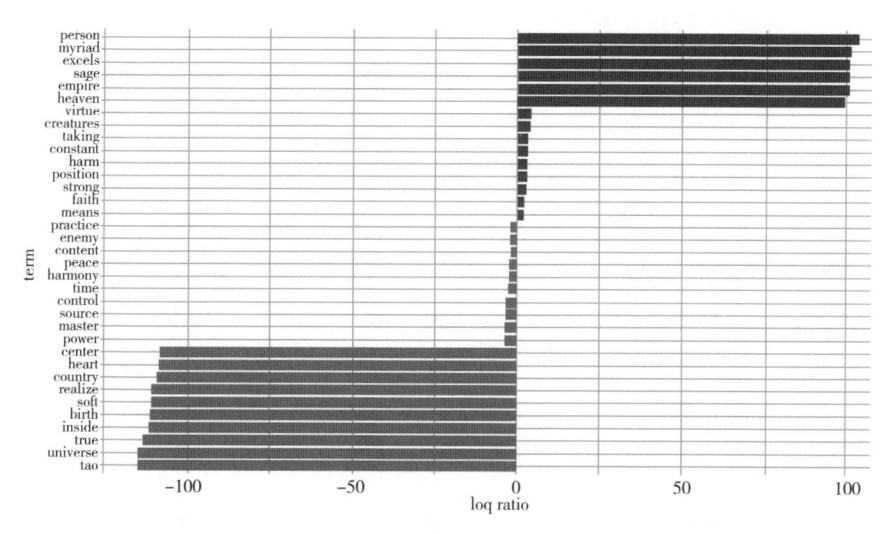

图 11-22　Mitchell 与刘殿爵译本主题词比较（上图为 Mitchell，下图为刘殿爵）

```
#obtain log2 of the quotient of the two beta values
compare_topics_log<-compare_topics %>% mutate(topic=paste0("topic", topic)) %>% spread(topic, beta) %>% filter(topic1>.001|topic2>.001) %>% mutate(log_ratio=log2(topic2/topic1))
compare_topics_log %>% mutate(term=reorder(term, log_ratio)) %>% filter(log_ratio>2|log_ratio<-2) %>% ggplot(aes(term, log_ratio, fill=log_ratio>0))+geom_col(show.legend=FALSE)+coord_flip()
```

11.3　小结

　　数据科学的发展为文本处理带来诸多新的需求，语料库的数据量与数据处理与解读变得比以往更具挑战性。在文化表述分析，要求分析中具备一种敏锐的数据意识，以文本的视角看语言使用，以数据的眼光看文本。

在文本视角下，一切语言使用都是文本，文本是人们认识世界、社会和生活的经验记录；在文本中分析和研究语言种元素，遵循前辈学者"信任文本"的倡导。以数据的眼光看文本，文本及其所包含的一切都可以看成是数据，都能够被分析；有关数据的数据是元数据，是语料库文本的外部分类信息，元数据在研究中可以被转换为变量，而标注是基于某种语言学理论，对文本内部元素的语言学解释信息。在使用语料库时，我们需要保持开放性，标注内容与前端检索分开，把语言信息标注交给使用者。语料库既不与某一语言理论绑定，也不与某种单一技术绑定。语料库分析必须融合 NLP 先进技术及成果，实现互相促进，共同发展。我们所提出融合思想，就是指语料库分析与自然语言处理技术共生共存，共同发展；二者疏离的结果，是都不可能走得太远。语料库语言学的目标在于研究语言意义，但仅靠裸眼看文本是远远不够的，语料库研究者不能假装语料库技术无关。数据科学一系列技术和方法，如文本查找及挖掘技术、文本数据处理、转换、整洁化技术、文本数据可视化探索、统计分析及呈现方法，以及 NLP 技术及工具应用路径，必将推动语料库分析向前发展。

第十二章 结语

12.1 基本论点

首先，通过研究英语通用语及其对中国英语使用者的意义，试图为中国文化与英语表述的对接建立一种学术理据，英语在中国落地，被用来表述中国人自己的文化生活、价值观念以及情感体验，不仅是一种正当的话语权利，还必将成为重要的语言文化资源。正视英语属权向使用者转移，对我国的英语使用和学习具有深刻的意义。我们的研究揭示，我们应以开放的心态对待英语使用的多样性和国际性，在推动中文表述和传播的同时，重视在国际上对中国文化的自主英语传播；我们不能被动地依赖"他者"受中国文化吸引，并把中国文化产品"译入"到目标语文化中，把中国文化通过"译出"或"写出"向国际主动推介，不仅具有国际文化交流的正当性，同时也具有深远的战略意义。

第二，通过语言与文本研究文化，基于语料库研究文化表述的基础是，语言不但是文化的组成部分，同时也承载和记录文明和知识。本研究通过探究语料库搭配研究与意义单位研究，为语料库表述研究建立一种关联和基本工作构架：通过搭配分析获得语言中富含的文化信息，通过意义单位分析建立起意义研究的基本单位，进而描写和分析表述的文本片段。语料库语言学意义单位思想具有重要的学术价值，它突破了常规的通过概念或单个词语研究意义的窠臼，为意义分析开辟了新的视界，因此不能仅仅把语料库搭配分析及意义单位分析看成一套方法。在我们的研究中，词语搭配分析是一切分析的起手式,其基本路径是短语学路径。

第三,应用短语理论框架和局部语法,试图为文化表述分析探寻一条可行的工作路径。建立该分析路径主要两个取向,一是取向语言描述和分析,为之后的文本表述验证和对比提供基础材料,二是为大数据时代文本的意义自动处理和信息提取提供初步的解决方案。该项研究具有很强的探索性,国际上目前仅存在一些先导性的、尝试性的研究与开发,甚至国内对局部语法的描写内容和方法想法不一,实践各异。我们在局部语法描写过程中,遵循一种严格的观察和分析步骤,细致刻画词语层的强型式,在语法层标记各个词位的范畴特征,着眼于有限状态自动机的实现。在分析路径中,我们有几个方法的创新:(1)索引分析不一定都从节点开始,可以对整句进行索引排序;(2)扩展意义单位分析中的五大要素应在必要时同时分析和标记,如搭配序列同时标记类联接和语义倾向词集;(3)充分关注语义倾向词集的描写,并通过临场标签分别记录该词集;(4)强调了序列路径的重要性,同一个词位上可能有多个共享语义特征的词,但这些词在序列中的共选路径可能不一样,需要明确标示出来;(5)语义倾向词集是区分意义单位的重要标准之一。需要说明的是,我们试图建立的,并非是一套自上而下的宏观理论框架,而是紧密依赖文本、自下而上的描写路径。局部语法着眼于解决具体问题和局部问题,而避免回答普遍性和全局性问题,因为语言使用意义都是局部的、临时的、语境化的。由此,从自视角看,不能建立宏大叙事是语料库驱动意义研究的基本特征,从他视角看,这是一种难以克服的短板。

第四,通过中国典籍英译的案例研究,试图建立面向完整文本的研究视角和思想。传统的语料库分析往往基于成千上万的语料库文本,由索引行构成的微型文本被切断了与其所在文本的联系。受弗斯和Sinclair意义研究"受限"语言、语境理论,以及局部意义思想指引,语料库意义分析必然走向完整文本或单文本分析。我们研究中国文化读本时,面对的总是一个个独立完整的作品,而不是孤立的短语或箴言。由此,本课题在研究中提出内文假设(或内文性,intratextuality),试图为整体文本的意义表述分析建立一种理论框架。内文假设内容为:

一个文本通过选择词语或短语结构型式构建意义单位，文本的主旨随着文本的展开得到发展，在整个过程中，其意义保持前后连贯一致，力图避免彼此矛盾或歧义的表述；文本的各种意义是可理解的，读者在此基础上可以进一步推知文本的意旨；文本内的意义表述是连续而贯通的，并在此过程中不断自我阐释和拓展，因此，内文性意义互释产生于同质的语境，并通过文本的流动，在各种变化的语境中出现，形成扩展的意义表述。

内文假设为基于文本的表述分析及复译评价提供了理论框架和依据，我们视之为一种理论创新。

第五，在基于内文假设的案例分析基础上，探究单个文本中意义表述的局部语义韵与话语管理。提出局部语义韵和话语管理算不上理论上的重新，而是厘清语义韵研究中一些混淆的概念和思想，声言单个词语由于历时的使用积淀而具有态度潜势，而意义单位才有语义韵；对多个意义单位的语义韵关系分析提出话语管理，认为文本中意义单位之间存在复杂的管理关系。该项研究对表述分析的态度和评价研究提出了语料库驱动的解决方案，经过实践应用，证明是有效的。

第六，释意研究着重解决表述分析的意义解释问题。表述研究说到底是一种意义研究，短语理论框架与局部语法最重要的价值在于能够处理文本中的意义。释意研究解决意义型式的描写路径及其学术理据问题，回答语言意义是如何在文本中得到解释的，如何区分不同的意义单位，以及其区分标准是什么诸问题。释意研究是内文分析的延伸。对于语料库及话语研究而言，释意分析是一次再发现，因为之前已有学者对此作出了系统的论述。然而，之前的研究缺失一个重要的环节，即如何在实际分析中建立释意的描述，如何解决表述释意的边界问题？本课题在该方向的研究尚属探究式的尝试性研究，具有一定的开拓性。

12.2　语料库语言学学术观念

语料库语言学学家 John McHardy Sinclair（1933-2007）在其论文和著作中反复提出"信任文本"这一基本理念，并指出：

我们应该对文本告诉我们的东西持开放态度，而不应该把自己的想法强加给它；在没看到最初结果之前，我们应该只应用那些宽泛而灵活的框架，以使他们适应来自文本的信息；我们应该总是准备遭遇非同寻常的现象；我们应该承认我们的大部分语言行为是细微难察的，因此会发现诸多惊奇……

我们可以应用计算机来验证假设，了解那些我们未知的东西，甚至那些会动摇我们对现成模型的信念、使我们彻底修正自己想法的东西。由于上述一切我的请求是信任文本（Sinclair 2004：23）。

有学者把这个理念进一步阐述为语言研究中"最小假设"主张（卫乃兴等 2014：3），即在研究初始阶段尽量少做假设，并随时准备根据文本证据修改自己的理论。而语言实证研究的一条基本原则是"试错"（trial and error），即为回答某一研究问题，深入文本内部，发现新现象和新信息，进而确立描写和解释。近几十年，语料库语言学研究的一系列发现，愈来愈验证了"信任文本"这一思想的可靠性：（1）文本意义的主要单位是短语单位，而短语单位主要由"短语项"和"词项"构成；词项可分别从语法和词语进行描写；（2）短语在文本中具有局部型式，在具体的语境中使用，并承担局部功能；在此视角下，任何意义单位的识别和抽取都必然是局部的，很难建立一种超越所有文本类型的意义模型；（3）短语的意义在局部型式中发生移变，构成意义移变单位；意义移变单位不仅高度依赖语境，还对所在的文本敏感；（4）描述短语局部意义的适当路径是局部语法；（5）局部语法与一般语法相结合，能够最大限度描述语言的使用意义（Sinclair 2007）。

此外，有必要区分"语料库"与"文本"这两个概念。前者是不同文本的集合，而后者则可界定为一个完整的语篇或话语事件。在语料库描述中，我们观察到的是词语或某一语言特征的典型性或概率性，只有在文本中，我们才能真正观察到意义的局部性和移变性。如果在一般语料库意义分析中，我们依赖的是意义的互文性，而在完整文本的意义分析中，我们可能需要进一步去分析意义的内文性（李文中 2017）。

语言的实证研究与"信任文本"思想使我们在语言研究中最大限度发挥研究方法的有效性，尽可能避免过于宏大的理论构建，在研究实践中坚持描述与数据的一致性，以及解释与描述的有效性，避免过度概括和无效结论。由此，我们不应一味抱怨语料库研究缺乏系统的理论或深刻的解释。实际上，在语料库研究实践中，任何超越文本证据的解读都是应该尽量避免的。此外，在语言大数据研究中，我们不能仅仅满足于数字数据的统计和描述，任何面向语言使用和自然文本的研究最终必须回到文本，面对真正的语言文本，而不是停留在各种抽象的范畴和模型中，去进行无尽的演绎和推理。在语言实证研究视野中，越是宏大的理论假设，在面对真实自然的文本时，所遭遇的"奇异现象"也会越多，在"试错"中的错误风险也就越大。我们需要面临的问题是，是要理论适应文本数据，还是要数据适应理论？我们是否能保持开放的心态去看待各种复杂的"非同寻常的现象"。

至今为止，还未看到哪个研究从某种理论出发，再通过语料库寻找证据支持，结果却证伪其基于的理论。很难想象认知语言学者通过语料库研究，结果证明意义并不发生在人的大脑深处。语料库驱动的研究者也很难从研究中获得这样的发现，如意义不在文本中，必须超越文本到人的心智中去寻求意义。所以归根到底，还是一个对待语料库证据的态度问题：是让语料库适应理论，还是让理论适应语料库？

12.3　语料库研究与外语教学

语料库在外语教学中的应用至今仍是个概念产品，除了柯林斯词典及语法手册系列,很少见到直接应用语料库而产出的教材、课堂设计、活动材料等,说明从语言研究到教学应用,中间还存在诸多问题,这不仅仅是语料库研究的问题。但是,语料库研究的成果在自然语言处理中意义分析、机器翻译、大数据处理、以及人文社会科学各领域却前途广阔。

按照 Sinclair 的说法,我们不应该畏惧语料库告诉我们的东西,在教学中使用真实的语言材料。然而,语料库的描述成果需要进一步的教学加工,并且需要在教学实践中验证其学习效果。

12.4　中国文化的表述与译出

中国文化的译出是中国文化对外表述的重要途径之一。目前,中国作品的译出存在以下基本问题:(1)译什么?包括内容选择权、翻译内容的代表性,以及译品中目标价值、思想、人物、事件的形象塑造诸问题;(2)谁来译?包括译者身份、文化吸收与传播的话语权,以及文化对外表达取向、能力评价、可靠性等;(3)为谁译?包括按语言、地缘、国别、文化、及交际共同体划分的目标读者;(4)怎么译?包括翻译标准、策略及翻译评价。对以上问题的回答,并不像其表面所显示的那样简单直接,其答案本身也并非不言自明。译入(translating in),又称作母语翻译、正向翻译(direct translation),即把其他语言文本译向本族语(母语)的活动;译出(translating out),又称作外语翻译、逆向翻译(inverse translation),即从母语译向其他语言的活动。以往的翻译研究大多注重译入研究,并分别从译者身份及语言能力、语言的地道性以及翻译效果来要求、主张并评价翻译:

我认为应该是作为读者的你们去学习译入到自己的惯用语言,因为这是唯一能翻译得地道、准确并取得最好效果的途径(Newmark 1988:3)。

一个人能够积极使用外语中习语和固定表达的能力,很难与本族人相匹敌。对于什么时候用、怎么用习语,那些向外语译出的大多数译者不可能拥有本族人那种敏感度(Baker 1992/2011:68)。

第十二章 结语

即便是中国唐诗翻译,西方学者也对中国译者同样表示了不信任:

> 我们决不能把翻译留给中国人,因为毫无例外的是,翻译是译入,而不是译出,自己的语言(Graham 1965:37)。

这种观点立足于本族语言标准评价翻译,非常符合人们的直觉,却忽略了一个基本事实:在英语非本族使用者占四分之三的今天,我们的译出仅仅是为英语本族人服务吗?即便是英语本族人是我们的目标读者,语言的地道性也不是唯一的翻译评价标准。

国内也有学者从"理解"和"表达"的视角来说明译入和译出的难度(程镇球 1980:1),更有学者(王东风)从源语文化的吸引力、宿主文化的需求及自发性说明译者选择问题,或认为译出是一种错误的选择(杨乃乔、王东风、许均 & 封一函 2014:7)。近十几年来,国内外翻译界开始出现不同的声音,批评翻译评价过分注重文体,而忽略了诸如准确性、目标读者、经济价值、文学趋势,以及翻译在译者的职业地位问题(Venuti 1995/2008:2),认为"在文化层面上,选择'译入'还是'译出',起决定作用的不是语言的纯正或者修辞的高超,二是服从于更广泛的社会变革、文明再造的需要","'译出'可以从主体的角度,从大处着眼,完整第呈现本国或本民族的形象,或把他人不易觉察的本族的精华提供给国际社会"(潘文国 2004:42)。更有学者反思中国的汉外翻译彻底呈现出一种单向流动(Gu 2014:1),呈现出一种严重的'话语逆差',于中国翻译者而言,是中国文化对外表述话语权力缺失的不可承受之重。由此可见,译入或译出的选择,不仅是语言和翻译选择问题,更是关乎文化表达权力,以及文化传播、文明形象塑造的大问题。据国家版权局统计,2004 年中国引进各种出版物版权达 11746 种,而输出版权仅 1361 种,输入输出比达 8.63∶1,到 2014 年,该比率缩小至 1.62∶1。国家社科基金规划办公室自 2010 年建立"中华学术外译"项目,到 2015 年,共立项 286 项,资助总额 9231 万元,2022 年新立项已达 237 项。如此大规模的、有规划的译出活动,如果只依赖那些仅凭个人兴趣、注重表达个人学术或美学取向的目标语本族译者,等于拱手出让文化表达的话语权力,具有不可预知的风险。

  基于以上发展变化及分析，我们对译出及翻译评价的学术理据做如下陈述：(1) 任何真正意义上的交际交流都是双向的，都是通过意义的协商、谈判、竞争达到交流的目的；交流中的收获与贡献是相辅相成的；(2) 纯粹按照地域、国别、语言习得/学习顺序来评价翻译的走向正在逐渐失去其依据；(3) 翻译的多样性是维持翻译生态健康，消解语言霸权的重要保障；(4) 使用国际英语进行译出，乃至写出活动符合国家战略要求。在翻译评价中，根本不存在适应所有翻译活动的单一标准，那种把文学翻译标准应用于一切翻译的思想和实践也来越不适应当代翻译的专门化趋势。为此，本研究提出译出翻译评价动态模型，并根据原作者、文本、读者三个重要参数把翻译划分为立场取向翻译、体验取向翻译和信息取向翻译，并分别提出评价参数和指标。

12.4.1 立场取向翻译

  立场取向翻译即以源文本作者为焦点，着重准确传达原作者的意旨、态度、立场、价值观念；译者是隐身的，要求翻译最大限度地抑制译者的自由解读和个性，强调源文本意义和立场在传译过程中最低限度损耗，译文表述信息精确、无误差。在这种翻译活动中，语体的美感、目标语言的地道性和惯用性降到次要地位，对读者的关照也降到最低限度，对象文本如法律文书、政府文告、政治文献、外交协议等。立场取向翻译的译者主体是源文本语言的使用者，目标语译者作为辅助，典型的成例是《毛泽东选集》的英译。对此类翻译的评价聚焦原作意旨的传达，即一切以传达原作意旨为标准。

12.4.2 体验取向翻译

  体验取向翻译以译文和读者为焦点，着重使读者享受阅读体验及审美感受，以及目标语在声音、节奏、韵律、隐喻、联想、诗意及其他美学效果，强调译文优美性、娱乐性和吸引力；译者的作用最为显现和张扬，要求译语地道，符合目标语言的习惯特征，顺应目标语的文化生活、历史、意识形态的观念。其对象文本包括诗歌、小说、电影、电视剧、戏剧，以及其他艺术产品。对于此类文本，翻译的解读自由达到最大限度，甚至彻底颠覆原文本。译者主体为目标语本族人，其翻译活动为译入。适用的评价标准为接受性评价，主要特征是关照读者接受性体验。

12.4.3 信息取向翻译

信息取向翻译以原文文本为焦点，着重传达原文本的事实信息、数据和知识，要求翻译的准确性、对应性和无歧义性，强调术语翻译的高度一致性和可靠性。此类译文强调信息的传达，也是未来机器翻译大有可为的领域。对象文本如科技文本、学术著作及百科知识，适用的评价标准为基于原作信息的评价标准。

以此动态翻译评价模式，我们即可对中国文化的翻译活动进行评价：在识别对象文本的基础上，再施以相应的评价标准。用单一的语言标准评价所有的翻译活动既缺乏学术上的正当性，也难以产生积极的效应。

12.5 进一步研究路径

中国文化表述是一个很大的话题，我们的研究只是一个开始。

在进一步的研究中，需要深入探讨释意理论、局部语法与文本中文化表述的自动意义处理的融合，通过有限状态自动机（finite-state automata）实现整句意义处理；结合大数据深度学习技术和可视化手段，探索超大型语料库的文本处理和分析路径。

国际通用英语发展的结果之一，是英语成为国际上人文社会科学与自然科学话语的通用语言。各学术领域的学者们被鼓励，甚至越来越习惯使用英语写作，发表和分享自己最新的研究成果和思想观点。然而，任何一个术语创立与围绕该术语的理论表述无不与其语言、社会和文化交织在一起，构成一个完整的语言生态。"社会科学概念和用来表达这些概念的术语是由它们最初产生的语言塑造的，也是由这些语言的使用者的文化和历史经验塑造的"（Heim & Tymowski 2006：27）。Heim 和 Tymowski 呼吁社会科学学者不要放弃使用自己的语言写作。我们认为，无论在人文社会科学领域，还是在自然科学和工程技术领域，我们都不应忽视使用中文对新思想、新知识、新技术、新概念和新术语的原创性表达，并围绕这些新术语建立良好的语言和文化生态。尽管我们可以把英语作为中国文化国际表达的工具，使中国文化与英语对接起来，但是与中文表述与叙写相比，英语表述毕竟是辅助性的。在中国文化走出去战略中，中文的直接表述应占据主要地位。在语言大数据时代，语言本身就是一种非常重要的文化资源和战略资源，我们不能盲目追捧国际英文发表，而忽略中文对先进的人文思想和科技成果的承载力和表达力。

参考文献

Allen, C. 2006. *Local Grammar of Cause and Effect: A Corpus-driven Study*. (Unpublished PhD dissertation) [D], The University of Birmingham.

Allen, G. 2000. Intertextuality [M]. London and New York: Routledge.

Allinson, R. E. 1989a. On the Question of Relativism in the Chuang-tzu. *Philosophy East and West*, 39 (1), 13-26.

Allinson, R. E. 1989b. *Chuang-Tzu for spiritual transformation: An analysis of the inner chapters*. SUNY Press.

Allinson, R. E. 2007. Wittgenstein, Lao Tzu and Chuang Tzu: The Art of Circumlocution. *Asian Philosophy*, 17 (1), 97-108.

Alves, F. & Gonçalves, J. L. V. R.. 2003. 'A Relevance Theory Approach to Inferential Processes in Translation' [A], pp. 3-24. In Alves, F. (Ed.). *Translating Translation. Perspectives in Process-Oriented Research* [C]. Amsterdam and Philadelphia: John Benjamins.

Ames, R. T. 1983. Chuang-tzu: The Seven Inner Chapters and Other Writings from the Book Chuang-tzu. Translated by Graham A. C. (Book Review). *The Journal of Asian Studies*, 42 (3), 615-617.

Ames, R. T. (Ed.). 2016. *Wandering at Ease in the Zhuangzi*. SUNY Press.

Ames, R. T., & Hall, D. 2003. *A Philosophical Translation. Daodejing: "Making This Life Significant"* [M]. New York: Ballantine Books.

Ao, Y., & Steinvorth, U. 2017. Zhuangzi and Wittgenstein on the Self. *Journal of Daoist Studies*, 10, 1-14.

Backhouse, A. 1992. Connotation [A]. In W. Bright (ed.). *The*

International Encyclopedia of Linguistics（pp. 297-8）. New York: Oxford University Press.

Baker, M. (1992/2011). *In Other Words* (2nd ed.). New York: Routledge.

Baker, M., Francis, G., & Tognini-Bonelli, E. (Eds.). 1993. *Text and Technology: In Honour of John Sinclair* [C]. Philadelphia/Amsterdam: John Benjamins Publishing Company.

Baker, P., Hardie, A. & McEnery, T. 2006. *A Glossary of Corpus Linguistics* [M]. Edinburgh: Edinburgh University Press.

Balfour, F. H. 1881. *The Divine Classic of Nan-Hua: Being the Works of Chuang Tzu*. Shanghai & Hong Kong: Kelly & Walsh.

Barnbrook, G. 2002. *Defining Language: A Local Grammar of Definition Sentences* [M]. Amsterdam/Philadelphia: John Benjamins Publishing Company.

Barnbrook, G., & Sinclair, J. 2001. Specialised corpus, local and functional grammars [A]. In M. Ghadessy, A. Henry & R. L. Roseberry (Eds.), *Small Corpus Studies and ELT: Theory and practice* (pp. 237-278) [C]. Amsterdam/Philadelphia: John Benjamins Publishing Company.

Barnbrook, G., Mason, O., & Krishnamurthy, R. *2013. Collocation—Applications and Implications* [M]. Palgrave Macmillan.

Bassnet-McGuire, S. 1980. *Translation Studies* [M]. London and New York: Methuen.

Bassnett, S. (2014). *Translation*. London and New York: Routledge.

Bazell, C. E., Catford, J. C., Halliday, M. A. K., & Robins, R. H. (eds.). 1966. *In Memory of J. R. Firth* [C]. London: Longmans.

Bednarek, M. 2008. Semantic preference and semantic prosody re-examined [J]. *Corpus Linguistics and Linguistic Theory* 4 (2): 119-139.

Bell, R. 1991. *Translation and Translating: Theory and Practice* [M]. London and New York: Longman.

Bennett, P. 1994. The translation Unit in Human and Machine [J]. *Babel* 40 (1): 12-20.

Blank, D. L. 2006. Appolonius Dyscolous and Herodian [A]. In K. Brown (Ed.), *Encyclopedia of Language and Linguistics* (2nd Edition, pp. 327-329). Oxford: Elsevier.

Bolton, K. 2003. *Chinese Englishes —A Sociolinguistic History* [M]. Cambridge: Cambridge University Press.

Bowker, L. 2002. *Computer - Aided Translation Technology. A Practical Introduction* [M]. Ottawa: University of Ottawa Press.

Brooks, E. B. & Brooks, A. T. 1998. *The Original Analects: Sayings of Confucius and his Successors* [M]. New York: Columbia University Press.

Burik, S. 2009. *The End of Comparative Philosophy and the Task of Comparative Thinking: Heidegger, Derrida, and Daoism* [M]. Albany: State University of New York Press.

Bynner, W. 1944/1972. *Way of Life, According to Lau Tzu* (W. Bynner, Trans.) [M]. New York: Perigee/Penguin.

Canagarajah, S. 2006. Changing communicative needs, revised assessment objectives: Testing English as an international language [J]. *Language Assessment Quarterly*, 3 (3), 229-242.

Chalmers, J. 1868. *Tau Teh King —The Speculations on Metaphysics, Polity, and Morality, of " The Old Philosophers", Lau - Tsze* (J. Chalmers, Trans.) [M]. London: Trubner & Co.

Chan, A. 2017. "Laozi" [A]. In E. Zalta (ed.). *The Standford Encyclopedia of Philosophy (Spring* 2017 *Edition)* [C] [OL]. https://plato.standord.edu/archives/spr2017/entries/laozi/, accessed 03/03/2017

Charteris-Black, J. 2004. *Corpus Approach to Critical Metaphor Analysis* [M]. New York: Palgrave Macmillan.

Cheng, W., Greaves, C., & Warren, M. 2006. From n-gram to skipgram to concgram [J]. *International Journal of Corpus Linguistics* 11 (4), 411-433.

Clarke, C. 1873. *The Complete Concordance to Shakespeare: Being a verbal index to all the passages in the dramatic works of the poet (New and Revised*

Edition) [EB/OL]. Boston: Little, Brown and Company. Retrieved February 2, 2013 from http://www.archive.org/stream/completeconcorda02clar#page/n7/mode/2up

Cogo, A., & Dewey, M. 2012. *Analysing English as a lingua franca: A corpus -driven investigation* [M]. Continuum International Publishing Group.

Cook, G. 1992. *The Discourse of Advertising* [M]. London: Routledge.

Cook, S. (Ed.). 2003. *Graham the World in the World: uneven Discourses on the Zhuangzi*. SUNY Press.

Cowie, A. P. Introduction [A]. In A. P. Cowie. (ed.). 1998a. *Phraseology: Theory, Analysis and Application*, pp. 1–22 [C]. Oxford: Clarendon Press.

Cowie, A. P. 1998b. AS Hornby: A Centenary Tribute. In Euralex '98: proceedings I–II: papers submitted to *the Eighth EURALEX International Congress on Lexicography in Liège* (pp. 3–16).

Cowie, A. P. 2012. IJL: Dictionaries, language learning and phraseology [J]. *International Journal of Lexicography* 25 (4): 386–92.

Coyle, D. 1998. On the Zhenren. In Ames, Roger T. (ed.). *Wandering at ease in the Zhuangzi*. Albany, N.Y.: State University of New York Press, 197–210.

Croft, W. 1993. The Role of Domains in the Interpretation of Metaphors and Metonymies [J]. *Cognitive Linguistics* 4 (4): 335–70.

Dastjerdi, H. & A. Mohammadi. 2013. Revisiting "Retranslation Hypothesis": A comparative analysis of stylistic features in the Persian retranslations of *Pride and Prejudice* [J]. *Open Journal of Modern Linguistics*, (3): 174–181.

Deignan, A. 1996. Metaphorical polysemy and paradigmatic relations: A corpus study [J]. *Word* 50: 319–337.

Deignan, A. 2005. *Metaphor and Corpus Linguistics* [M]. Amsterdam: John Benjamins Publishing Company.

Eno, R. 1985. Experimental Essays on Chuang-tzu (Book Review). *The Journal of Asian Studies*, 44 (2), 379–380.

Firth, J. R. 1935/1957a. The technique of semantics [J]. *Transactions of the Philological Society*, 1935, 36–72. Reprinted in Firth, 1957a.

Firth, J. R. 1957a. *Papers in Linguistics* 1934–1951 [C]. Oxford: Oxford University Press.

Firth, J. R. 1957b. A synopsis of linguistic theory, 1930–55 [A]. In J. R. Firth, 1968, 168–205.

Firth, J. R. 1957c. Ethnographic Analysis and Language with Reference to Malinowski's Views [A]. In Firth, R. (ed.) *An Evaluation of the Work of Bronislaw Malinowski* [C], 93–118. London: Routledge & Kegan Paul.

Firth, J. R. 1968. *Selected papers of JR Firth*, 1952–59 [C]. Indiana University Press.

Gambier, Y. 1994. La Retraduction: Retour et détour [J]. *Meta*, (3): 413–417.

Gee, J. 1991. Socio-cultural approaches to literacy (literacies) [J]. *Annual review of applied linguistics*, (12): 31–48.

Genette, G. 1997. Paratexts: Thresholds of interpretation. Cambridge University Press.

Goulding, J. 2009. Höchsmann, Hyun and Yang Guorong, Zhuangzi (Book Review). *Dao*, 8 (2), 217–220.

Goyvaerts, J. 2015. *PowerGrep* 4.6.5 [CP]. Phuket: Just Great Software Co. Ltd.

Grady, J. E. 1997. 'A Typology of Motivation for Conceptual Metaphor: Correlation vs Resemblance' [A]. // *Metaphor and Cognitive Linguistics: Selected Papers from the Fifth International Cognitive Linguistics Conference*. Amsterdam/Philadelphia: John Benjamins.

Graham, A. C. 1965. *Poems of Late T'ang* [M]. Baltimore: Penguin Books.

Graham, A. C. 1969a. Chuang-Tzu's essay on seeing things as equal. *History of Religions*, 9 (2/3), 137–159.

Graham, A. C. 1969b. Watson Burton (tr.): The complete works of Chuang Tzu (Book Review). *Bulletin of the School of Oriental and African Studies*,

32（2），424-426.

Graham, A. C. 1991. Two notes on the translation of Taoist classics. In R. T. Ames（Ed.）. *Interpreting Culture through Translation*：*A Festschrift for DC Lau*. Chinese University Press, 119-130.

Granger, S., & Meunier, F. 2008. Introduction：The many faces of phraseology［A］. In S. Granger & F. Meunier（Eds.）, *Phraseology*：*An interdisciplinary perspecitve*（pp. xix - xxviii）［C］. Amsterdam/Philadelphia：John Benjamins Publishing Company.

Gross, M. 1993. Local Grammars and their Representation by Finite Automata［A］. In M. Hoey（Ed.）, *Data, Description, Discourse*：*Papers on the English Language in honour of John McH. Sinclair*（pp. 26-38）［C］. London：Harper-Collins.

Gross, M. 1997. The Construction of Local Grammars［A］. In E. Roche & Y. Schabes（Eds.）, *Finite State Language Processing*（pp. 329-352）［C］. Cambridge：The MIT Press.

Gu, M. D., & Schulte, R.（Eds.）.（2014）. *Translating China for Western Readers*. New York：Suny Press.

Gürçaġlar, Ş. 2009 'Retranslation'［A］. In M. Baker & G. Saldanha（eds.）. *Routledge Encyclopedia of Translation Studies*（2nd ed.）［C］. London and New York：Routledge.

Hahn, R. 1981. Being and Non-Being in Rig Veda X, in The Writings of The Lao-Tzu and Chuang-Tzu, and In The "Later" Plato. *Journal of Chinese Philosophy*, 8（2）, 119-142.

Hall, D. 1984. Nietzsche and Chuang Tzu：resources for the transcendence of culture. *Journal of Chinese Philosophy*, 11（2）, 139-152.

Halliday, M. A. K. 1966. Lexis as a Linguistic Level［A］. In C. E. Bazell et al.（eds.）, 1966, 148-162.

Halliday, M. A. K., & Hasan, R. 1976. *Cohesion in English*［M］. London：Longman.

Hanks, P. 2013. *Lexical Analysis*：*Norms and Exploitations*［M］. London：

The MIT Press.

Harris, Z. 1989. Reducing texts to formulas [A]. In Z. Harris, M. Gottfried, T. Ryckman, J. Paul Mattick, A. Daladier, T. N. Harris & S. Harris (Eds.). *The Form of Information in Science: Analysis of an Immunology Sublanguage* (pp. 1–24) [M]. Dordrecht: Kluwer Academic Publishers.

Heim, M. H., & Tymowski, A. W. 2006. *Guidelines for the Translation of social Science Texts* [M]. New York: American Council of Learned Societies.

Herman, J. R. 2000. Wandering at Ease in the Zhuangzi (Book Review). *Journal of the American Academy of Religion*, 68 (2): 383.

Höchsmann, H. & Yang Guorong. 2007. *Zhuangzi*. New York: Pearson Education.

Hornby, A. S. 1935. Second Interim Report on English Collocations [R]. Report submitted to *the Tenth Annual Conference on English Teaching*, Tokyo.

Huang, H. & Wu, C. 2009. The Unit of Translation: Statistics Speak [J]. *Meta* 54 (1): 110–30.

Hunston, S. 2009. Revisiting semanitic prosody [A]. In R. Moon (ed.). *Words, Grammar, Text: Revisiting the Work of John Sinclair* [C]. Amsterdam: John Benjamins Publishing Company.

Hunston, S., & Sinclair, J. 2000. A Local Grammar of Evaluation [A]. In S. Hunston & G. Thompson (Eds.), *Evaluation in Text: Authorial Stance and the Construction of Discourse* (pp. 75–101) [C]. Oxford: Oxford University Press.

Jenkins, J. 2003. *World Englishes: A resource book for students* [M]. London: Routledge.

Jenkins, J. 2006. Current perspectives on teaching World Englishes and English as a Lingua Franca [J]. *TESOL Quarterly*, 40 (1), 157–81.

Jenkins, J. 2012. English as a Lingua Franca from the classroom to the classroom [J]. *ELT Journal*, 66 (4): 486–494.

Jespersen, O. 1894. *Progress in Language —With Special Reference to English* [M]．London：Swan Sonnenschein & Co..

Jespersen, O. 1904. *How to Teach a Foreign Language* [M]．Translated from the Danish original by Sohia Yhlen-Olsen Bertelsen. London：George Allen & Unwin Ltd..

Jespersen, O. 1905. *Growth and Structure of the English Language* [M]．Leipzig：B. G. Teubner (2nd Edition Revised, 1912).

Jespersen, O. 1917. *Negation in English and Other Languages* [M]．KØbenhavn：Andr. Fred. HØst & Son, KGL. Hof-Boghandel.

Jespersen, O. 1922. *Language：Its Nature, Development and Origin* [M]．London：George Allen & Unwin Ltd..

Jespersen, O. 1924. *The Philosophy of Grammar* [M]．London：George Allen & Unwin Ltd..

Jespersen, O. 1933a. Congratulatory Message [A] //Jespersen, O. *Selected Writings of Otto Jespersen* [C]．London：George Allen & Unwin Ltd (1st Edition); republished as the Revival Edition by Routledge, 2010.

Jespersen, O. 1933b. Essentials of English Grammar [M]．London：George Allen & Unwin Ltd (1st Edition); republished by Routledge, 2006.

Jespersen, O. 1937. *Analytic Syntax* [M]．Chicago：The University of Chicago Press.

Jespersen, O. 1904-1949. *A Modern English Grammar on Historical Principles* [M]．Copenhagen：Einar Munksgaard; London：George Allen & Unwin Ltd..

Kachru, B. B. 1985. Standards, codification and sociolinguistic realism：the English language in the outer circle [C]．In R. Quirk & H. G. Widdowson (Eds). *English in the world：Teaching and learning the language and literatures*. Cambridge：Cambridge University Press.

Kinnes, T. 1995. *Tao Te Ching* [OL] [M]．http：//oaks. nvg. org/kilda. html, accessed 08/03/2017.

Knaul, L. 1986. Chuang-tzu and the Chinese Ancestry of Chan Buddhism.

Journal of Chinese philosophy, 13 (411), 28.

Kovala, U. 1996. Translations, paratextual mediation, and ideological closure. Target, 8 (1), 119-147.

Kövecses, Z. 2010. *Metaphor: A practical introduction* (2nd ed.) [M]. Oxford: Oxford University Press.

Kramsch, C. 1998. *Language and culture* [M]. Oxford: Oxford University Press.

Kwok, S. H. 2016. Zhuangzi's philosophy of thing. *Asian Philosophy*, 26 (4), 294-310.

Laporte, É. 2007. In memoriam Maurice Gross. [EO] Retrieved April 7, 2017, from http://stanford.edu/class/linguist289/inMemoriamMauriceGross.pdf.

Lakoff, G. & Johnson, M. *Metaphors we live by* [M]. London: The University of Chicago Press, 1980.

Lakoff, G. 1991. The Metaphor System Used to Justify War in the Gulf [J]. *Journal of Urban and Cultural Studies* 2 (1): 59-72.

Lakoff, G. 1993. 'The Contemporary Theory of Metaphor' [A]. // A. Ortony (ed.), *Metaphor and Thought*, (2nd ed.). Cambridge: CUP.

Lakoff, G. 1999. *Philosophy in the Flesh: Embodied Mind and its Challenge to Western Thought* [M]. New York: Basic Books.

Langendoen, D. T. 1969. Reviewed work: In memory of J. R. Firth [J]. *Foundations of Language* (3): 391-408.

Leech, G. 1974. *Semantics* [M]. Harmondsworth: Penguin.

Legge, J. 1891. The Texts of Taoism (J. Legge, Trans.) [A]. In F. Müller (ed.). *Sacred Books of the East* (Vol. xxxix) [C]. Oxford: The Clarendon Press.

Léon, J. 2005. Claimed and unclaimed sources of corpus linguistics [J]. Henry Sweet Society Bulletin, 44: 36-50.

Louw, W. 1993. Irony in the text or insincerity in the writer? The diagnostic potential of semantic prosodies [A]. In M. Baker, G. Francis & E. Tognini-Bonelli (eds.). *Text and Technology: In Honour of John Sinclair*

[C]. Amsterdam: John Benjamins Publishing Company.

Louw, W. E. 2000. Contextual Prosodic Theory: Bringing Semantic Prosodies to Life [A]. In C. Heffer, H. Sauntson, & G. Fox (Eds.), *Words in Context: A Tribute to JohnSinclair on His Retirement* (pp. 48-94) [C]. Birmingham: ELR. Retrieved from www.revue-texto.net/index.php?id=124.

Luhn, H. P. 1960. Key word-in-context index for technical literature (kwic index) [J]. *American Documentation*, 11 (4): 288-295.

Levinovitz, A. 2012. The Zhuangzi and You 遊: Defining an Ideal Without Contradiction. *Dao*, 1-18.

Lyons, J. 1977. *Semantics* (2 vols) [M]. Cambridge: Cambridge University Press.

Mair, V. H. 1983. *Experimental essays on Chuang-tzu*. University of Hawaii Press.

Mair, V. H. 1994. *Wandering on the Way: Early Taoist Tales and Parables of Chuang Tzu*. Bantam Books.

Malinowski, B. 1935. *Coral Gardens and Their Magic - Volume Two: The Language of Magic and Gardening* [M]. London: George Allen & Unwin Ltd.

Malmkjaer, K. 1998. 'Unit of Translation', in Baker, M. (Ed.). *The Routledge Encyclopedia of Translation Studies* [C]. pp. 286-8. London and New York: Routledge.

McGee, I. 2012. Should We Teach Semantic Prosody Awareness? [J]. *RELC Journal: A Journal of Language Teaching and Research* 43 (2): 169-186.

McKay, S. L. 2002. *Teaching English as an international language: Rethinking goals and approaches* [M]. Oxford: Oxford UP.

Milojkovic, M. 2013. Is corpus stylistics bent on self-improvement? The role of reference corpora 20 years after the advent of semantic prosody [J]. *Journal of Literary Semantics* 42 (1): 59-78.

Möller, H. G. 2000. Zhuangzi's Fishnet Allegory: A Text-Critical Analysis. *Journal of Chinese philosophy*, 27 (4), 489-502.

Möller, H. G. 2006. *The Philosophy of the Daodejing* [M]. New York: Columbia University Press.

Möller, H. G. 2016. Zhuangzi: Thinking Through the Inner Chapters by Wang Bo (Book Review). *Philosophy East and West*, 66 (3), 1040-1043.

Möller, H. G. 2017. Hundun's Mistake: Satire and Sanity in the Zhuangzi. *Philosophy East and West*, 67 (3), 783-800.

Møllgaard, E. J. 2014. Zhuangzi's Word, Heidegger's Word, and the Confucian Word. *Journal of Chinese Philosophy*, 41 (3-4), 454-469.

Morley, J., & Partington, A. 2009. A few frequently asked questions about semantic-or evaluative-prosody [J]. *International Journal of Corpus Linguistics* 14 (2): 139-158.

Newmark, P. 1988. *A Textbook of Translation*. New York: Longman.

Niranjana, T. 1992. Siting translation: History, post-structuralism, and the colonial context. Univ of California Press.

Norton, B. 1997. Language, identity, and the ownership of English [J]. *Tesol Quarterly*, 31 (3): 409-429.

Oster, U. 2010. Using corpus methodology for semantic and pragmatic analyses: What can corpora tell us about the linguistic expression of emotions? [J]. *Cognitive Linguistics* 21 (4): 727-763.

Owens, W. D. 1990. Radical Concrete Particularity: Heidegger, Lao Tzu, and Chuang Tzu. *Journal of Chinese philosophy*, 17 (2), 235-255.

Pellatt, V. (Ed.). 2014. Text, Extratext, Metatext and Paratext. In: Translation. Cambridge Scholars Publishing.

Paloposki, O. & K. Koskinen. 2004. A thousand and one translations: Revisiting retranslation [A]. In G. Hansen, K. Malmkjær & D. Gile (eds.). *Claims, Changes and Challenges in Translation Studies* [C]. Amsterdam/Philadelphia: John Benjamins Publishing Company.

Partington, A. 1998. *Patterns and Meanings* [M]. Amsterdam: John

Benjamins Publishing Company.

Partington, A. 2004. Utterly content in each other's company: semantic prosody and semantic preference [J]. *International Journal of Corpus Linguistics* 9 (1): 131–156.

Pawley, A. and F. Syder. 1983. Two puzzles for linguistic theory: Nativelike selection and nativelike fluency [A] in J. Richards and R. Schmidt (eds). *Language and Communication*. London: Longman [C] pp. 191–225.

Pawley, A. 2007. Developments in the study of formulaic language since 1970: A personal view [A]. In P. Skandera. (ed.). *Phraseology and Culture*, pp. 3–48, [C]. Berlin/New York: Mouton de Gruyter.

Pennycook, A. 1994. *The Cultural Politics of English as an International Language* [M]. Harlow, Essex, UK: Longman Group Limited.

Pennycook, A. 2001. *Critical applied linguistics: A critical introduction* [M]. London & New York: Routledge.

Pennycook, A. 2012. *Language and Mobility: Unexpected Places* [M]. Multilingual Matters.

Phillipson, R. 1996. Linguistic imperialism: African perspectives. *ELT journal* [J], 50 (2): 160–167.

Plett, H. F. 1991. "Intertextualities" [A]. // Plett, H. F. (ed.). Intertextuality [C] (pp. 3–29). Berlin and New York: Walter de Gruyter.

Plug, L. J. R. 2008. Firth: A New Biography [J]. *Transactions of the Philological Society* 106 (3): 337–374.

Plus, D. 2010. Mountains and Valleys: A short essay [OL]. [2014-05-05] http://conflicttopeace.com/images/Mountains_ and_ Valleys_ -_ A_ Short_ Essay.pdf

Quirk, R. 1982. International communication and the concept of Nuclear English [C]. In C. Brumfit (Ed.), *English for international communication* (pp. 15–28). Oxford: Pergamon.

Renouf, A., & Sinclair, J. M. 1991. Collocational Frameworks in English

[A]. In K. Aijmer & B. Altenberg (Eds.), *English Corpus Linguistics: Studies in Honour of Jan Svartvik* (pp. 128–143) [C]. London: Longman.

Robins, R. H. 1967. *A Short History of Linguistics* [M]. London: Longman.

Saussure, F. de. 1966. *Course in General Linguistics* [M] (W. Baskin, Trans. C. Bally, A. Sechehaye & A. Riedlinger Eds.). New York: McGraw-Hill.

Scott, M. 2023/1996. *Wordsmith Tools* [CP]. Oxford: Oxford University Press.

Seidlhofer, B. 2004. Research perspectives on teaching English as a lingua franca [J]. *Annual Review of Applied Linguistics*, (24), 209–39.

Seidlhofer, B. 2001. Closing a conceptual gap: the case for a description of English as a lingua franca [J]. *International Journal Of Applied Linguistics*, 11 (2).

Seidlhofer, B. 2007. Comment [J]. *World Englishes*, 26 (1).

Seidlhofer, B. 2009. Common ground and different realities: world Englishes and English as a lingua franca [J]. *World Englishes*, 28 (2).

Seidlhofer, B. 2011. *Understanding English as a Lingua Franca* [M]. Oxford: OUP.

Sinclair, J. M. 1966. Beginning the study of lexis [A]. In C. E. Bazell, J. C. Catford, M. A. K. Halliday & R. H. Robins (Eds.), *In Memory of J. R. Firth* (pp. 410–430) [C]. London: Longmans.

Sinclair, J., Jones, S. and Daley, R. 1970. *The OSTI Report* [R]. Reprinted asSinclair et al. 2004.

Sinclair, J. M. 1987. *Looking Up* [M]. London: Collins.

Sinclair, J., Jones, S. and Daley, R. 2004. *English Collocation Studies: The OSTI Report* [M]. Krishnamurthy, R. (Ed.). London: Continuum.

Sinclair, J. McH. 1991. *Corpus, Concordance, Collocation* [M]. Oxford: OUP.

Sinclair, J. 1996. The search for units of meaning [A]. In M. Barbaresi &

J. Sinclair (eds.). *TEXTUS* (Vol. 1) [C]. Genoa: Tilgher.

Sinclair, J. McH. 2000. *Lexical Grammar* [J]. Darbai ir Dienos (24), 191-203.

Sinclair, J. McH. 2001. Book review of LGSWE [J]. *International Journal of Corpus Linguistics* 6 (2): 339-359.

Sinclair, J. M. 2003. *Reading Concordances: An Introduction* [M]. London: Pearson Education Limited.

Sinclair, J. McH. 2004a. *Trust the Text: Language, Corpus and Discourse* [M]. London and New York: Routledge.

Sinclair, J. McH. 2004b. New evidence, new priorities, new attitudes [A]. In J. McH. Sinclair. (ed.). *How to Use Corpora in Language Teaching* [C], pp. 271-299. Amsterdam: John Benjamins Publishing Company.

Sinclair, J. M. 2004c. Language and computing, past and present [A]. In K. Ahmad & M. Rogers (Eds.), *New Directions in LSP Studies. Proceedings of the 14th European Symposium on Language for Special Purposes: Communication, Culture, Knowledge* (pp. 1-12) [C]. Guildford: University of Surrey.

Sinclair, J. M. 2008a. The phrase, the whole phrase, and nothing but the phrase [A]. In S. Granger & F. Meunier (Eds.), *Phraseology: An interdisciplinary perspective* (pp. 407-410) [C]. Amsterdam/Philadelphia: John Benjamins Publishing Company.

Sinclair, J. M. 2008b. Preface [A]. In S. Granger & F. Meunier (Eds.), *Phraseology: An interdisciplinary perspective* (pp. xv-xviii) [C]. Amsterdam/Philadelphia: John Benjamins Publishing Company.

Sinclair, J. M. 2008c. Borrowed ideas [A]. In A. Gerbig & O. Mason (eds.). *Language, People, Numbers* (pp. 21-41) [C]. Amsterdam: Rodopi.

Sinclair, J. M. 2010. Defining the Definiendom [A]. In G. -M. d. Schryver (Ed.), *A Way with Words* (pp. 37-48) [C]. Uganda: Menha Publishers Ltd.

Slingerland, E. (trans.). 2003. *Confucius Analects* [M]. Inidanapolis/

Cambridge：Hackett publishing Company，Inc.

Smith, K. A. , & Nordquist, D. 2012. A critical and historical investigation into semantic prosody [J]. *Journal of Historical Pragmatics* 13 (2)：291-312.

Smith, L. 1976. English as an International Auxiliary Language [J]. *RELC Journal*, 7 (2)：38-42.

Smith, L. (Ed.). 1983. *Readings in English as an International Language* [C]. Oxford：Pergamon.

Stefanowitsch, A. & Gries, S. Th. 2003. Collostructions：Investigating the interaction of words and constructions [J]. *International Journal of Corpus Linguistics* 8 (2)：209-43.

Stewart, D. 2010. *Semantic Prosody：A Critical Evaluation* [M]. New York/London：Routledge.

Stubbs, M. 1993. British Traditions in Text Analysis—From Firth toSinclair [A]. In *Text and Technology：In Honour of John Sinclair* (pp. 1-36). Philadelphia/Amsterdam：John Benjamins Publishing.

Stubbs, M. 2001. *Words and Phrases* [M]. Oxford：Blackwell Publishers Inc.

Stubbs, M. 2013. Sequence and order. The Neo-Firthian tradition of corpus semantics [A]. In H. Hasselgård, J. Ebeling, & S. Oksefjell Ebeling (eds.). *Corpus Perspectives on Patterns of Lexis* (pp. 13-33) [C]. Amsterdam：Benjamins Publishing Company.

Susam-Sarajeva, Ş. 2003. Multiple-entry visa to travelling theory：Retranslations of literary and cultural theories [J]. *Target*, (1)：1-36.

Tahir-Gürçaġlar, Şehnaz. 2002. What Texts Don't Tell：The Use of Paratexts in Translation Research, In Hermans, Theo (ed.) Crosscultural Transgressions. Manchester：St. Jerome Publishing, 44-60.

Teubert, W. 2004. Lecture：Translation Unit [R]. 新乡：河南师范大学.

Teubert, W. 2005. My version of corpus linguistics [J]. *International Journal of Corpus Linguistics* 10 (1)：1-14.

Teubert, W. 2010. *Meaning, Discourse and Society* [M]. Cambridge：

Cambridge University Press.

Philipson, R. 1992. *Linguistic Imperialism* [M]. Oxford: OUP.

Van Norden, B. W. 2005. Hiding the World in the World: Uneven Discourses on the Zhuangzi (Book Review). *China Review International*, 12 (1), 1–14.

Venuti, L. 1995/2008. *The Translator's Invisibility* (2nd ed.): Routledge.

Wagner, R. 2000. *The Craft of a Chinese Commentator: Wang Bi on the Laozi* [M]. New York: State University of New York Press.

Wagner, R. G. 2003. A Chinese Reading of the Daodejing [M]. New York: State University of New York Press.

Watson, B. 1968. *The Complete Works of Chuang Tzu*. New York: Columbia University Press.

Watson, B. 1993. Robert E. Allinson, Chuang-Tzu for Spiritual Transformation: An Analysis of the Inner Chapters (Book Review). *Journal of Chinese Philosophy*, 20 (1), 101–103.

Wei, N. & X. Li. 2014. Exploring semantic preference and semantic prosody across English and Chinese: Their roles for cross–linguistic equivalence [J]. *Corpus Linguistics and Linguistic Theory*, (1): 103–138.

Whitney, W. D. 1875. *The Life and Growth of Language* [M]. London: Henry S. King & Co., London.

Widdowson, H. G. 1994. The Ownership of English [J]. *TESOL Quarterly*, 28 (2), 377–389.

Whitsitt, S. 2005. A critique of the concept of semantic prosody. *International Journal of Corpus Linguistics* 10 (3): 283–305.

Wittgenstein, L. 1953. *Philosophical Investigations* [M]. Cambridge: Wiley-Blackwell.

Wittgenstein, L. 1967. Philosophical Investigation (G. E. M. Anscombe, Trans. 3rd ed.). Oxford: Basil Blackwell.

Wu, K. M. 1986. Dream in Nietzsche and Chuang Tzu. *Journal of Chinese philosophy*, 13 (4), 371–382.

Xiao, R., & McEnery, T. 2006. Collocation, Semantic Prosody, and Near

Synonymy：A Cross‑Linguistic Perspective. *Applied Linguistics 27* （1）：103-129.

Yang，H. 1986. A New Technique for Identifying Scientific/Technical Terms and Describing Science Texts.［J］. *Literary and Linguistic Computing*，1（2），93-103.

Zhu，C. 1999. UT Once More：The Sentence as the Key Functional Unit of Translation［J］. *Meta* 44（3）：429-47.

Zhu，C. 2005. Accountability in Translation Within and Beyond the Sentence as the Key Functional UT：Three Case Studies［J］. *Meta* 50（1）：312-35.

安蕴贞．2008．英语世界的庄学研究．北京师范大学．

安蕴贞．2011．西方庄学研究述评．河北学刊，31（4），238-241．

安蕴贞．2012．西方庄学研究．中国社会科学出版社．

包兆会．2004．英语世界庄学研究回顾与反思．文艺理论研究（1），76-86．

毕于洁．1987．试论索引的类型［J］，图书馆学研究，（6）：100-102．

边永卫，& 高一虹．2006．英语学习自传性文本中的自我认同建构［J］．外国语言文学，（1）：34-39．

蔡廷干．1922．老解老，民国十一年壬戌八月．

陈鼓应．2009．老子注释及评介（修订增补本，2013年3月重印）［M］．北京：中华书局．

陈鼓应．2009．庄子今注今译．北京：中华书局．

陈建中．1998．卮言日出，和以天倪——评汪榕培教授英译《庄子》．外语与外语教学（11），40-43．

陈绍熙．2015．冯友兰《庄子》英译本中重要观念的意义源流辨析——以"逍遥"、"去知"、"道"的翻译与阐释为例．北京外国语大学．

邓联合，徐强．2014．英美汉学界中《庄子》之"浑沌"涵义四解．福建论坛（人文社会科学版）（8），82-86．

丁巍．2007．由《老学典籍考》到《二千五百年来世界老学文献书目数据库》［R］．第二届地方文献国际学术研讨会．北京：2007年10月．

http：//www.hnass.com.cn/plus/view.php？aid=1801, 2007.

杜争鸣．1998．中国英语问题及其它［J］．外语教学，(3)：6-14.

杜瑞清，姜亚军．2001．近二十年中国英语研究述评［J］．外语教学与研究，(1)．

傅杰青．1984．复译恩格斯《自然辩证法》一书的必要性［J］．江西社会科学，(1)：85-89.

高超．2006．世界英语理论与中国英语研究综述［J］．国外外语教学，(4) 59.

高存．2016a．国内复译理论研究评述［J］．外国语，(4)：94-103.

高存．2016b．西方复译研究述评［J］．外国语文，(4)：116-121.

耿强．2016．翻译中的副文本及研究：理论、方法、议题与批评．外国语（上海外国语大学学报）(5)，104-112.

高海波．2015．《老子》"道可道"的一种新的可能诠释［J］．中国哲学史 (3)：56-68.

高明．1996．帛书老子校注［M］．北京：中华书局．

葛传椝．1980．漫谈由汉译英问题［J］．翻译通讯，(1)：91-92.

辜正坤．2014．庄子哲学英译研究新发展与翻译标准多元互补论——序姜莉博士《〈庄子〉英译：审美意象的译者接受研究》．中国翻译 (1)，63-66.

顾钧．2012．华兹生的《庄子》英译．中华读书报．2012/8/第17版．

顾毅，杨春香．2012．《庄子》内篇中文化因素翻译探析．天津外国语大学学报 (6)，54-58.

郭晨．2015．《庄子》内篇寓言故事在英语世界的翻译与阐释．北京外国语大学．

郭世铭．1999．老子究竟说什么［M］．北京：华文出版社．

河上公注．2015．《老子道德经》．明嘉靖顾氏德堂刻本［OL］．2015年12月1日从http：//shuge.org下载．

何铁山，卫兵．2013．"道可道，非常道"别解［J］．北京师范大学学报 (6)：78-87.

何晏（魏）．《论语注疏》［DB/OL］，2017年7月12日检索自http：//

ctext. org/lunyu-zhushu.

何颖．2010．英语世界的《庄子》研究．四川大学．

洪业．1932．引得说［J］，北京：引得编纂处．

胡显耀，曾佳．2010．翻译小说"被"字句的频率、结构及语义韵研究［J］．外国语（3）：73-79.

黄恩祝．1982．"堪靠灯"与"串珠"小考［J］．图书馆杂志（1）：60.

黄恩祝．1985．"堪靠灯"小识［J］．图书馆研究（3）：97-98.

黄中习．2010．典籍英译标准的整体论研究．华东师范大学出版社．

金惠康．2004．中国英语［M］．北京：外语教学与研究出版社．

姜莉．2009．《齐物论》英译之"名"与"实"——兼谈典籍英译中译者的任务．南昌大学学报（人文社会科学版），（03），155-160.

姜莉．2010．冯友兰英译《庄子》之义理源流——以《逍遥游》为例．内蒙古民族大学学报（社会科学版），36（1），108-112.

姜莉．2012．经典诠释：重构还是解构？——评葛瑞汉的《庄子》英译本．比较文学与世界文学（2）．

姜莉．2017．译介的文化选择与思想典籍的世界价值——《庄子》英译者任博克教授访谈录．中国翻译，38（5），62-66.

姜莉．2014．《庄子》英译：审美意象的译者接受研究．北京师范大学出版社．

敬恩．1980．按原文校订马恩经典著作时应注意的两个问题—再读成仿吾同志新译《共产党宣言》［J］．外国语，（6）：33-37.

李少华．2006．英语全球化与本土化视野中的中国英语［M］．银川：宁夏人民出版社．

李文中．1993．中国英语与中国式英语［J］．外语教学与研究，4（1）．

李文中．1999．*An Analysis of the Lexical Words & Word Combinations in the College Learner English Corpus*［D］．PhD Thesis. Shanghai：Shanghai Jiao Tong University.

李文中．2003．基于英语学习者语料库的主题词研究［J］．现代外语，（3）：283-293.

李文中．2010a．语料库语言学的研究视野［J］，解放军外国语学院学报

33（2）：37-40.

李文中．2010b. 平行语料库设计及对应单位分析［J］．当代外语研究（9）：22-27.

李文中．2015a. 李文中谈基于语料库的文化表述研究［J］．语料库语言学 2（1）：1：11.

李文中．2015b.《道德经》的核心概念及隐喻的英语表述分析［J］．解放军外国语学院学报，（5）：108-116.

李文中．2016 '新弗斯语料库语言学'考辩．外国语 39（2）：38-46.

李文中．2017. 老子"道可道"的内文解读与验证．语料库与跨文化研究．

李文中．2017. 内文视角下典籍重译的共性与个性．外语与外语教学，(6)：1-11.

李文中．2018. 短语理论框架综论［J］．外语教学与研究 49-59.

梁玲华．2004.《北堂书钞》初探［D］．硕士论文．成都：四川大学．

梁茂成，李文中 & 许家金．语料库应用教程［M］．北京：外语教学与研究出版社，2006.

梁茂成．2012. *SemSearch*［CP］．北京：中国外语教育研究中心．

廖德明．2010. 阐释有逻辑方法吗？——以"道可道非常道"的阐释为例［J］．太原师范学院学报（社会科学版）9（3）：22-24.

刘兴隆，张晓华．1998.《老子引得．老子校注》［M］．西安：三秦出版社．

刘妍．2011. 梅维恒及其英译《庄子》研究．当代外语研究（9），42-47.

刘妍．2012. 文化与语言的跨界之旅：《庄子》英译研究．上海交通大学．

刘妍．2015. 倾听译者的心声：《庄子》英译本序跋研究．外语学刊（3），96-100.

楼适夷．1979.《太平之筏》复译记［J］．外国语（1），109-111.

鲁迅．1934. "论复译"花边文学［OL］．http：//www.ziyexing.com/luxun/luxun_zw_hbwx/luxun_zw_hbwx_31.htm, accessed 08/03/2017.

鲁迅．1935. "非有复译不可"且介亭杂文二集［OL］．http：//

www.ziyexing.com/luxun/qiejieting2/ luxun _ zw _ qjtzw2 _ 10. htm, accessed 08/03/2017.

鲁迅．1973．汉文学史纲要．人民出版社，364.

陆振慧．2013．论注释在典籍英译中的作用——兼评理雅各《尚书》译本．扬州大学学报（人文社会科学版）（6），55-61.

罗炼．2012．巴尔福《庄子》英译本中的人名翻译探析．华西语文学刊（2），111-119.

罗志野．1998．读《庄子》新译．外语与外语教学（8），48-49.

南怀瑾．2016．论语别裁［M］，上海：复旦大学出版社．

（唐）欧阳询等编．1982.《艺文类聚》［M］．上海：上海古籍出版社．

潘树广．1982．索引旧话［J］．读书（6）：134-137.

潘文国．2010．"道可道，非常道"新解—关于治学方法论的思考［J］．中国外语 7（2）：80-92.

潘文国．2004．译入与译出-谈中国译者从事汉籍英译的意义［J］．中国翻译 25（2）：40-43.

庞双子．2014．中文翻译文学（1920-1940）中的类联接结构之考察［J］．外语与外语教学，(4)：8-14.

彭姗姗．2005．瞻之在前，忽焉在后：英语世界中作为哲学家的庄子．中国哲学史（03），56-66.

秦洪武 王克非．2013．复译评估的语料库方法：Robinson Crusoe 的两个中译本［J］．燕山大学学报（哲学社会科学版），(4)：39-44.

任继泽．2016."物化"与 metempsychosis——论翟理斯对"庄周梦蝶"的误读．东方翻译（1），51-54.

阮玉慧, & 戴俊霞．2015.《庄子》在英语世界里的文本形态．安徽工业大学学报（社会科学版），32（4），75-77.

孙敬敬．2013．文化翻译观下理雅各《庄子·内篇》英译本研究．上海师范大学．

田传茂．2014．国外复译理论研究的新进展［J］．解放军外国语学院学报，(3)：102-110.

（魏）王弼注，楼宇烈校释．老子道德经注校释［M］．北京：中华书局，

2008 年 12 月．

瓦格纳．2008．王弼《老子注》研究（杨立华译）[M]．南京：江苏人民出版社．

杨乃乔 王东风 许均 封一函．2014．翻译的立场与翻译的策略-大卫．霍克思及《红楼梦》翻译四人谈．汉语言文学研究（1）：4-12.

王弼注《老子》[EB/OL]．2012 年 3 月 12 日检索：http：//www.wenhuacn.com/zhexue/daojiao/dianji/laozizhu/．

汪榕培．1991．中国英语是客观存在[J]．解放军外国语学院学报（1）．

汪榕培．1995.《庄子》十译本选评．外语教学与研究（4），59-63.

汪榕培．1997a．契合之路程：庄子和《庄子》的英译本（上）．外语与外语教学（5），43-46.

汪榕培．1997b．契合之路程：庄子和《庄子》的英译本（下）．外语与外语教学（6），38-41.

汪榕培．2013．中国典籍英译的几点认识．燕山大学学报（哲学社会科学版），14（3），7-8.

王宏．2012.《庄子》英译考辨．东方翻译（3），50-55.

王雅戈．2007.《老解老》寻访记[J]．图书馆论坛 27（3）：49-51.

卫乃兴．2015，简论局部功能[J]，外国语文研究，1（3），12-20.

卫乃兴．2017，基于语料库的局部语法研究：背景、方法与特征[J]，外国语，40（1），10-12.

文军，罗张．2012.《道德经》英译研究在中国[J]．上海翻译（1）：19-23.

文秋芳，& 俞希．2003．英语的国际化与本土化[J]．国外外语教学，3（6）．

吴家怡．2012．英语学界《庄子》文献学研究．香港中文大学．

吴进善．2019.《庄子》英译本及英译史考辩．上海翻译，（待刊）．

吴志萌．2009．斯坦纳阐释学翻译模式关照下的三个《庄子》译本的比较研究．西南民族大学学报（人文社科版）（1），147-150.

肖丽．2011．副文本之于翻译研究的意义．上海翻译（4），17-21.

辛红娟，高圣兵．2008．追寻老子的踪迹——《道德经》英语译本的历时描述[J]．南京农业大学学报（社会科学版）8（1）：79-84.

许家金 & 贾云龙. 2012. *BFSU ParaConc* 1.0［CP］. 北京：中国外语教育研究中心.

徐来. 2005.《庄子》英译研究. 复旦大学.

徐来. 2008. 英译《庄子》研究. 复旦大学出版社.

（唐）虞世南 辑录. 1989.《北堂书钞》［M］（清），孔广陶校注. 中国书店.

许渊冲. 1996. 谈复译—兼评许钧［J］. 外语教学与研究,（6）：56-59.

许渊冲. 2012. 道可道,非常道［N］. 中华读书报,2012年3月7日,p. 20版.

杨伯峻. 1980. 论语译注［M］,北京：中华书局.

杨岚. 1997."道可道"考辨［J］. 韩山师范学院学报（4）：46-50.

于雪棠. 2016. 企鹅书屋《庄子》英译本的封面、插图及篇名. 中国社会科学院研究生院学报（6），108-113.

于艳华. 2011. 宏观与微观翻译伦理视角下译者的主观和客观操控. 外语与外语教学（3），69-72.

张玲. 2014. 汤显祖戏剧英译的副文本研究——以汪译《牡丹亭》为例. 中国外语（03），106-111.

张威. 2014. 莎士比亚戏剧汉译定量分析研究. 上海外国语大学,上海.

张秀珍. 2003.《庄子》专题探讨：论经典翻译. 翻译学研究集刊,（8），97-122.

张映先,张小波. 2003. 虚实有度 译笔菁华——读汪榕培《庄子》英译. 湖南师范大学社会科学学报,32（5），127-128.

周炽成. 2001. 国外庄学研究管窥. 学术研究（7），77-79.

周燕,高一虹, & 臧青. 2011. 大学高年级阶段英语学习动机的发展——对五所高校学生的跟踪调研［J］. 外语教学与研究,43（2）：251-260.

（南宋）朱熹. 2015.《论语集注》［M］. 北京：商务印书馆.